共青团广州市海珠区委员会

青少年事务社会工作方法与实务

从广州市海珠区的十年经验出发

卢玮 | 及晓涵 | 马玉 | 王静 著

社会科学文献出版社
SOCIAL SCIENCES ACADEMIC PRESS (CHINA)

编委会

共青团广州市海珠区委员会

付会婷　共青团广州市海珠区委员会书记

巫晓畅　共青团广州市海珠区委员会副书记

管　霞　共青团广州市海珠区委员会副书记

左　琰　共青团广州市海珠区委员会办公室主任

刘　茜　共青团广州市海珠区委员会青年地带监管主任

启创社会工作服务中心

罗观翠　启创社会工作服务中心总监

董沛兴　广州市启创社会工作服务中心执行总监

刘玉珊　广州市启创社会工作服务中心青少年服务总主任

鸣　谢

本书调研工作由多家单位指导、组织和参与，并受到多位专家的指导。本书大部分原始材料来自共青团广州市海珠区委员会"青年地带"项目十年来积累的经验，由广州市启创社会工作服务中心提供；同时还有来自"未成年人检察工作引入专业司法社工"项目、学校社工项目以及家庭综合服务中心服务的案例，分别由广州市尚善社会服务中心、广州市穗星社会工作服务中心、广州粤穗社会工作事务所提供。本书青少年群体概况与需求由刘明红（顺德大良君行社会工作研究与服务中心）整理，潘楚霖、黄丹蕾、黄晓等同学也对全书研究资料的整理做出了贡献。对这些单位和参与者表示衷心的感谢！具体名录如下：

调研指导单位　共青团广州市海珠区委员会
调研组织单位　中山大学社会工作教育与研究中心
　　　　　　　　广州市启创社会工作服务中心
调研参与单位（按拼音首字母排序）：
毕马威华振会计师事务所（特殊普通合伙）广州分所
广东第二师范学院
广东省千禾社区公益基金会
广州市海珠区赤岗街家庭综合服务中心
广州市海珠区教育局
广州市海珠区禁毒委员会办公室

广州市海珠区龙凤街道办事处

广州市海珠区青年志愿者协会

广州市海珠区瑞宝街团工委

广州市海珠区司法局瑞宝街司法所

广州市穗星社会工作服务中心

广州市启创社会工作服务中心

广州市尚善社会服务中心

广州市晓园中学

广州粤穗社会工作事务所

调研参与个人（按拼音首字母排序）：

广东第二师范学院：幸洁华、岑佳彦、陈冰冰

广州市海珠区赤岗街家庭综合服务中心：陈绮琦

广州市海珠区教育局挂职团干：刘思霖

广州市海珠区禁毒委员会办公室、海珠区公安分局禁毒大队副大队长：张汉松

广州市海珠区龙凤街道办事处文化站副站长：陈国冕

广州市海珠区瑞宝街团工委：郭睿

广州市海珠区司法局瑞宝街司法所所长：薛益锋

广州市穗星社会工作服务中心：陆卫红、罗允健

广州市启创社会工作服务中心：崔敏、郭晓钧、黄华琼、李洁萍、梁夏子、林翠花、林琳、卢葆棋、卢家雯、卢君婷、沈梅玲、司徒慧宜、谭丽翠、周颖

广州市晓园中学：德育主任曾伟东、团委老师练梦婷

广州粤穗社会工作事务所：黎佩凌

广州市社会工作协会青少年专家委员会专家（按拼音首字母排序）：

广州大学公共管理学院副院长、教授：谢建社

广东诺臣律师事务所高级合伙人、广州市政协委员、广州市律师协会未成年人保护专业委员会主任：郑子殷

广州市北斗星社会工作服务中心总干事：梁国勇

广州市和悦社会工作服务中心理事长：李永华

广州市社会工作协会秘书长：段鹏飞

境外专家顾问（按拼音首字母排序）：

香港督导专家顾问：区伟光

香港游乐场协会、香港督导专家顾问：蔡雁翎

本书撰写组

2018 年 7 月

序 一

十年追逐社工梦　赢得海珠青年心

创业至今，广州市海珠区（以下简称海珠）"青年地带"项目十岁了！

这是从0到1的十年。在2008年的广东乃至中国，社会工作还是一个陌生的字眼，海珠共青团敢为人先，在市、区两级政府的支持下，以"政府购买服务、共青团具体监管、机构独立运作、专业机构评估"的模式开办了全省第一个青少年社会工作服务项目。

这是从小荷初露到风华正茂的十年。2008年，首批海珠"青年地带"项目仅有华洲街、赤岗街、海幢街、赤岗中学、绿翠中学5个站点，每年200万元经费；2015年，项目在全市推广，"青年地带"项目在广州遍地开花；现在，海珠共有22个站点，包括9个社区站和13个驻校站，有70余人的社工队伍，每年财政投入750万元。

这是从蹒跚学步到行业引领的十年。起初，我们只能学习香港的经验，运用香港的实务操作办法，现在，我们形成了《青少年社工服务站点建设标准》《青春期教育社工指南》《青少年社会工作服务模式及成效研究——广州市海珠区"青年地带"的实践探索》《学校社会工作案例汇编》等成果，向全国同行输出"海珠经验"的基层实务范式。十年间，"青年地带"项目成为"行业培训学校"，锻炼培养了超过200名青少年事务社工人才。这些社工虽然离开了项目，但在不同的机构和项目走上中层以上岗位，带去"青年地带"的品牌文化和服务经验。

十年来，我们深刻地体会到，通过政府购买服务发挥共青团组织独特的桥梁作用，必须坚持以下三点。

坚持政治引领和价值导向。既要指导落实具体服务指标的"硬任务"，又要实现共青团组织政治属性和价值的"软植入"，在服务过程中对青少年进行"随风潜入夜"式的思想政治教育和引导，在"润物细无声"的基础上帮助青少年形成正确的世界观、人生观、价值观，自觉将个人前途和国家命运紧密结合起来。

坚持围绕中心和服务大局。党旗所指，团旗所向，作为共青团购买的服务项目，要紧跟中心、大局，在放手调动项目承接机构积极性和自由度，发挥社会工作专业优势、开展青少年服务的同时，善于将党政关注、社会关心、共青团能为的主题结合到这些服务载体当中，用社工手法讲共青团故事。

坚持本土化和接地气。十年前，我们在国内的青少年事务社会工作领域是"前无古人"的，十年后，行业已经蓬勃发展、后来者直追而上。2018年6月，民政部发布《青少年社会工作服务指南》草案，制定了社工服务的国家标准。在这种背景下，对如何保持行业领先优势、不断攀登创新高地，我们的答案是坚持本土化和接地气，立足海珠实际、立足一线社工操作实务，这也是我们联合中山大学社会工作教育与研究中心、项目主要承接方启创社会工作服务中心等共同撰写这本《青少年事务社会工作方法与实务：从广州市海珠区的十年经验出发》的用意，希望通过本书能向关心和支持海珠"青年地带"项目发展的各级政府、兄弟单位、学者专家、行业同仁以及市民群众献上一份满意的答卷。

砥砺初心终不悔，昂扬斗志再出发。2018年，是海珠"青年地带"项目新的开始，海珠共青团立志将奋斗进行到底，做广大青年信得过、靠得住、离不开的贴心人，继续为构建共建共治共享社会治理新格局奉献青春智慧！

共青团广州市海珠区委员会
2018年7月

序 二

十年的实践

青少年的健康成长，是社会长远发展的重要基石。青少年人才和人格的培养，更是对各行业的素质提升、优良社会文化与价值观的传递起着至关重要的长远的影响。在新时代指导方针之下，共青团工作与青少年各方面的培育有着越来越密切的关系。由共青团所指导的青少年事务，范围自然也很广，覆盖着青少年身心成长的整个过程。从青少年的教育机会、家庭环境到社会环境、卫生、医疗设施等，一切都息息相关。参与青少年事务的人员，也包含很多专业人士。从小学、中学、大学各层级教育体系，再到医疗健康、精神健康、康乐教育各界等，各界人士都在特定的专业范围内为青少年成长发展贡献着各自的专业力量。这其中，社会工作人员为青少年提供的服务，在近数十年已有很大的发展与实际的成效。广州市海珠区青少年事务社会工作更是早在十年前，就以广州市第一个政府购买服务为探索基石，一步一个脚印，走到了第十个年头。而中山大学社会工作教育与研究中心和海珠区团委的合作，则早于政府购买社工服务。当时团委积极推动义工发展，本人也带领中山大学学生参与其中，在社区及中小学试点开展青少年义工服务。

社会工作专业着眼于人、家庭与社会环境的互动，以及在这几者互动中所产生的人际关系困境与社会问题。在丰富的实践历程中，形成了一套针对个人辅导、团体与社区发展的工作理论与方法。把这些专业手段应用于处理青少年相关问题，成效显著。

在参与基层社会治理的过程中，社会工作又充分发挥了资源链接以及协调沟通的专业角色，为联系服务所在地的各参与方打造了共建共享共治的平台。从这两个角度出发，本书把广州市海珠区社工在青少年事务中过去十年实践的过程和经验进行了系统的整理和分析，特别是对不同青少年群体的专项服务模式的发展建构进行了详尽的介绍，也做出了精准的提炼与思考。书中对于以下几方面的剖析，特别值得关注。

第一，将专业理论、服务需求与方法进行了模式化的整合。经过十年的探索，社工不断地研究和调整介入青少年领域的方法，形成了一个个本土化的模式，也推动建立了三级预防机制。在不断的反思与总结中，一线社工越来越清楚不同青少年需要的是不同类型的服务，因此更自主地设计服务的目标、方法，再结合不同的理论框架来提升服务效能。

第二，用项目化的思维梳理出一般性的工作过程。青少年领域的服务对象是一群极具可塑性、需求又时刻变化着的群体，对其提供服务面临着很大的挑战。很多时候，面对某一特殊青少年群体的多层次需求，社会工作的三大基本工作方法无法割裂，只能整合起来灵活应用。十年探索，社工从接触青少年，到建立关系，再到服务设计与成效产出，形成了一般性的总结。后来的实践者，可以从中看到一个项目完整的操作过程，受益匪浅。

第三，运用"社工+"的概念和实践方法。如上所述，青少年事务涉及很多方面，是各界所共同关心和参与的工作。十年来，服务于青少年领域的前线社工以其联系社会资源以及动员各行各业义工的经验和工作方法，在辖区内积极与政府各部门配合，特别是在团区委的引领下，努力推动青少年事务社会工作的发展。在政策逐步清晰、精准投放的情况下，社工又可以进一步深入接触第二环境或更多的合作方，如驻校社工与学校的领导和老师、企业、基金会等。

第四，进行个案管理系统的探索。本书在描述困境和重点青少年服务的工作方法时，多次应用到个案管理系统。本人担任青年地带的督导多年，最深刻的体会莫过于个案的处理。个案面对的问题，正反映着社会不断变迁的复杂性，以及其给家庭和青少年成长所带来的冲击。处理个案，需要社工对青少年及其家庭与朋辈投入精力，更要动员其就读的学校与生活的社区，这是一个系统的工程。面对受着困扰的青少年及其家长，社工每日工作都承受着很大的心理压力。所喜的是，整个青少年个案管理系统，经过十年的实践，日益成熟。这得益于社工在十年里不断地总结经验并不断提升。当然，督导团队的理解和实时支持，更是社工提供服务获得好的成效的关键因素。

第五，有系统地建立青少年事务服务项目的运营模式和管理程序。经过长时间的沉淀，在招募工作员、提供入职培训、分析工作任务、应对复杂的工作环境、多头管理，以及应对不断变化的评估方式、工作员经常流失问题，克服服务中的各种挑战、保持服务的持续性和效果等方面，形成了非常宝贵的管理经验。

本书的面世，是对过往十年的总结，也是一个新的起点。从这里出发，未来在共青团以及各级政府部门、教育系统的支持和理解下，青少年事务社工将更灵活地与相关各界进行联动，通过完善三级预防制服务模式提升项目管理成效。对于以上所述五个方面，相信也会有更深入的发展。希望届时在社会中面临困境的青少年能得到更适当的支持，自信和愉快地立足于社会。

罗观翠（启创社会工作服务中心总监）
2018 年 7 月

目 录

绪 论 ·· 1

上 篇

第一章　青少年社会工作概述 ··· 21
第一节　青少年概述 ·· 21
第二节　青少年社会工作概述 ·· 24
第三节　青少年社会工作的理论基础 ······································· 30

第二章　青少年社会工作的过程与方法 ································· 49
第一节　了解区域概况 ·· 50
第二节　建立工作关系 ·· 57
第三节　进行需求调研 ·· 63
第四节　策划服务方案 ·· 68
第五节　提供具体服务 ·· 76
第六节　评估服务成效 ·· 96

第三章　青少年社会工作的项目运营管理 ···························· 102
第一节　项目的时间管理 ··· 103
第二节　项目规范性管理 ··· 107
第三节　项目服务质量管理 ·· 110
第四节　项目沟通管理 ·· 112
第五节　项目宣传管理 ·· 114

第六节	项目风险管理	116
第七节	人力资源管理	119
第八节	项目经费管理	121

第四章 青少年社会工作的"社工+"合作模式 123
第一节	社工+团委	124
第二节	社工+政府	130
第三节	社工+学校	139
第四节	社工+企业	144
第五节	社工+基金会	150
第六节	社工+志愿者组织	157

下篇

第五章 一般青少年服务 168
第一节	青春期教育服务	169
第二节	生涯规划服务	182
第三节	能力建设服务	193
第四节	社会参与服务	201
第五节	家长与教师支援服务	207

第六章 困境青少年服务 214
第一节	贫困青少年服务	215
第二节	流动青少年服务	221
第三节	服刑人员未成年子女服务	230
第四节	散居孤儿服务	242
第五节	受侵害与受虐青少年服务	252
第六节	有特殊需求的青少年服务	274

第七章 重点青少年服务 290
第一节	"两需"青少年服务	290
第二节	社矫青少年服务	308
第三节	涉案青少年服务	320
第四节	涉毒青少年服务	327

绪 论

　　青少年工作是共青团工作的重要组成部分，也是共青团工作的基础。随着社会的不断发展与进步，做好共青团工作也越来越要求用科学的方法、创新的手段及标准的服务。新形势下广州市海珠区先行先试，在共青团的青少年工作中引入社会工作方法、引进社会工作人才已有十年的时间，共青团广州市海珠区委员会（以下简称"广州市海珠区团委"）指导下的社会工作者在"青年地带"项目中所发挥的作用得到了广泛的认同和推广。近年来，广州市海珠区的公安局、检察院、法院、司法局等政府职能部门也相继开始购买青少年专项服务，辅之以民政局购买的街道家庭综合服务中心的青少年服务，整个海珠区的青少年服务展现出欣欣向荣的勃勃生机，为青少年提供了全方位、多层次的服务。

　　本书从广州市海珠区青少年事务社会工作专项的十年历程出发，探索青少年服务发展的重要方向与路径。撰写组综合运用文献内容分析、深度访谈、焦点访谈、走访服务站点等方法对广州市海珠区的十年经验进行系统的总结提炼。全书内容分绪论（政策法规梳理）、上篇（一般性过程与理论方法）和下篇（分层次实务操作）三大部分。从政策法规指引到一般性服务过程的技巧归纳，从"社工+"合作机制的探索再到分主题分群体的一线实务经验的梳理，十年经验在此转变为一个个有效的青少年事务社会工作不同领域的服务模式，形成极具实操意义的实务指南，以供行业参考。

一 青少年事务社会工作的政策发展

（一）党中央关于青年发展的指导文件

习近平总书记在党的十九大报告中总结指出，青年兴则国家兴，青年强则国家强。因此全党要关心和爱护青年，为他们实现人生出彩搭建舞台。党中央在近年来所出台的有关推动青年发展的各类文件也日益丰富和精准（见表1）。

表1 党中央关于青年发展的指导文件及其内容

时间	文件名称	主要内容
2012年10月	《中华人民共和国预防未成年人犯罪法》（修订版）	• 此法律规定各职能部门实施预防未成年人犯罪教育、预防的责任以及未成年人严重不良行为的范围、矫治内容等； • 明确提出共产主义青年团应当结合实际，组织及举办展览会、报告会、演讲会等多种形式的预防未成年人犯罪的法制宣传活动
2015年8月	《全国青少年毒品预防教育规划（2016-2018）》	• 指出全国青少年毒品预防教育的指导思想、总体目标以及任务要求； • 明确各地共青团组织要协助公安、民政等部门落实城市社区青少年毒品预防教育责任
2016年8月	《共青团中央改革方案》	• 明确共青团改革的指导思想、基本原则、主要目标以及主要措施； • 其中特别提到要建设"团干部+社工+青年志愿者"队伍，充实基层工作力量；加强联系服务引导，把青年社会组织紧密团结起来
2017年4月	《中长期青年发展规划（2016—2025年）》	• 明确了青年工作的十大工作领域，包括：青年思想道德、青年教育、青年健康、青年婚恋、青年就业创业、青年文化、青年社会融入与社会参与、维护青少年合法权益、预防青少年违法犯罪、青年社会保障； • 指出各领域的发展目标、发展措施

2012年10月，中华人民共和国第十一届全国人民代表大会常务委员会第二十九次会议上讨论通过了《中华人民共和国预防未成年人犯罪法》的修订，这是此法律于1999年6月通过后的

续表

法律/法规名称	作用
《中华人民共和国劳动法》	规定了国家对未成年工进行特殊保护，"不得安排未成年工从事矿山井下、有毒有害、国家规定的第四级体力劳动强度的劳动和其他禁忌从事的劳动"，"用人单位应当对未成年工定期进行健康检查"
《中华人民共和国民法通则》	对未成年人监护人的权利、义务以及不履行监护义务所需承担的法律责任进行了规定
《中华人民共和国禁毒法》	对我国禁毒工作的总则、宣传教育、毒品管制、戒毒措施、国际合作进行了规定
《中华人民共和国反家庭暴力法》	规定了家庭暴力的预防、家庭暴力的处置、人身安全保护令、法律责任等内容
《关于办理未成年人刑事案件适用法律的若干问题的解释》	正确审理未成年人刑事案件，要贯彻"教育为主，惩罚为辅"的原则
《最高人民法院关于审理未成年人刑事案件的若干规定》	对审判未成年人刑事案件提出了各层面的要求，是建立和完善具有中国特色的未成年人刑事审判制度的体现
《人民检察院办理未成年人刑事案件的规定》	对未成年人刑事案件的审查逮捕、审查起诉与出庭支持公诉、法律监督、刑事申诉检察提出了具体规定
《公安机关办理未成年人违法犯罪案件的规定》	对未成年人违法犯罪案件的立案调查、强制措施、处理以及执行提出了具体规定
《学生伤害事故处理办法》	规定了未成年在校学生的事故责任、事故处理、损害赔偿以及责任处理等内容

除此之外，广东省以及广州市还制定了有关妇女儿童保护条例、未成年人保护法实施细则、义务教育实施办法等地方性法规，详见表4。

表4　广东省部分关于未成年人权益保护的法规概览

法律/法规名称	作用
《广东省保护妇女儿童合法权益的若干规定》	结合广东省的实际，对保护妇女、儿童的合法权益提出了各项要求

续表

法律/法规名称	作用
《广东省未成年人保护条例》	对广东省未成年人的权利以及各部门的责任等内容进行了具体规定
《广东省预防未成年人犯罪条例》	对广东省未成年人犯罪的教育、预防、矫治以及法律责任进行了具体规定
《广东省普及九年制义务教育实施办法》	规定了广东省义务教育实施的各个方面
《广东省法律援助条例》	规定了广东省法律援助的条件、对象与方式、申请与受理、审查与实施、权利与义务、法律责任等内容
《广东省禁毒条例》	规定了广东省禁毒工作的具体细则
《广州市合适成年人参与未成年人刑事案件诉讼程序实施规程（试行）》	对合适成年人的选任条件、权利义务、指派流程、牵头组建部门和经费保障都做了详细规定
《广州市关于对未成年犯罪嫌疑人、被告人进行社会调查工作的实施办法（试行）》	对进行社会调查的依据和目的、社会调查主体要求、社会调查的程序、社会调查报告的适用及社会调查工作的协调与保障等方面做了较全面、具体的规定
《广州市未成年人保护规定》	对广州市未成年人的权利以及各部门的责任等内容进行了具体规定

（二）与青年（18~30岁）相关的法律法规

我国关于18~30岁的青年的法律如表5所示。

表5 我国部分关于18~30岁青年的法律法规概览

法律/法规名称	作用
《中华人民共和国宪法》	规定了我国公民的权利与义务
《中华人民共和国婚姻法》	是婚姻家庭关系的基本准则，规定了结婚、家庭关系、离婚、救助措施与法律责任的相关内容
《中华人民共和国刑法》	规定了哪些行为是犯罪并应当负何种刑事责任，给予犯罪人何种刑事处罚的法律
《中华人民共和国劳动法》	规定了我国促进就业、劳动合同和集体合同、工作时间和休息休假、工资、劳动安全卫生、女职工和未成年工的特殊保护、职业培训、社会保险和福利、劳动争议、监督检查等内容

续表

法律/法规名称	作用
《中华人民共和国民法通则》	是我国对民事活动中一些共同性问题所做的法律规定，规定了公民、法人、民事法律行为和代理、民事权利、民事责任以及诉讼时效、涉外民事关系的法律适用等内容
《中华人民共和国职业教育法》	规定了我国职业教育的体系、实施以及保障内容等
《中华人民共和国妇女权益保障法》	规定了我国妇女的政治权利、文化教育权益、劳动和社会保障权益、财产权益、人身权、婚姻家庭权益、法律责任等内容
《中华人民共和国残疾人保障法》	规定了我国残疾人的康复、教育、劳动就业、文化生活、社会保障、无障碍环境以及法律责任等内容
《学生伤害事故处理办法》	规定了在校学生的事故责任、事故处理、损害赔偿以及责任处理等内容

除此之外，广东省也颁布了有关青年发展及保护的法规，详见表6。

表6 广东省部分关于18~30岁青年的法规概览

法律/法规名称	作用
《广东省失业保险条例》	规定了广东省失业人员的失业保险基金、失业保险待遇等相关内容
《广东省志愿服务条例》	规定了广东省志愿组织、志愿者、志愿服务活动等相关内容
《广东省流动人员劳动就业管理条例》	规定了广东省流动人员的招用与就业、组织管理以及权利义务等内容
《广东省高等学校学生实习与毕业生就业见习条例》	规定了广东省高等学校学生实习与毕业生就业见习的组织保障、制度与规范、扶持与鼓励等内容

三 广州市海珠区的青少年事务社会工作实践

(一) 广州市海珠区的青少年事务社会工作的整体实践

在党中央、团中央以及广州市的政策指导下，广州市海珠区团委针对青少年事务社会工作提出了更为具体的实施方案（见表7）。

表7 广州市海珠区关于青少年事务社会工作的实践

时间	文件名称	主要内容
2007年10月	《广州市海珠区关于建立青少年事务社会工作者试点的请示》	说明青少年事务社会工作者试点工作的前提背景以及设想，推动本区青少年事务社会工作者试点的建设
2012年1月	《2012年共青团海珠区委员会未成年人思想道德建设实施方案》	• 明确了未成年人思想道德建设的指导思想、工作重点与工作要求； • 在工作重点中的"强化十项基础工作"中有两点提到了"青年地带"：第一是以"青年地带"社工站为阵地，组织青少年开展形式多样的活动，发挥青少年校外教育主阵地作用；第二是"青年地带"社工站要鼓励推动所在学校建立家长学校，开展家庭教育示范活动
2013年	《海珠区预防青少年违法犯罪工作实施办法》	• 明确了在预防青少年违法犯罪中教育局、宣传部、法院、检察院、公安分局、司法所、民政局、劳动与社会保障局、建设和市政局、文化广电新闻出版局、工商分局以及团委、妇联、关工委的工作职责与分工，其中团委的职责之一就是推广社工理念和手法，在预防青少年犯罪领域普及和应用，积极推动海珠区青少年事务社会工作者试点工作； • 指出预防青少年违法犯罪的主要工作任务
2014年11月	《关于印发海珠区青少年社区矫正试点工作方案的通知》	• 说明海珠区青少年社区矫正的工作模式，即依托海珠区现有的司法所及"青年地带"社工站，按照"1+1+1+m"（司法行政部门监管指导+共青团组织统筹协调+司法社工组织实施+广泛发动志愿者参与）的格局组建专业化的青少年社区矫正工作队伍； • 明确海珠区青少年社区矫正的工作目标以及工作步骤

围绕"青年地带"的专项购买，再联合区内禁毒、司法、家综等其他服务购买项目的青少年领域工作的开展，广州市海珠区团委将专业社会服务纳入自己的改革体系中，不管是在推动未成年人思想道德建设，或是预防青少年违法犯罪，还是青少年社区矫正上，都将社会工作专业力量作为重要的建设力量。

(二) 突出实践——"青年地带"的发展

2007～2009 年,是广州市社会工作的试点探索阶段。以 2007 年海珠区、荔湾区和市老人院分别被中央综治委、民政部列为社会工作试点地区(单位)为契机,广州市开始谋划推进政府购买社会工作服务试点。在 2011 年 7 月广州市委九届十一次全会上,为了适应社会工作发展新趋势,决定全面推进街道家庭综合服务中心建设,明确建设"综合 + 专项"(家庭综合服务中心 + 社会工作专项服务项目)的社会工作专业服务平台。① 海珠区"青年地带"青少年社会工作服务项目就是其中之一。

在广州市海珠区团委的指导与支持下,海珠区"青年地带"逐渐发展壮大,现在能够为海珠区辖内所有的 6～30 岁的青少年及其家庭提供相应的服务,其发展路线如表 8 所示。

表 8 海珠区"青年地带"的发展

时间	指导文件			海珠区"青年地带"的发展
	全国	广州市	广州市海珠区	
2007～2013 年	《关于开展青少年事务社会工作者试点工作的意见》	《广州市关于开展青少年事务社会工作者试点工作的意见》	《广州市海珠区关于建立青少年事务社会工作者试点的请示》	• 2008 年 2 月,成为团中央首批试点; • 2009 年 10 月,全国社会工作建设队伍试点; • 2011 年 2 月,开展外来工子女支援服务; • 2013 年,打造"一站一特色","两中心"的服务模式

---

① 《广州市社会工作十年发展报告》,http://mzzt.mca.gov.cn/article/sggzzsn/jlcl/201611/20161100887281.shtml,2016 年 11 月 7 日。

续表

时间	指导文件			海珠区"青年地带"的发展
	全国	广州市	广州市海珠区	
2014年	《关于加强青少年事务社会工作专业人才队伍建设的意见》	《广州市关于加强青少年事务社会工作专业人才队伍建设的意见》、《广州市关于转发团省委省司法厅有关青少年社区矫正工作文件的通知》	《关于印发海珠区青少年社区矫正试点工作方案的通知》	●2014年，增设专项服务（散居孤儿、服刑人员子女）
2015~2017年		《关于在全市大力建设预防青少年违法犯罪工作服务站的方案》、《广州市关于加强青少年事务社会工作专业人才队伍建设的意见》（团穗字〔2017〕14号文）	《关于调整海珠区预防青少年违法犯罪工作服务站建设要求的请示》	●2015年11月，开展五类重点青少年服务试点； ●2016年6月，增加20个站点开展预防青少年违法犯罪服务； ●2016年11月，在广州团市委"三级预防"机制的指导下，进行精准化服务调整，将服务调整为困境青少年服务及重点青少年服务板块，即分为13个驻校服务站点（其中1个为自筹经费站点）、3个一般青少年服务站及6个重点青少年服务站，合共22个站点

截至2018年4月，从覆盖面上来讲，海珠区"青年地带"共计22个站点，分为13个驻校服务站点（其中1个为自筹经费站点）、3个一般青少年服务站及6个重点青少年服务站。已经基本实现了对海珠区青少年的全覆盖；从服务领域来看，海珠区"青年地带"既开展了针对一般青少年的服务，又开展了针对特定青少年群体的专项服务，比如外来务工子女服务、散居孤儿服务、服刑人员未成年子女服务等，实现了服务的精准化。

四　本书框架设计

（一）全书框架

在介绍本书的框架之前，需要说明的是"青少年社会工作"与"青少年事务社会工作"的区别与联系。青少年社会工作是社会工作实务中十分重要的领域，它通过运用关于青少年成长和发展的规律，以及社会工作专业的理念、理论、方法和技巧，来为有需要的青少年群体提供服务，以最大限度地发掘青少年的潜能，促进其全面健康发展。① 而青少年事务社会工作则是指共青团在进行青少年事务管理中，引入专业的青少年社会工作助力青少年相关工作。② 虽然二者的主要责任者与管理者有所差异，但二者在实务操作中的目标、内容与方法等均具有一致性，因此在实际工作中通常将二者统称为青少年社会工作。本书也沿用实务中的常用说法，在正文部分统一采用"青少年社会工作"一词介绍青少年社会工作和青少年事务社会工作在实务操作中的经验与方法。

本书从党团中央政策文件梳理到广州市海珠区团委指导下的青少年事务社会工作实务经验，内容包括三个主要部分：绪论是政策法规梳理，上篇包括概述、过程和方法、项目运行及运营管理、"社工＋"合作机制，下篇分层次分主题具体介绍实务操作。

其中上篇首先是青少年社会工作的概述部分，主要介绍了相关概念、内容以及理论；其次对青少年社会工作的一般过程和方法进行了总结；再次介绍在青少年社会工作中如何对项目运营进行管理；最后对青少年社会工作中的"社工＋"的合作模式进行了分析与思考。

---

① 陆士桢、王玥：《青少年社会工作》，社会科学文献出版社，2005，第 4 页。
② 王新云：《我国青少年事务社会工作的地方经验与启示——基于"北上广"地区的实践》，《青年探索》2017 年第 4 期，第 28~32 页。

下篇则是按照一般青少年群体、困境青少年群体以及重点青少年群体的具体服务指引来介绍，依据政策文件中对于青少年事务社会工作者的工作内容将不同群体的服务内容分类。具体分类以及推演过程将在下文中具体呈现。

全书所选案例综合广州市海珠区所有青少年服务包括"青年地带"、家庭综合服务中心青少年领域的驻校到校服务、社区矫正服务中的青少年板块等，同时结合"家-校-社"联动的服务模式来对本书具体内容进行编排。以下就实务部分的内容划分做详细说明。

（二）核心部分一级框架——三大青少年群体的划分

1. 广州市海珠区团委对于三级预防的应用

Leonard 提出，任何社会问题的产生都有前置性条件、原因、结果与后果四个有递进关系的环节。相应的，依照所针对的不同环节将社会问题的干预分为三个层次，分别是：初级干预，即改善社会总体环境，避免产生问题的原因出现，从根源上预防社会问题的发生；次级干预，采取措施，避免已经出现的原因导致不良结果的产生；三级预防，对已经产生的不良结果进行干预，避免导致恶性后果。这个分析框架尽管更适用于社会问题的宏观解读，但它敏锐地提示了社会工作干预不能仅停留于问题产生后的治疗性服务，还应延展到预防问题产生的工作层面。[①]

在广州市海珠区团委的推动下，2015 年 7 月广州市综治委预防青少年违法犯罪专项组（团市委）、市民政局、市司法局与市财政局联合编制了《关于在全市大力建设预防青少年违法犯罪工作服务站的方案》，对预防青少年违法犯罪服务站（海珠区"青年地带"）的服务定位以及服务内容做出明确规定，其服务内容

---

① 徐文艳等：《"社区为本"的综合社会服务：灾后重建中的社会工作实务》，《西北师大学报》（社会科学版）2009 年第 3 期，第 57 页。

的分类是以三级预防理论为依据来制定的（见图1）。

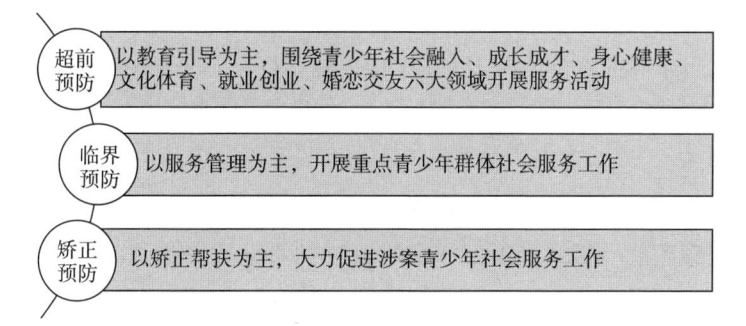

- **超前预防**：以教育引导为主，围绕青少年社会融入、成长成才、身心健康、文化体育、就业创业、婚恋交友六大领域开展服务活动
- **临界预防**：以服务管理为主，开展重点青少年群体社会服务工作
- **矫正预防**：以矫正帮扶为主，大力促进涉案青少年社会服务工作

图1　三级预防理论所对应的服务内容

2. 海珠区"青年地带"以服务回应三级预防

在三级预防机制的指导下，海珠区"青年地带"以自己的服务对其进行了回应（见表9）。在三级预防的不同层次上，均对应不同的服务人群。

表9　三级预防机制与服务群体的对应关系

三级预防理论	服务级别		服务群体	
	具体级别	目的	服务群体类型	特点
初级干预	超前预防	预防问题的发生	一般青少年	具有青少年的一般需求
次级干预	临界预防	避免已经出现的原因导致不良结果的产生	困境青少年	因外界因素导致青少年处于困境
三级预防	矫正预防	对已经产生的不良结果进行干预，避免导致恶性后果	重点青少年	已经出现不良结果（比如辍学、失业以及进入司法程序）

首先，超前预防的目的是要改善社会总体环境，预防问题的产生，对于总体环境上的改变需要对整个青少年群体进行宣传教育上的服务，因而"青年地带"将此服务级别的服务人群界定为一般青少年。

其次，临界预防的目的是避免已经出现的原因导致不良结果的产生，因而"青年地带"将此级别的服务群体界定为因外界因素导致青少年困境的青少年，包括贫困青少年、流动青少年、服刑人员未成年人子女以及散居孤儿等。这部分的青少年由于外界环境的变化自身处于困境状态，如若不及时干预，很容易形成安全隐患。

最后，矫正预防的目的是对已经产生的不良结果进行干预，避免导致恶性后果，因而"青年地带"将此服务级别的服务群体界定为已经出现不良结果的青少年，包括"两需"、涉毒、社矫以及涉案青少年。这部分青少年已经出现了不良结果，比如辍学、犯罪或吸毒等，需要社工介入，帮助其改变。

本书的框架正是参考了海珠区"青年地带"对三级预防机制的服务回应，因而将整个下篇分为一般青少年服务、困境青少年服务与重点青少年服务，它们分别对应了三级预防机制中的超前预防、临界预防与矫正预防。

（三）核心部分二级框架——青少年事务社会工作的工作内容

在团中央发布的指导青少年事务社会工作者的政策文件中，很多对青少年事务社会工作者的工作领域进行了概括（见表10）。

表10　文件中关于青少年事务社会工作者工作内容

时间	文件名称	对青少年事务社会工作者工作内容的概括
2007年11月	《关于开展青少年事务社会工作者试点工作的意见》	根据当地实际，围绕青少年的思想道德、学习教育、就业创业、婚姻恋爱、身心健康、困难救助、权益保护、预防犯罪以及社会交往、社会参与等方面开展工作
		为特定的工作对象提供有针对性的辅导、帮助
		调查研究青少年群体的特点和状况，提出青少年事务社会工作对策和建议

续表

时间	文件名称	对青少年事务社会工作者工作内容的概括
2014年1月	《关于加强青少年事务社会工作专业人才队伍建设的意见》	青少年成长发展领域
		维护青少年合法权益领域
		预防青少年违法犯罪领域
2017年7月	《关于做好政府购买青少年社会工作服务的意见》	青少年思想引领服务
		青少年身心健康促进服务
		青年婚恋交友服务
		青年就业创业支持服务
		青少年社会融入与社会参与支持服务
		青少年合法权益维护和社会保障支持服务
		青少年违法犯罪预防
2017年4月	《中长期青年发展规划（2016—2025年）》	青年思想道德
		青年教育
		青年健康
		青年婚恋
		青年就业创业
		青年文化
		青年社会融入与社会参与
		维护青少年合法权益
		预防青少年违法犯罪
		青年社会保障
2017年7月	有关教育改革的相关内容*	改变"一考定终身"的不公平
		所有科目，都将考验语文水平
		中高考将包含小学知识，学科无考试大纲
		中国的"高考指挥棒"将完全指向全面素质教育（从幼升小便要开始注重培养兴趣、特长）
		降低小升初选拔难度
		中国教育体制"迫不及待"需要拔尖创新人才
		实施素质教育促进中国诚信体系的重建
		生涯规划必将日益重要

 *《2017年从小学到高中即将面临的八大变革!》，http://www.sohu.com/a/190330141_578047。

总结以上各个政策文件对青少年事务社会工作的工作内容分类可发现：一是四个文件中均提到了社会参与；二是四个文件提到了青少年的就业创业，结合青少年的年龄与需求，青少年阶段的就业创业更多地反映在对未来的生涯规划，在教育改革中明确提到了生涯规划的重要性；三是三个文件直接提到促进其身心健康，身体的健康既包括对身体的重视也包括对身体的认识，可见青少年的青春期教育十分重要。

结合海珠区驻校服务经验，家长和教师作为接触青少年最多的群体，在青少年的支持网络中扮演了很重要的角色，因而家长与教师的服务也十分重要。此外，如同儿童多元智能发展的重要性，对于青少年而言，兴趣的培养，品格的养成，即能力的建设也至关重要。

而困境青少年和重点青少年群体在具体服务中，普遍因群体特征明显需要专门以群体划分的专项服务精准化回应。

因而，本书下篇的三个章节内容安排如下：首先，将一般青少年章节的服务内容分为青春期教育、生涯规划、能力建设、社会参与、家长与教师支援；其次，困境青少年章节内容定为贫困青少年服务、流动青少年服务、服刑人员未成年人子女服务、散居孤儿服务、受侵害与受虐青少年服务以及有特殊需求的青少年服务；最后，重点青少年服务章节内容定为"两需"青少年服务、涉案青少年服务、涉毒青少年服务与社矫青少年服务。

上 篇

上篇按照青少年社会工作的概述、一般过程与方法、项目运营管理以及"社工+"合作模式的顺序进行编排，分为四章，主要目的在于为青少年社会工作的开展提供一般性的理论与方法指引。第一章分为青少年概述以及青少年社会工作概述两大部分，探讨了青少年各方面的基本特征以及基本需求，讨论了青少年社会工作的基本内容、各种理论和方法。第二章从整体服务的角度出发，以青少年社会工作的过程为轴，将方法与技巧穿插其中，从了解区域概况、建立工作关系、进行需求调研、策划服务方案、提供具体服务、评估服务成效六个部分展开叙述。第三章从时间管理、规范性管理、服务质量管理、沟通管理、宣传管理、风险管理、人力资源管理、项目经费管理八个方面对青少年服务项目的运营管理进行介绍。第四章通过"社工+团委"、"社工+政府"（包括政府部门和街道）、"社工+学校"、"社工+企业"、"社工+基金会"、"社工+志愿者组织"六个部分对社工与合作方的合作机制及双方权责进行总结。

第一章 青少年社会工作概述

青少年社会工作是一种以青少年为服务对象的社会工作。它根据青少年的生理、心理和社会特征，以青少年的需要为起点，通过运用专业社会工作的各种价值、理念、方法和技巧，促进青少年健康成长、自由发展，帮助其达成一种良好的社会适应状态。本章探讨了青少年各方面的基本特征以及基本需求，介绍了青少年社会工作的基本内容、各种理论和方法，结合我国青少年社会工作的具体现状和相关政策，研究了青少年社会工作的规律，为本书的"社工＋"合作机制以及下篇分层次实务操作奠定概念和理论基础。

第一节 青少年概述

一 青少年的界定及特点

青少年，是人类发育过程中的一段时期，介于童年与成年之间，是儿童世界转向成人世界的过渡时期，是个体由不成熟转至成熟的发展阶段，也是人生最关键的时期。在这段时期里，人类会经历一段青春期，也就是性成熟的过程。青少年时期是人生变化最多的时期，其在生理、心理方面不断成长，个人心态及社会关系不断产生变化。多变、创新、反叛是青少年时期的最主要特点。[1]

---

[1] 全国社会工作者职业水平考试教材编写组：《社会工作实务（中级）》，社会科学文献出版社，2018，第101页。

"青少年"是一个多维度的概念，当前，与青少年相关的政策制定、学术研究和社会工作实务中，以年龄来界定青少年是最常用的办法，也是最通行的测量方式，但也面临着多种维度上的争议。青少年的年龄界定有多种，会与青年的年龄界定重合，年龄边界有14～34岁（联合国教科文组织的年龄界定）、13～44岁（世界卫生组织的年龄界定）、14～24岁（联合国人口基金会的年龄界定）、15～34岁（国家人口统计局进行人口普查时的年龄界定）、14～28岁（共青团的年龄界定）、6～35岁〔《中国青少年社会工作服务指南》（征集意见稿）的年龄界定〕。考虑到青少年社会工作实务现状，本书内容所涉及的青少年群体年龄，选用海珠区"青年地带"的服务群体以及其他专项青少年社会工作服务对象的年龄界定标准，即6～30岁。

二 青少年的类型、常见问题及其需求

（一）青少年的类型

青少年的类型划分有多重标准，从其二元特征及其服务需求角度，大多数的服务项目都会将青少年群体划分为一般青少年与身处困境的青少年两种大类。

1. 一般青少年

一般青少年指的是处于正常发展的青少年，这类青少年占青少年群体的大多数[1]，具体又可划分为以在学者居多的低龄青少年和在业者居多的高龄青少年。

2. 身处困境的青少年

困境青少年指的是那些面临一定困境（自身或成长环境）的青少年[2]，如因外界因素导致的贫困青少年、流动青少年、

---

[1] 邱服兵等：《青少年社会工作》，中央广播电视大学出版社，2015，第34页。
[2] 邱服兵等：《青少年社会工作》，中央广播电视大学出版社，2015，第35页。

服刑在教人员未成年子女群体、散居孤儿、受侵害与受虐青少年（校园欺凌/家庭暴力/性骚扰与性侵害），以及已经出现不良结果的"两需"① 青少年、社矫青少年、涉案青少年、涉毒青少年。

由于对青少年工作的越发重视，近年来与青少年工作密切相关的党政国家政策文件，以及群团组织政策文件都对青少年群体的划分有着越来越细致的要求。特别对于身处困境的青少年，团中央就曾做出五类重点青少年②的工作要求。实务界对于如何更好地给青少年群体做好分层分类也有很多因地制宜的标准划分。本书中下篇的一般青少年、困境青少年以及重点青少年的划分由来在绪论中已交代，在此不再赘述。

（二）青少年的常见问题及其需求

随着我国经济社会的快速发展，当代青少年在学习、工作、生活条件总体改善的同时，也不断面临新的困难和问题，青少年群体所面临的生存与发展问题不同，服务需求也存在差异。

一般青少年的常见问题及需求主要聚焦在成长和发展上，包括成长成才、身心健康、就业创业、社会融入、婚恋交友、学习学业等方面面临的问题，在青春期教育、生涯规划、能力建设、社会参与、家长与教师支援等方面有服务需求。

身处困境青少年的常见问题和需求既有成长、发展的问题及其需求，又有其特殊的问题及需求，如贫困问题、照顾问题、犯罪问题、受侵害与受虐问题、犯罪问题等，也有一些随着社会变

---

① 年龄在6~25岁无合理原因不在学、无职业，需要就业帮扶、入学帮助的青少年。
② 闲散青少年群体，有不良行为或严重不良行为的青少年群体，流浪乞讨青少年群体，服刑在教人员未成年子女群体，农村留守儿童群体。

迁出现的新问题，如校园裸条贷①、尼特族②等问题。本书下篇会依据三类青少年的不同服务内容做相应的问题及需求分析，读者可根据各自服务需要对应参考。

第二节 青少年社会工作概述

一 青少年社会工作的定义

青少年社会工作，是社会工作的重要实务领域，是把青少年作为工作和服务的对象，通过运用关于青少年成长和发展的规律，以及社会工作专业的理念、理论、方法和技巧，来最大限度地发掘青少年的潜能，促进其全面健康发展，使其更好地适应社会生活的专业活动。③

二 青少年社会工作的服务目标及服务原则

（一）服务目标

青少年社会工作的服务目标总体来说是激发青少年自我发展、自我成长的潜能，促进青少年全面健康地发展。

（二）服务原则

在青少年社会工作的实务操作中，面临多变的群体以及多样

---

① 裸条贷款是指在进行借款时，以借款人手持身份证的裸体照片替代借条。当发生违约不还时，放贷人以公开裸体照片和与借款人父母联系的手段作为要挟逼迫借款人还款，此种情况多以校园的学生居多，当有借款的青少年诉称遇到了这样的麻烦，他们借款的目的多种多样，有的是为了消费，有的是为了救急。

② 尼特族是 NEET 在台湾的译音，NEET 的全称是 Not Currently Engaged in Employment, Education or Training，最早使用于英国，之后渐渐地使用于其他国家；是指一些不升学、不就业、不进修或参加就业辅导，终日无所事事的青少年族群。

③ 陆士桢、王玥：《青少年社会工作》，社会科学文献出版社，2005，第4页。

的问题,而遵循一定的服务原则是科学、规范且最大限度地在青少年社会工作中保障青少年权益的基本前提。一般而言,常见的青少年社会工作有以下服务原则:

- 尊重青少年的价值与尊严;
- 接纳与关爱青少年;
- 注重青少年的个别需求;
- 协助青少年具备社会变化、不断成长的能力。①

(三)未成年人服务的伦理守则

联合国《儿童权利公约》将 18 岁以下的任何人都定义成"儿童",即我国的未成年人。由于未成年人属于潜在的脆弱、易受伤害的弱势群体,因此未成年人服务遵循着更严格、更高标准的伦理操作原则。表 1-1 是联合国以及英国、澳大利亚官方标准的服务原则,可供读者参考。

表 1-1 不同组织儿童保护的服务原则

组织	联合国《儿童权利公约》	英国《儿童法》	澳大利亚 AASW 的《儿童保护社会工作实践范围》	《一线儿童工作者能力素养与行为准则指南》
儿童保护原则	儿童最大利益	儿童权利	儿童最佳利益	始终考虑儿童的最大利益
	非歧视	非干涉家务事	促进儿童和年轻人参与决策	遵循非歧视原则
	生存与发展	非延迟	对原住民和托雷斯海峡岛民应该保持文化敏感	最大限度地保护儿童、促进身心发展
	儿童参与	—	—	倾听与尊重儿童的意见

资料来源:联合国《儿童权利公约》,1989;英国《儿童法》,1989;澳大利亚 AASW《儿童保护社会工作实践范围》,2015;《一线儿童工作者能力素养与行为准则指南》,2017。

---

① 全国社会工作者职业水平考试教材编写组:《社会工作实务(中级)》,社会科学文献出版社,2018,第 103 页。

结合联合国以及英国、澳大利亚对儿童权利保护的原则，社会工作者在未成年人的服务中要遵循以下伦理守则：

- 未成年人最大利益，以最利于未成年人的发展为出发点；
- 未成年人生命优先；
- 法律规定、机构规范优于个人价值；①
- 尊重未成年人的权利；
- 非歧视、非延迟。

三 青少年社会工作的服务内容

参照2018年最新版本全国社会工作者职业水平考试教材，青少年社会工作的主要内容包括服务成长发展、维护青少年合法权益、预防青少年违法犯罪。本书下篇将对不同类型青少年群体所对应的不同服务内容做具体阐述，在此就概念及常用场景做以下简介。

（一）服务青少年成长发展

服务青少年成长发展包括思想引导、习惯养成、职业指导、婚恋服务、社交指导等。

思想引导指的是为青少年提供思想道德教育辅导、引导青少年积极践行社会主义核心价值体系，形成正确的世界观、人生观、价值观。在现有的青少年社会工作服务中，思想引导类服务主要有法制教育、公益服务、感恩教育、生命教育。②

习惯养成指的是为青少年提供正确的行为指导和良好的习惯训练，帮助青少年形成正确的生活、学校和行为习惯。在现有的青少年社会工作服务中，习惯养成类服务主要是青少年的自我管

---

① 沈黎：《本土社会工作实务的伦理困境与伦理抉择——基于上海青少年社会工作实践的质性研究》，《社会工作》2012年第2期，第28页。
② 全国社会工作者职业水平考试教材编写组：《社会工作实务（中级）》，社会科学文献出版社，2018，第110页。

理能力提升服务，如"自我约定"、"自我监督"、"小组行为表现的自我评估"、"如何提升行为的自尊表现"等。①

职业指导指的是帮助青少年培养正确的就业意识，提供就业信息服务，组织开展就业技能培训。② 在现有的青少年社会工作服务中，职业指导的服务主要有职业生涯规划、就业辅导等。

婚恋服务指的是引导青年树立正确的婚恋观，帮助其解决思想上、情绪上的困扰，为有需要的青年组织开展婚恋交友服务。在现有的青少年社会工作服务中，婚恋指导的相关服务主要有"建立健康婚恋观"、"青春期教育"、"掌握交往技巧"等专题服务。③

社交指导指的是培养青少年良好的交往动机和交往品质，提升青少年的合作意识和能力、沟通交往技巧和能力，对社会交往有障碍的青少年进行社会关系调适，帮助其融入社会。④ 在现有的青少年社会工作服务中，社交指导的相关服务主要有"社交技巧辅导小组"、主题性青少年社区参与小组或活动等。

（二）维护青少年合法权益

维护青少年合法权益包括困难帮扶、权益维护、法律咨询、心理咨询等。

困难帮扶指的是帮助与贫困家庭青少年、残疾青少年获得政府救济和保障以及社会资助与帮扶，同时培养其自强自助的生活态度。⑤ 在现有的青少年社会工作服务中，困难帮扶的相关服务

---

① 全国社会工作者职业水平考试教材编写组：《社会工作实务（中级）》，社会科学文献出版社，2018，第111页。
② 全国社会工作者职业水平考试教材编写组：《社会工作实务（中级）》，社会科学文献出版社，2018，第111页。
③ 全国社会工作者职业水平考试教材编写组：《社会工作实务（中级）》，社会科学文献出版社，2018，第111页。
④ 全国社会工作者职业水平考试教材编写组：《社会工作实务（中级）》，社会科学文献出版社，2018，第111页。
⑤ 全国社会工作者职业水平考试教材编写组：《社会工作实务（中级）》，社会科学文献出版社，2018，第111页。

主要以个案形式提供。

权益维护指的是为青少年提供个案维权服务，耐心解答青少年的求助咨询，及时跟进并协调解决家庭虐待、人身伤害、吸食毒品、沉迷网络等侵害未成年人合法权益的案（事）件。[①] 在现有的青少年社会工作服务中，权益维护的相关服务主要以个案形式提供。

法律咨询指的是为青少年提供法制宣传教育和法律咨询服务，帮助青少年增强尊法、学法、守法、用法意识，提高自我保护意识和能力，必要时联系法律援助部门给予其援助。[②] 在现有的青少年社会工作服务中，法律咨询的相关服务主要包括法律知识学习的小组、法律知识宣传的讲座或社区活动，以及个案形式服务等。

心理咨询指的是缓解或消除青少年的心理问题，帮助青少年提高情绪自我管控能力，促进其健康人格的形成，特别关注农村留守儿童、服刑人员未成年子女、流浪未成年人等特殊群体的心理问题。[③] 在现有的青少年社会工作服务中，心理咨询的相关服务主要以个案形式提供，也包括心理健康宣传知识讲座或社区活动、心理健康主题小组等。

（三）预防青少年违法犯罪

预防青少年违法犯罪包括正面联系、临界预防、行为矫治、社会观护等。

正面联系指的是通过个案、小组和社区活动等社会工作方法，加强对闲散青少年的接触联系，提供有针对性的引导和帮扶；加强对流动青少年群体的服务管理，进驻大型商企、市场、

---

① 全国社会工作者职业水平考试教材编写组：《社会工作实务（中级）》，社会科学文献出版社，2018，第111页。
② 全国社会工作者职业水平考试教材编写组：《社会工作实务（中级）》，社会科学文献出版社，2018，第111页。
③ 全国社会工作者职业水平考试教材编写组：《社会工作实务（中级）》，社会科学文献出版社，2018，第111页。

城中村等流动人员高度密集区域开展工作。① 在现有的青少年社会工作服务中，正面联系的相关服务主要有个案形式、正面联系主题小组、法律或其他主题的社区活动等。

临界预防指的是关注普通青少年向不良行为青少年转化的边界，重视偷拿财物、逃学、抽烟喝酒、夜不归宿等早期典型行为，及时采取有针对性的预防工作；防止青少年与家庭和学校关系紧张、联系断裂，避免青少年受外界不良行为影响产生不正常的社会化倾向。在现有的青少年社会工作服务中，临界预防的相关服务主要有个案形式、"认知行为改善"小组、"就业帮扶计划"、"社区共责计划"、"亲职教育计划"等。

行为矫治指的是对有不良行为或严重不良行为的青少年进行矫治，通过进驻社区、学校、戒毒所、拘留所、看守所等工作项目，加强制度规则意识教育和法制底线教育，纠正和改变其不良行为习惯。② 在现有的青少年社会工作服务中，行为矫治的相关服务主要以个案管理形式提供。

社会观护指的是协助公安、法院、检察院等单位开展取保候审观护帮教、附条件不起诉监督考察、合适成年人参与未成年人刑事诉讼、社会调查等工作，帮助掌握未成年人犯罪嫌疑人的基本情况，减少涉罪未成年人再犯罪。在现有的青少年社会工作服务中，社会观护的相关服务主要有心理辅导、公益劳动、技能培训、法治教育、劳动实践、亲子关系修复以及合适成年人服务等。

四 青少年社会工作的服务方法

传统介绍青少年社会工作的服务方法主要包括个案工作、小组工作、社区工作等。从系统视角来看，实务中需要的却是整合性应

---

① 全国社会工作者职业水平考试教材编写组：《社会工作实务（中级）》，社会科学文献出版社，2018，第112页。
② 全国社会工作者职业水平考试教材编写组：《社会工作实务（中级）》，社会科学文献出版社，2018，第113页。

用。首先，社会工作的过程起点应该是进入社区的那一刻就开始的，而个案、小组等工作手法只是实务过程的工具，并非代表整个实务的过程。如方法只侧重于具体服务的提供，则会忽略社会工作者在刚进入社区/学校时了解社区并在后续服务中与社区建立和保持关系的过程。而恰恰是这个过程，直接影响之后服务的效果以及顺利程度。其次，将个案、小组、社区三大方法单独介绍，容易给读者造成一种割裂感，误以为三大方法是分裂的，在实务中机械地运用三大方法解决问题，造成"方法技巧化"倾向。

近年来，越来越多的学者提到了"整合社会工作"的概念，①其中关于社会工作方法的整合主张回归社会工作实务的过程，真正走进与了解社区、融入社区，从社区本身出发去，灵活运用三大方法去改变社区。目前社会工作方法在青少年服务中的整合运用已经成为青少年社会工作实践的经验之一。具体运用指南参照本书第二章。

第三节 青少年社会工作的理论基础

开展青少年社会工作服务离不开理论的指导，其理论主要来源于社会学、社会工作学、心理学等诸多学科。理论的作用在于为实务开展提供一套知识体系和架构，并预测未来会发生的行为。社会工作者运用理论如何界定服务对象需求、问题和情境，会决定其认为应如何并采取何种行动较为适当。

社会工作的理论也有层次和类别之分，具有一个完整的范式。通常来说，从社会工作应用性角度，其理论类型包括描述性理论或分析性理论（Analysis Theory）和处方性理论（Prescriptive Theory）。②描述性理论重点解释分析变项或现象间的因果关系，

---

① 张和清：《中国社区社会工作的核心议题与实务模式探索——社区为本的整合社会工作实践》，《东南学术》2016年第6期，第58页。
② 宋丽玉等：《洪叶文化事业有限公司》，2014，第6页。

强调人类行为与社会适应相关的因素之问题。常见于不同服务理念的运用，如青少年领域常用的人本主义、青年正向发展、正向心理学、优势视角、赋权理论等。处方性理论强调演绎问题介入之程序与方法，更加强调服务操作层面的具体应用。如青少年领域常用的认知行为治疗法、生涯辅导与规划、焦点解决治疗模式、体验学习及历奇为本辅导等。

按照早期大卫·豪的社会工作理论二分法，[1] 社会工作理论分两种：基础性支持理论（Theories For Sw，如正向心理学、人本主义等）以及社会工作操作中的理论（Theories Of Sw）/社会工作实践（务）理论（Practice Theory）。而实务理论又层层细分为：①社会工作视角（Perspectives），如正向心理学、人本主义、正向青年发展、优势视角、赋权等；②社会工作手法（Approaches），如认知行为治疗法等；③社会工作模式（Models），如焦点短期解决治疗模式等；④社会工作方法（Methods），如生涯辅导与规划、体验学习及历奇为本辅导等；⑤社会工作技巧（Techniques/Skills），如正向沟通技巧、个案会谈技巧、小组带领技巧等。

以下从各个层面分别抽取1~2个在青少年领域中应用较多的理论按照顺序做简介和适用范围讨论。其中每个理论都在下篇中有案例对应，同样，后文在讲各类青少年不同服务的干预和介入时，仍会有些常用理论随文介绍。

一 正向心理学

（一）理论简介

正向心理学（Positive Psychology）由人本心理学（Humanistic Psychology）衍生，又被称为"快乐的科学"、"正面心理学"、

---

[1] Howe D., *Social Work and Social Relationships*, *Attachment Theory for Social Work Practice*（Macmillan Education UK, 1995），p.59.

"积极心理学"。现在普遍公认的正向心理学的创始人是宾州大学心理学教授马丁·塞利格曼(Dr. Martin E. P. Seligman)。2002年,辛德(C. R. Snyder)和洛佩兹(Shane J. Lopez)主编的《正向心理学手册》(Handbook of Positive Psychology)由牛津大学出版社正式出版,该书的出版宣告了正向心理学的正式独立。

正向心理学强调个人乐观、快乐,注重对个人长处和潜能的挖掘,破解了传统心理学问题导向的目的,取得了良好效果,因此现在被广泛应用于心理学、社会工作等领域。

(二)理论主要内容

从现阶段来看,正向心理学以研究个人优点、建立积极正面情绪和品格、建立正面社会环境及机制为重点,并以建立正面人生为目标,较为关注个人层面的实践应用,主张以下三大人生目标。

• 快乐人生(Pleasant Life)——所谓"Life of Enjoyment",即在生活中成功获得并有效维持过去、现在和将来的正面情绪,包括快乐、自信、平静、满足等,正向情绪的基本元素,包括拓展创造力、增强抵抗力、提高社交能力、提高推动力及拓展变化力。

• 美好人生(Good Life)——所谓"Life of Engagement",就是在生活的各个重要环节,包括家庭、人际关系、工作、子女管教等方面,运用个人独特的优点和美德,去感受人生的满足和美好。

• 有意义的人生(Meaningful Life)——所谓"Life of Affiliation",指的是运用个人独特的优点和美德,成就比个人更大的目标,从而赋予生活以更大的意义。[①]

后来,有国内外学者对正向心理学提出了技术层面的应用,

[①] 香港社会服务发展研究中心:《全人乐·乐传人正向心理学实务手册》,中山大学出版社,2013,第4页。

如美国加州大学心理学家桑雅·吕波密斯基（Sonja Lyubomirsky）提出在个人正面心理的八项具体可行的做法，即心存感激、时时行善、品尝乐趣、感戴良师、学习宽恕、爱家爱友、照顾身体、逆境自持；如中国香港临床心理学家罗泽全提出"快乐七式"①，应用于2017年深圳启动的"全人乐·乐传人"社会工作项目，并著有《全人乐·乐传人正向心理学实务手册》一书。

（三）理论适用范围

正向心理学由于其在个人层面独特的理论优势和作用，被广泛应用到青少年及儿童、亲子及家庭、老人、外来务工人员、残疾人等服务对象或领域中。在青少年社会工作领域，适用于各类青少年群体，尤其对身处阶段性逆境（如学习环境变更、考试前后年级变换）的青少年问题有很好的成效。以在小组、社区活动中应用较多，也有的作为理念以个案形式呈现，如"小升初不适应"方面的个案介入和小组辅导服务。详见第五章第四节的案例。

二 人本主义

（一）理论简介

人本主义（Humanistic）于20世纪50~60年代在美国兴起，是美国当代心理学主要流派之一，被誉为"人本心理学之父"的美国心理学家马斯洛（Maslow）于1954年撰写出版了《动机与

---

① （一）感谢与赞美，即多向身边的人表达谢意并常存赞美的心；（二）健康生活，即保持身体健康，多做运动，有充足睡眠及均衡饮食；（三）敬业乐业，即做好本分，发掘生活乐趣，使自己乐在其中；（四）嘉言善意，即多用正面说话鼓励自己及别人，培养积极思想；（五）为善最乐，即主动关心他人的需要，感受"施比受更有福"的快乐和满足；（六）常怀宽厚，即常怀宽恕的心，放下心中担子，平常心看待事情；（七）天伦情话，即多与亲人和朋友倾诉，为自己建立支持网络，有助于面对生活困难。

人格》，此外该流派的代表人物还有卡尔·罗杰斯（Carl Ransom Rogers）。

人本主义是以人为本研究人的本性、经验与价值，亦即研究人的本性、潜能、经验、价值、意向性、创造力、自我选择和自我实现的科学。简而言之，因强调以人为本体的价值观而得名为人本主义，以人为本是人本主义的宗旨，整体人观是人本主义的方法论。人本主义对于社会工作理论，既是基础的，也是边缘的，因为它更像是一种普适性的哲学观点，借鉴实务，而不是一种阐释特定实务方式的方法，① 属于描述性理论。

（二）理论主要内容

人本主义的理论内容，在社会工作界运用较多的是马斯洛的需要层次理论和罗杰斯的人本主义思想观点。② 其中罗杰斯的观点成为社会工作价值伦理和技巧的重要组成部分：

- 社工的工作方式应该是非指令性、非批判性的；
- 积极倾听、准确感同身受和真挚友谊；
- 注重"自我"对于寻求个人成长的重要性；
- 强调"此地此时"，而不是案主的问题历史；
- 强调案主的独特性，每个人都必须作为个体来对待。

（三）理论适用范围

在社会工作领域中，人本主义较多起到的是理念性上的作用，对于青少年社会工作服务来说，人本主义适用于各类青少年群体，适用于个案、小组、社区等形式中的服务背景理念运用。通常它与生态系统理论相配合，体现服务中人与环境的结合。也

---

① 〔英〕马尔科姆·派恩（Malcolm Payne）：《现代社会工作理论》，冯亚丽、叶鹏飞译，中国人民大学出版社，2004，第197页。
② 〔英〕马尔科姆·派恩（Malcolm Payne）《现代社会工作理论》，冯亚丽、叶鹏飞译，中国人民大学出版社，2004，第198页。

常用于已建立了良好信任关系后的个案处理对话过程,以及小组和社区服务中的动员参与技巧。详见第六章第三节,第七章第二节、第三节、第四节的案例。

三 正向青年发展

(一) 理论简介

正向青年发展(Positive Youth Development Perspective,PYD)又被称为青年正向发展、积极青少年发展理论等。PYD 由利特(Little)首次提出,后经埃克勒(Eccles)、罗斯(Roth)、勒纳(Lerner)等人在理论和实践中不断完善与充实。综合各学者的观点,《美国百科全书》认为:"PYD 是用来描述成年人、社区、政府组织和学校为促进青少年在兴趣与能力等方面健康地成长而付出共同努力的新术语。PYD 致力于为所有的青少年创造支持性的社区氛围,通过公益性组织和社区为青少年提供更多的参与社会和实践锻炼的机会,并鼓励青少年为社区贡献自己的力量。"[1]

(二) 理论主要内容

正向青年发展理论主要内容包括 5 个"C"目标和青少年 40 种发展资产。其中 5 个"C"分别为:能力(Competence),对每个青少年在社会、认知、学术与职业等具体领域中的行为的积极态度,例如,社会能力是关于交往的技能(如冲突的解决),认知能力是关于认知的本领(如制定决策),学术能力包括课堂参与和考试成绩,职业能力包括工作习惯与对工作选择的尝试;自信(Confidence),对自我价值和自我效能整体的内部感受;联结(Connection),青少年与同伴、家庭、学校以及社会之间的双向

---

[1] 刘香东:《美国积极青少年发展理论刍议》,《教育探索》2009 年第 1 期,第 139 页。

交往,以及双方对关系的促进反映了青少年与他人、制度的联结;品格(Character),对社会与文化规则的尊重,拥有对道德善恶、正直的标准;关爱与同情(Caring and Compassion),对他人怜悯与同情的感受。

1996年,搜索研究所(Search Institute)作为青少年发展的先锋,明确提出青少年正向发展的40个发展资产。其中20个是外在资产,这些资产存在于青少年生活的环境中以及与他们互动的人群中,包括家庭支持、安全、成人的角色模式和创造性活动等。另外20个是内部资产,主要是青少年自身的特质,如诚实、人际交往等。[①]

(三) 理论适用范围

在正向青年发展的理念指导下,在青少年社会工作服务中强调青少年自身的优点和潜质,以积极的态度认识青少年的发展,并试图深入挖掘、培养和发展青少年身上的优良潜质,指导、教育和鼓励青少年参加有意义的活动,以塑造青少年的积极情绪体验、健全的人格特征和优良的人性品质,并最终获得正面的幸福感。

正向青年发展适用于各类青少年群体,其理念通常会被应用到青少年社会工作服务项目设计和开展中,尤其适合被标签化的"差生"青少年、问题青少年、服刑在教人员未成年子女等个案服务及专项设计。例如,"社工+志愿者"的模式,通过针对青少年个人、家庭、学校及社区四个系统的介入,为青少年提供生涯规划服务、家庭教育服务、青年参与服务、青春期教育服务等,可以起到良好的社会效果。详见第六章第三节的案例。

[①] 常淑敏等:《人类积极发展的资源模型》,《心理科学进展》2013年第21期,第88页。

四　优势视角

（一）理论简介

优势视角起源于马丁·塞利格曼（Dr. Martin E. P. Seligman）的正向心理学（又被称为"积极心理学"）。21世纪初，美国堪萨斯大学社会工作福利学院的查尔斯·拉普（Charles Rapp）教授在针对慢性精神病患者服务时，把优势视角与个案管理结合，发现了优势个案管理模式。

2004年，美国学者丹尼斯·塞勒伯（Dennis Saleebey）的《优势视角：社会工作实践的新模式》一书被翻译引入我国后，在社会工作领域引起广泛关注和应用。丹尼斯·塞勒伯认为优势视角是以优势为核心，社会工作者在对案主进行帮助时强调将关注点聚焦在案主身上，尽可能地发挥案主自身的能力和优势，并利用案主的这些优势来进行自我帮助和发展。[①]

（二）理论主要内容

优势视角突破原有的问题解决视角模式，不再将服务的重点落在服务对象的问题上，而是强调人的优势，强调人的优势有很多种形式，如特殊的能力或技能、强烈的求知欲、正直的品格及坚韧的精神，即使案主严重的功能失调，优势视角仍旧认为他们有其优势。

优势视角的理论内容包括假设、核心概念和原则等，有以下几个假设：

- 相信人可以改变，每个人都有尊严和价值，都应该得到尊重；

---

① 〔美〕Dennis Saleebey：《优势视角：社会工作实践的新模式》，李亚文、杜立婕译，华东理工大学出版社，2004，第4页。

- 认为每个人都有自己解决问题的力量与资源,并具有在困难环境中生存下来的抗逆力;
- 认为在社会工作助人实践过程中关注的焦点应该是案主个人及其所在的环境中的优势和资源,而非问题和症状;
- 改变的重要资源来自案主自身的优势,个人的经验是一种优势资源。

优势视角的核心概念包括:赋权(empowerment)、成员资格(membership)、抗逆力(resilience)、治愈和整合(healing & wholeness)、对话与合作。①

优势视角的理论原则②包括:每个个人、团体、家庭和社区都有优势;创伤和虐待、疾病和抗争具有伤害性,但它们也可能是挑战和机遇;与案主合作,我们可以最好地服务于案主;所有的环境都充满资源;关怀、照顾和脉络。

(三)理论适用范围

优势视角在社会工作领域具有广泛的应用,适用于各类青少年群体,尤其适用于被标签化的"差生"青少年、困境青少年、服刑在教人员未成年子女、受侵害与受虐青少年服务、特殊青少年、重点青少年等,通常以个案形式提供社工服务,帮助青少年个人发现和建立自身的优势,增加自身的希望和自信,从而使自身能力得到提升,问题得到解决,如校园欺凌个案介入与辅导服务。详见第六章第三节,第七章第二节、第三节、第四节的案例。

---

① 〔美〕Dennis Saleebey:《优势视角:社会工作实践的新模式》,李亚文、杜立婕译,华东理工大学出版社,2004,第14~19页。
② 〔美〕Dennis Saleebey:《优势视角:社会工作实践的新模式》,李亚文、杜立婕译,华东理工大学出版社,2004,第19~24页。

五 赋权

（一）理论简介

1976 年所罗门（Solomon）出版先驱性论著《黑人赋权：压制性社区的社会工作》，使得赋权理论（Empowerment）成为初步的实践框架，20 世纪 80 年代，赋权理论得到长足的发展，成为激进社会工作的发展与实施和反歧视社会工作的一个方面，[①] 赋权在社会工作中被广泛应用。

所罗门（Solomon）在其著作中是这样界定赋权的："社工针对案主所采取的一系列活动的过程……旨在减少机遇污名群体的成员的负面评价而形成的无力感。它涉及辨识导致这一问题的权力障碍和旨在减少间接权力障碍的影响和减少直接权力障碍的运作的特定策略的发展实施。"[②]

（二）理论主要内容

赋权理论的主要内容是以实践框架形式呈现的，主要包括评估、专业关系建立、干预技巧等。

- 赋权内容之评估。要对案主进行评估，包括：基本信息、生活转变、健康和精神健康、人际模式、环境、压制的表现形式、无权力感或权力不足的领域、聚焦于优势、评估过程、工作协议。[③]
- 赋权内容之专业关系建立。社工要与案主建立一种合作的伙伴关系，助人过程中强调权力分享、共同享受权利并且保证是参与者驱动的。
- 此外，赋权的内容还包括如下干预技巧：准备进入案主的

[①] 何雪松：《社会工作理论》，格致出版社，2007，第 144 页。
[②] 何雪松：《社会工作理论》，格致出版社，2007，第 147 页。
[③] 何雪松：《社会工作理论》，格致出版社，2007，第 150~152 页。

世界、进入并构成合力、共同评估、问题界定和签约、一起面对问题、评鉴。①

赋权实践中，社工与案主是一种双向的合作关系：相互关系、互惠关系、共享关系、平权关系。干预可以分为以下三个层面。

- 第一层面：案主与社工建立合作关系，满足案主立即性的需要，包括连接案主所需的资源、开始提供意识觉醒、寻找和申请资源。
- 第二层面：教导技巧和知识，并评估案主的权力动态机制，包括各类小组或团体活动。
- 第三层面：集体行动，旨在形成集体、参与倡导或进行社会活动。②

（三）理论适用范围

20世纪90年代以来，赋权已经被应用到很多不同类型的社会工作之中，它已经被广泛应用于精神健康领域、穷人和无家可归者、儿童和家庭、少数族群、老人、同性恋。③ 对于青少年社会工作领域，赋权较为适合应用到青少年中的弱势群体，如困境青少年、重点青少年等，常见服务以小组、社区活动形式开展。详见第五章第三节、第四节及第六章第二节、第五节的案例。

六 认知行为治疗法

（一）理论简介

认知行为治疗法（Cognitive-Behavioral Therapy，CBT）是将认知治疗原理和行为治疗原理结合一体的一种治疗模式，是行为

---

① 何雪松：《社会工作理论》，格致出版社，2007，第152~154页。
② 何雪松：《社会工作理论》，格致出版社，2007，第149~150页。
③ 何雪松：《社会工作理论》，格致出版社，2007，第154页。

治疗流派中的一个重要组成部分。作为一种通过改变思维（或信念）和行为的方式来纠正不良认知、消除不良情绪及行为的心理治疗方法，被广泛应用于心理学、医学、社会工作等领域。其中有代表性的是阿尔伯特·埃利斯（Albert Ellis）的理性情绪行为疗法（简称"ABC"理论）、阿伦·贝克（A. Beck）和雷米（Raimy）的认知疗法（简称"CT"理论）以及唐纳德·梅肯鲍姆（Donald Meichenbaum）的认知行为治疗法（简称"CBM"理论）。

（二）理论主要内容

认知行为治疗法的主要内容涉及认知、行为、情绪三者之间的假设、行为治疗的三种学习理论、学习中认知因素和具体的治疗技巧。

认知行为治疗法的基本原则是，认知对人的情绪和行为有着重要的影响；人的行为能够影响人的思维方式和情绪。

认知行为治疗法的假设是，人们在日常生活中会对日常发生的事件进行评估，这样的评估会影响人们的情绪和行为，而行为又会反过来影响人们的认知和情绪。

行为治疗的三种学习理论基础为经典条件作用理论、操作性条件作用理论和社会学习理论，三种理论都强调：以行为作为理论研究的中心，探讨行为习惯、改变的规律；以学习作为核心，研究行为学习的具体机制和条件；注重外部环境在行为习惯中的作用。学习中的行为习惯，需要配套的认知过程，这种认知因素包括：信息加工过程（即信息获取、储存和利用的具体方式和过程）；信息系统（即个人的想法、态度、对自己和他人的期待以及个人的经验等）；自我表述（即影响自己行为和感受的个人表述方式）；问题解决和处理的方式（即有效解决和处理困境的思维方式）。

认知行为治疗法的治疗技巧包括个案概念化、合作式的治疗关系、苏格拉底式的提问、结构化和心理教育、认知重构,具体有放松练习、系统脱敏、满灌疗法（又称快速脱敏法）、厌恶疗法、模仿、果敢训练、代币管制。①

(三) 理论适用范围

认知行为治疗法具有明确的实践指导和常用评估工具,对于社会工作领域的新手而言比较容易掌握。它通常着眼于解决情绪问题,因为青少年还处于不成熟期,其认知、行为、情绪比成年人、老年人等群体容易改变,该种模式比较适合有助于解决抑郁、低自尊和各种自我挫败模式等问题的青少年。案主必须具备必要的智力水平,并且愿意投入足够的时间去观察和分析其自身的思想及行为模式,不太适合患严重精神疾病的青少年。常见服务以个案形式进行开展,也有一些情绪类的主题小组或活动。详见第六章第三节、第五节,第七章第一、二、四节的案例。

七 焦点解决治疗模式

(一) 理论简介

焦点解决短期治疗模式（Solution-Focused Brief Therapy,SFBT）又称为短期治疗,是指以寻找解决问题的方法为核心的短程心理治疗技术。焦点解决短期治疗是20世纪80年代初期由史蒂夫·德·沙泽尔（Steve de Shazer）和妻子,以及一群有多元训练背景的研究人员（包括心理、社工、教育、哲学、医学等）在美国威斯康星州米华基（Milwaukee）的短期家庭治疗中心（Brief Family Therapy Center,BFTC）共同发展起来的。② 在三十多年的发展中,SFBT已逐步发展成熟,以解决为焦点的解决发

---

① 许莉娅:《个案工作》,高等教育出版社,2013,第199~202页。
② 戴艳:《焦点解决短期治疗（SFBT）的理论述评》,《心理科学》,2004年第8期,第1442页。

展（Solution Development）导向，并广泛地应用于家庭服务、心理康复、公众社会服务、儿童福利、监狱、社区治疗中心、学校和医院等领域。

（二）理论主要内容

焦点解决短期治疗的基本理念包括：
- "事出并非定有因"；
- "问题症状"同样也具有正向功能；
- 不当的解决方法是造成问题的根源；
- 个案是自身问题的专家；
- 从正向的意义出发；
- 骨牌效应；
- "凡事都有例外，有例外就能解决"等。①

焦点解决短期治疗的技术包括以下13项：
- 一般化（Normalizing）；
- 咨商前改变的询问（Pre-Session Change）；
- 预设性的询问（Presuppositional Question）；
- 评量询问（Scaling Questions）；
- 振奋性的鼓舞（Cheerleading）；
- 赞许（Compliment）；
- 改变最先出现的迹象（First Sign）；
- 奇迹询问（Miracle Questions）；
- 关系询问（Relationship Question）；
- 例外询问（Exception Questions）；
- 任务/家庭作业（Tasks/Homework）；
- Ears询问〔引导（Eliciting）、扩展（Amplifying）、巩固

---

① 戴艳：《焦点解决短期治疗（SFBT）的理论述评》，《心理科学》，2004年第8期，第1443页。

（Reinforcing Again）］；

• 因应询问（Coping Questions）。

焦点解决短期治疗的流程为：问题描述阶段、发展出设定良好的目标、探索例外、晤谈结束前的回馈、评量个案的进步。①

（三）理论适用范围

随着社会的发展，咨询对象的不断丰富和多层次化，焦点解决短期咨询方法被越来越多的心理咨询师、社会工作者重视，特别是针对青少年群体的一般性适应问题，比如学习问题、短期心理焦虑问题、焦点解决短期咨询能比较有效和快捷地给予处理。但不适用于情况较为复杂、问题较多、有严重心理障碍的特殊青少年服务。详见第六章第五节、第七章第一节的案例。

八 生涯规划与辅导

（一）理论简介

生涯规划与辅导（Career Plan and Guidance Theory）是指依据一套系统的辅导计划，通过辅导人员的协助，引导个人探究、评判并整合运用有关的知识、经验而开展的活动。这些知识经验包括：对自我的了解、对职业世界及其他相关影响因素的了解、对生涯规划和生涯决策中必须考虑的各种因素的了解、对在工作与休闲中达到成功或自我实现所必须具备的各种条件的了解等。②

生涯规划与辅导的前身是职业辅导，最早的提出者是被尊称为"职业指导之父"的帕森斯（Parsons），他于1908年在波士顿设立职业局，把职业指导工作发展为具体组织形态的专门性工

---

① 戴艳：《焦点解决短期治疗（SFBT）的理论述评》，《心理科学》2004年第8期，第1444页。

② 张兴瑜：《对国外生涯辅导理论的评述与启示》，《高等职业教育》（天津职业大学学报）2009年第4期，第90页。

作,指导人们不只要找工作,而且要选择职业。[①] 后陆续有舒伯（Super）提出生涯发展阶段说,霍兰德（Holland）提出职业人格类型,伍德（Wood）提出生涯选择配合论等。

(二) 理论主要内容

Wood 的生涯选择配合论是生涯规划的重要理论基础（见图 1-1）。生涯规划与辅导理论的内容主要包括以下方面。

• 自我认识。了解个人的潜能、智力、兴趣、人格特征,并经由适当测试与工作辅导而加深自我了解程度。

• 认识工作世界。对工作发展前景、就业与职业训练资源,以及工作机会都能有深刻的认识。

• 确认自我的工作价值观。能认识工作与职业对个人发展的重要性,并且了解自我等价值体系,在专业辅导下,形成比较正确且符合社会主流价值体系的观念。

• 评估环境因素。对现阶段的政治、经济、社会、文化等因素有较为深入的了解,以此做出切合实际的判断和选择。

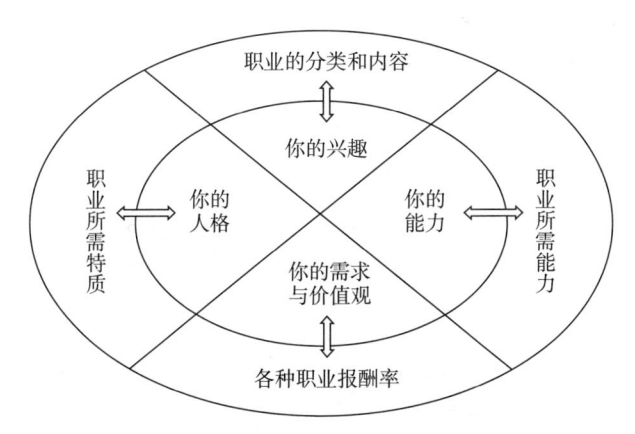

图 1-1 WOOD 的"生涯选择配合论"

[①] 张兴瑜:《对国外生涯辅导理论的评述与启示》,《高等职业教育》(天津职业大学学报) 2009 年第 4 期,第 90 页。

（三）理论适用范围

生涯规划与辅导是开展青少年就业辅导服务的理论基础之一，针对有就业、职业规划等需求的青少年。特别适用于初中、高中、职中等高年级学生和待业青年、在职青年，不适用于低龄青少年群体。该理论经常被用于开展职业生涯规划小组、青少年职业导航等主题类社区服务项目设计和开展。详见第五章第二节的案例。

九 体验学习法及历奇为本辅导

（一）理论简介

体验式学习法（Experiential Learning）也被称为行为学习法（Action-Learning），最早由剑桥学子提出，最先被英国石油公司采用。体验式学习首先要从实践活动中获得直接经验，泛指个体通过实践活动所获得的新知识、技能、态度与方法的学习过程。[①]体验式学习法的特点有参与者卷入、直接学习、参与者的责任感与体验式学习的灵活运用性等。

历奇为本辅导（Adventure Based Counseling，ABC）则是美国历奇计划延续德国教育家韩建德（Kurt Hahn）外展训练精神创立的历奇辅导专有模式。[②] 1998年一群热心青少年成长的青年工作者把美国历奇计划（Project Adventure）的历奇为本辅导引入香港，其间香港的刘永权又把ABC推广到澳门及广州，现在成为青少年成长训练的重要手段之一。[③]

历奇为本辅导是指通过一系列精心设计的历奇活动，导师循序渐进地介入，让学员处于一个既陌生新奇又充满合作气氛的环

[①] 李文君：《体验式学习理论研究综述》，《教育观察》2012年第6期，第83页。
[②] 杨成：《历奇教育》，《广东人民出版社》2007年第12期，第5页。
[③] 刘有权：《历奇为本辅导的理念及反思》，《广东青年干部学院学报》2007年第4期，第14页。

境中,将经验整理、升华、转移,应用到日常的生活实践中,帮助学员成长。① 历奇为本有历奇活动、野外、个人及小组辅导、经验学习法四个元素,"本"就是以历奇为基础和起点。

(二) 理论主要内容

本部分重点讲述历奇为本辅导的内容,包括类型内容和模式内容。历奇为本辅导的活动种类繁多,为配合团体发展历程的阶段,活动会按照互动程度及挑战难度,分成以下7种类型。

- 破冰活动(拍手掌、抓手指、抛公仔、起立坐下反应游戏和有西瓜等)。
- 打破人际隔膜的活动(照妖镜、猜衣夹、面对面小接触和盲侠听声剑等)。
- 信任及同理心活动(信任天梯、信任跌倒、信心飞跃、信心摇篮及信心抛接等)。
- 沟通游戏(镜子游戏、有毒废料运送、大脚八、排列出生日期和与绳共舞等)。
- 决策及解决困难活动(如阿玛逊河救援、过悬崖、渡河、悬崖运炸药、蜘蛛网、飞越构梁和胜利墙等)。
- 社会责任/义务工作(如历奇活动助教、社区义务工作、参加急救训练班等)。
- 个人责任/突破自我(如高空挑战网阵、缘绳下降、攀岩、黑夜定向)。

此外,历奇辅导有四个训练模式:"历奇波浪"主要是活动讲解、过程和解说;"野外挑战"着重个人与大自然的挑战;"情感反思"指学员内在反思;"多元创意"包括利用音乐、戏剧、手工艺等多种方法带出重点。

---

① 杨成:《历奇教育》,广东人民出版社,2007,第5页、第12页。

（三）理论适用范围

历奇为本辅导强调体验式学习应用，历奇为本辅导主要在教育类、辅导类、企业组织及员工、康乐活动四大领域有应用。近年来历奇辅导广泛地被社会工作者应用于不同领域的服务对象，历奇辅导可以强化团体辅导工作，提升小组辅导成效，尤以青少年及家庭治疗更为有效。例如，利用野外挑战活动（远足、个人独处及攀岩训练）改善边缘青年不良行为；长期营会进行历奇训练，要求青年们自力更生学习耕种、野外求生，使滥用药物的青少年建立自信。此外，还为边缘青少年或滥药者提供历奇活动导师及助教培训课程，让他们有机会成为助教，学以致用，增加自信。[①] 在现有的青少年社会工作领域，可以小组或社区形式服务提供，如小组前的热身游戏、社区定向越野等。无论是体验式学习也好，还是历奇为本辅导也好，都有涉及体能和户外环节，需要社会工作者注意参与者的人身安全，做好安全防护措施。详见第五章第二节、第五节的案例。

---

① 刘有权：《历奇为本辅导的理念及反思》，《广东青年干部学院学报》2007年第4期，第15页。

第二章 青少年社会工作的过程与方法

为了能为各位青少年社会工作者提供参考性较强的实务指南，本章将立足于青少年社会工作的具体实务操作——从青少年社工机构或站点服务的角度出发，以青少年社会工作的过程为轴，将方法与技巧穿插于其中，从了解区域概况、建立工作关系、进行需求调研、策划服务方案、提供具体服务、评估服务成效六个部分展开叙述（见图2-1），详细介绍青少年社会工作在不同工作阶段所使用的方法与技巧、注意事项等，以便青少年社会工作者（以下简称青少年社工）能根据自己工作进展的不同阶段了解相应的方法与技巧。但在实际工作中，社会工作者应该注意以下几方面。

首先，青少年社会工作的每个阶段并没有刻板的分界线，它们本就是一个动态联动的整体，只是每个阶段的工作会有侧重点。例如，在青少年社工进入工作区域之后需要对所在工作区域（学校/社区）进行较为全面的了解，这为后面工作的开展奠定了环境基础，但在之后的工作中，还需要不断对这些信息进行补充完善，甚至是修改。再如，与青少年建立与保持融洽的关系贯穿整个青少年服务过程。可能刚进入社区或学校时需要花费较大的工夫来建立一种信任的关系，但并不代表在之后的工作阶段青少年社工可以将此忽略。

其次，社区和学校作为青少年社会工作的主要阵地，其服务过程及阶段具有一般性。但在实际的服务中，由于社区和学校的构成要素、行政架构、工作重点等有较大的差别，其所采用的服务方法和技巧也会存在一些不同。基于社区和学校青少年社会工作的共性与差异，本章在介绍青少年社会工作一般性过程的基础上，当遇到社区和学校所使用的方法存在较大差异时，则分为两个部分分别介绍，差异较小时则合二为一统一介绍。

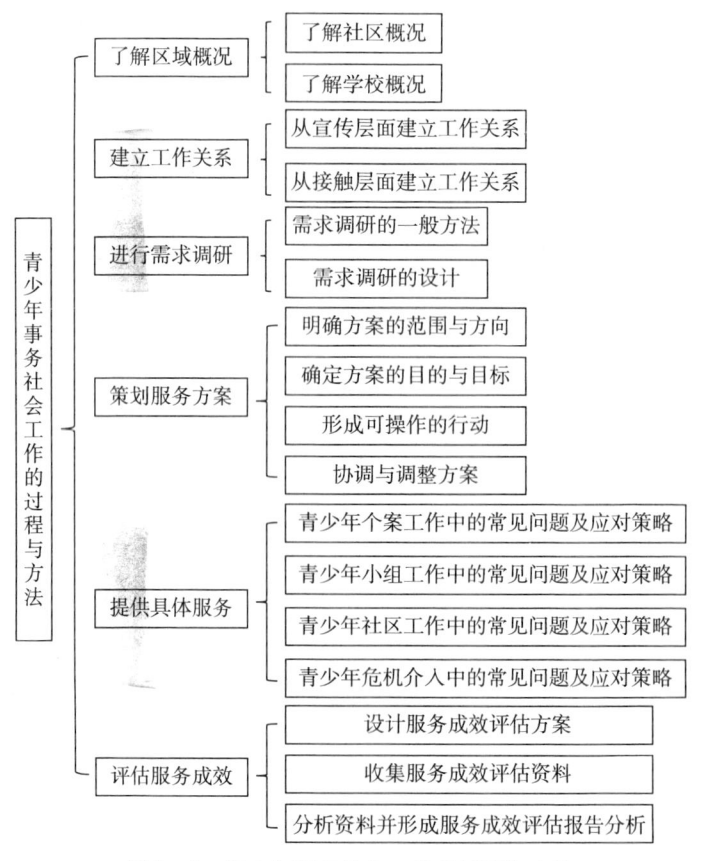

```
青少年事务社会工作的过程与方法
├─ 了解区域概况
│   ├─ 了解社区概况
│   └─ 了解学校概况
├─ 建立工作关系
│   ├─ 从宣传层面建立工作关系
│   └─ 从接触层面建立工作关系
├─ 进行需求调研
│   ├─ 需求调研的一般方法
│   └─ 需求调研的设计
├─ 策划服务方案
│   ├─ 明确方案的范围与方向
│   ├─ 确定方案的目的与目标
│   ├─ 形成可操作的行动
│   └─ 协调与调整方案
├─ 提供具体服务
│   ├─ 青少年个案工作中的常见问题及应对策略
│   ├─ 青少年小组工作中的常见问题及应对策略
│   ├─ 青少年社区工作中的常见问题及应对策略
│   └─ 青少年危机介入中的常见问题及应对策略
└─ 评估服务成效
    ├─ 设计服务成效评估方案
    ├─ 收集服务成效评估资料
    └─ 分析资料并形成服务成效评估报告分析
```

图 2-1　青少年事务社会工作的过程与方法

第一节　了解区域概况

了解服务区域的基本情况是青少年服务的重要准备工作。根据"人在情境中"及生态系统理论的观点，人的成长、发展与其生长的环境和情境有着密不可分的关系。这要求青少年社工在实务操作中应当将青少年个体或群体置于其所生活的环境和场景中去，重视他们的生活经验、生活空间与生态资源分布等有关个人与环境的交流活动。① 因此，不管是学校社工还是社区青少年社工，在刚进入工作区域时，主动了解服务区域的基本情况具有尤为重要的意义。一方面，社工往往能通过这个过程初步了解到青少年生活和学习的环境、生活方式、可能遇到的困境或问题、社区中的资源状况等；另一方面，对这些情况的了解能够为服务的开展奠定良好的基础，使社工对工作区域内青少年所面临的问题、他们的需求、服务中所需要的资源等具有更高的敏感性。

图 2-2 和图 2-3 整理了需要了解的关于社区与学校的相关内容，② 读者可根据情况进行参考。

一 了解社区概况

需要了解的与社区相关的内容见图 2-2。

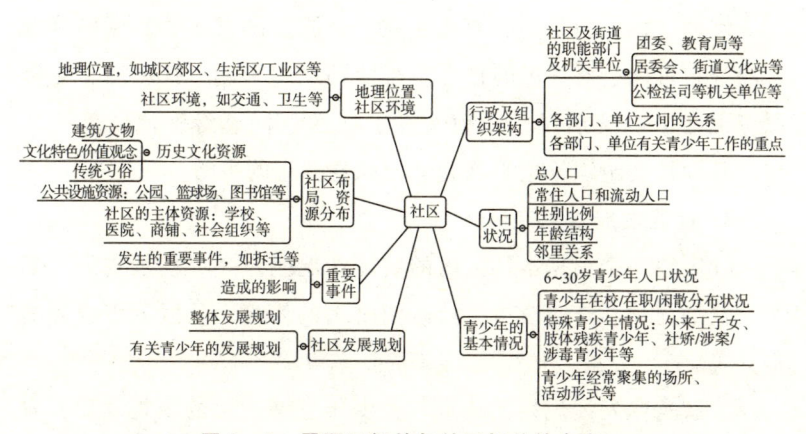

图 2-2 需要了解的与社区相关的内容

---

① 全国社会工作职业水平考试教材编写组：《社会工作综合能力（中级）》，中国社会出版社，2018，第 101~103 页。
② 根据启创所提供的关于社区及学校年度工作策划的资料整理。

(一) 社区的一般情况

1. 地理位置、社区环境

当社工进入社区时,最为直观的呈现即是它的地理位置与环境状况,青少年社工需要注意了解以下情况。①该社区是位于市区还是郊区。例如,繁华商业区和城郊村内的青少年的生活方式可能有较大差别。②是工业区、商业区、城中村,还是农转居社区。工业区、城中村可能聚集着一些外来人口及其子女;农转居的社区中青少年可能面临一些适应性的问题等。③社区内的环境状况和可能存在的矛盾。这可以从侧面反映出青少年的归属感以及社区参与度。

2. 社区的布局及资源分布

社区的布局及资源分布对居民的生活有着极为重要的影响,了解社区的布局及资源分布,有利于青少年社工更好地运用社区资源开展服务工作。

例如,社区内菜场、商业区域、公园、图书馆、篮球场等场所的分布可能会对居民的日常出行活动产生影响;社区的文化资源等也会影响到居民的价值观念、社区认同感等;社区里的学校、其他社会组织等也影响着学校和青少年的生活。

3. 社区发展规划

社区往往会根据本社区内的实际状况制定一些发展规划,如新学校的建立、道路改造、社区图书馆的修建、社区卫生服务的提升等。

了解这些发展规划尤其是与青少年发展相关的规划之后,青少年社工可以制定一些与社区发展方向相关的服务计划,使青少年社会工作服务与社区本身的发展计划形成一种良性的互动,营造正向发展的氛围,增强社区凝聚力。

4. 社区里发生过的重要历史事件及其造成的影响

了解社区内是否曾经发生过对社区产生深远影响的重大事

件，如拆迁、改造等，分析这些事件是如何影响社区居民特别是青少年群体的，是正面还是负面的影响，是否还存在遗留的问题等。掌握这些情况，能够为社区内青少年现状及问题的分析提供一些不同的视角与思路。

5. 社区的行政及组织架构

进入社区后，充分了解社区、街道的职能部门及机关单位并与之建立联系，有利于青少年社工更好地利用资源开展青少年服务。因此，青少年社工需要了解团委、教育局、居委会、公检法司单位对于各自领域青少年工作的安排等；拟合作单位本身运作系统内部的合作状况；青少年社工项目与各部门、单位合作的可能性。

6. 了解社区人口状况

社区内的人口状况可以反映人口结构，如性别结构、年龄结构、常住人口和流动人口比例，都会影响社区资源的分配和使用；邻里关系影响着社区内部的互动。关注这些能够帮助青少年社工更加深入地了解青少年生活与成长的环境，以及他们可能面临的问题等。

（二）社区中青少年的基本情况

社区内青少年人口状况是青少年社会工作关注的焦点。当进入社区时，青少年社工需要积极了解这些青少年的基本状况，如他们是处于在学、在职还是闲散的状态；找到社区中青少年经常聚集的场所以及他们的活动形式等；了解社区内特殊青少年群体的基本情况，如流动青少年、贫困青少年、残障青少年、社矫/涉案/涉毒等青少年群体，了解这些青少年群体的数量及状态。

二　了解学校概况

需要了解的与学校相关的内容见图2-3。

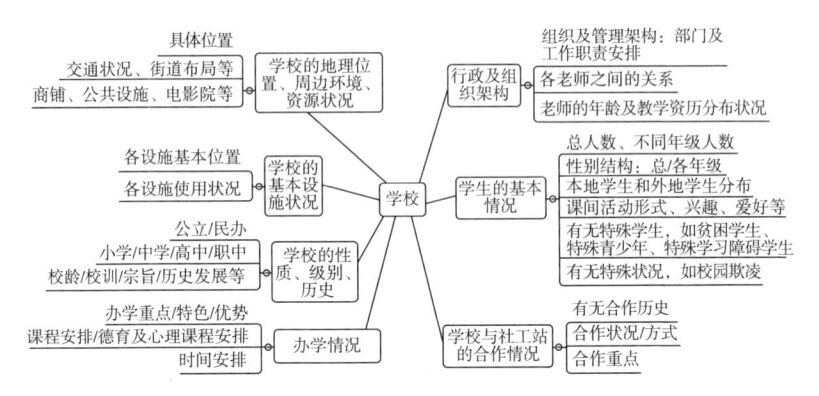

```
具体位置
交通状况、街道布局等                    组织及管理架构：部门及
商铺、公共设施、电影院等   学校的地理位置、  行政及组    工作职责安排
                       周边环境、     织架构      各老师之间的关系
                       资源状况                老师的年龄及教学资历分布状况

各设施基本位置         学校的                    总人数、不同年级人数
各设施使用状况         基本设              学生的基本 性别结构：总/各年级
                    施状况      学校        情况   本地学生和外地学生分布
                                              课间活动形式、兴趣、爱好等
                    学校的性                     有无特殊学生，如贫困学生、
公立/民办            质、级别、                   特殊青少年、特殊学习障碍学生
小学/中学/高中/职中   历史                        有无特殊状况，如校园欺凌
校龄/校训/宗旨/历史发展等
                                      学校与社工站  有无合作历史
办学重点/特色/优势                       的合作情况   合作状况/方式
课程安排/德育及心理课程安排  办学情况                合作重点
时间安排
```

图2-3　需要了解的与学校相关的内容

（一）学校的一般情况

1. 学校的地理位置、周边环境、资源状况

学校的地理位置通常能够反映学校内学生的一些生源状况；学校周边的环境、交通状况、街道布局等则对学生的日常生活产生较大的影响；学校周边的商铺、公共活动场所、电影院等可能是青少年经常聚集的地方。

2. 学校的性质、级别、历史

了解学校是属于公立学校还是民办学校；是小学、中学、高中还是职中；学校的校龄、校训、宗旨、历史及文化传统，往往透着一个学校管理学生的态度与方法。

青少年社工对这些信息进行了解能够促使自己思考要如何提供服务才能使社工和学校达到双赢。

3. 学校的基本设施状况

了解学校的基本设施，如操场、游泳池、图书馆等，并观察这些设施的使用情况。社工进入学校之后要善于利用这些公共资源开展服务。

4. 办学情况

了解学校的办学情况能够帮助青少年社工清楚学校的特色和优势，从而设计出更符合本校学生实际情况的服务：根据学校的时间安排来调整服务的时间；根据学校的课程安排设计服务，如学校开设心理课的状况，又如有的学校会将每周一个统一的时间设为全校学生兴趣发展的时间，社工可利用这样的课程安排来开设一些符合青少年实际需求的兴趣班。

5. 学校的行政及组织架构

例如，学校各个部门的工作职责安排；老师之间的关系和老师的年龄及教学资历分布。了解以上情况能够帮助青少年社工在学校中更顺利地开展服务，使社工明确需要遵守学校的哪些人事规则，可以利用学校哪些人力资源等。

6. 学校与社工站的合作情况

了解本站点与社工有无合作历史，合作状况、方式是怎样的，合作的重点在哪里，有无可供参考的经验，或有无需要改进的地方等。

（二）学校中青少年的情况

对学生基本情况的了解是提供青少年服务的一个核心问题。青少年社工需要清楚：学生的总人数、不同年级的人数；性别结构；本地学生和外地学生分布；课间活动形式、学生的兴趣爱好；所服务的学校有无特殊学生，如贫困学生、特殊学习障碍学生；有无特殊情况，如校园欺凌、群架斗殴等。

三 掌握途径与方法

文献查询、观察与感受、对社区/学校中的各个部门或主体进行拜访及访谈、与青少年进行交流等都是了解社区/学校、了解青少年以及收集资料的有效途径①，青少年社工在进入社区或学校之后，需要灵活运用各种方法，全面、系统地对社区或学校的概况进行掌握。具体途径与方法可参考表2-1。

表2-1 了解社区或学校的途径与方法

途径与方法	社区	学校
文献查询	● 翻阅本社区/学校的地方志、大事年鉴、史料、刊物及出版物等 ● 查阅社区/学校的发展规划 ● 浏览社区/学校的官方网站 ● 搜索与社区/学校相关的新闻 ● 查阅社区/学校近年来在各方面工作的工作报告 ● 查阅本社工站可供参阅的相关存档资料	
观察与感受	● 分别选择不同的时间段，在社区/学校走一走，感受不同时间段的状况 ● 观察社区/学校里人们及青少年的生活，感受社区/学校的文化和底蕴 ● 发现青少年喜欢聚集的地方及活动的情况，如喜欢什么活动，活动的参与热情等	
拜访及访谈	● 拜访社区各职能部门及机关单位，如团委、教育局、居委会、文化站等 ● 拜访社区各公共场所管理者，如图书馆、公园、篮球场等 ● 拜访社区内其他社会组织的管理者或成员	● 校长办公室 ● 与青少年学习相关的部门，如教务处 ● 与青少年日常生活相关的部门，如生活部 ● 与青少年德育发展、特殊情况相关的部门，如德育处
与青少年交流	● 在学校和社区中与青少年交流，了解他们对社区/学校的看法	

社工只有积极通过各种途径与方法了解社区/学校的情况，并从社区/学校的特点出发寻找青少年工作的灵感与创新点，才能设计出吸引青少年的服务以带动青少年参与到社区建设中去。但青少年社工需要注意的是，对社区和学校进行了解的过程，其实也是一个建立关系的过程，社工在其间除了掌握收集资料的途径与方法外，还需要了解与社区/学校及青少年建立关系的方法和技巧，这部分内容可参见本章第二节。

---

① 〔英〕Kate Sapin：《青少年社会工作基本技巧》，赵凌云等译，华东理工大学出版社，2015，第56页。

第二节 建立工作关系

青少年是青少年社会工作的核心,与青少年接触并建立关系是贯穿于整个青少年社会工作服务过程的重要议题:一方面,与青少年建立关系的过程能够收集大量关于青少年状况的真实信息;另一方面,与青少年接触及建立信任关系的程度直接影响到服务的顺利程度和效果。因而,在整个青少年社会工作的过程中,青少年社工都需要主动融入青少年群体中去,不断去加深、维系与他们的联系。

在实际工作中,青少年社工往往通过服务宣传与实际接触两种途径与青少年建立关系。从服务宣传的角度来讲,社工需要经常通过一些宣传性的方法,使更多青少年了解到青少年社工站的服务并帮助青少年建立"有困境向社工求助"的意识。从实际接触的角度讲,与青少年相处的不同阶段会运用到不同的技巧,熟练地掌握与运用各个阶段的相处技巧有助于社工更好地融入青少年的日常生活。

本节将从服务宣传与实际接触两个方面详细介绍与青少年建立关系的技巧。①

一 从宣传层面建立工作关系

在学校和社区中,社工通常需要采取一些有效的宣传手法使青少年社工站的服务被更多的青少年所了解并参与其中。

在社区中,就青少年服务的内容或某一服务的主题开展入户宣传、街展活动、张贴海报都是被实践证明有效的方式(详细内容如图 2-4 所示)。这些宣传能够使青少年社工及其服务信息进入居民和青少年的日常生活,减少他们对社工的陌生感,并知晓

---

① 本节所介绍的方法与技巧来自对 14 位经验丰富的一线社工的访谈。

青少年社工能够为社区中的青少年及其家长提供什么样的服务，遇到哪些困难或困境能够向社工求助等。

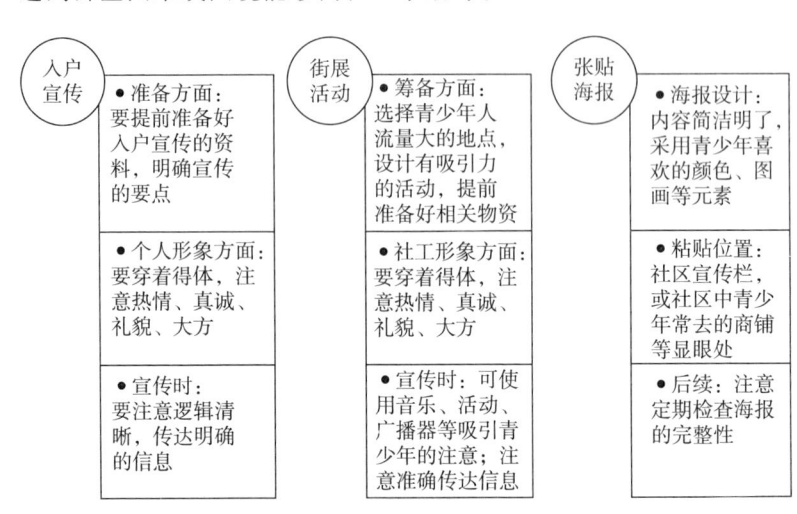

入户宣传
- 准备方面：要提前准备好入户宣传的资料，明确宣传的要点
- 个人形象方面：要穿着得体，注意热情、真诚、礼貌、大方
- 宣传时：要注意逻辑清晰，传达明确的信息

街展活动
- 筹备方面：选择青少年人流量大的地点，设计有吸引力的活动，提前准备好相关物资
- 社工形象方面：要穿着得体，注意热情、真诚、礼貌、大方
- 宣传时：可使用音乐、活动、广播器等吸引青少年的注意；注意准确传达信息

张贴海报
- 海报设计：内容简洁明了，采用青少年喜欢的颜色、图画等元素
- 粘贴位置：社区宣传栏，或社区中青少年常去的商铺等显眼处
- 后续：注意定期检查海报的完整性

图 2-4　社区中常用的宣传手法

在学校中，则可以通过争取国旗下讲话、使用广播站宣传、入班宣传等方式（具体如图 2-5 所示）增加社工出现在青少年视野中的"频次"，让更多的青少年了解并知悉社工站的服务动态。同时，在工作中经常穿工作服或带有标志性 logo 的物件也是让青少年记住社工的一个好方法。

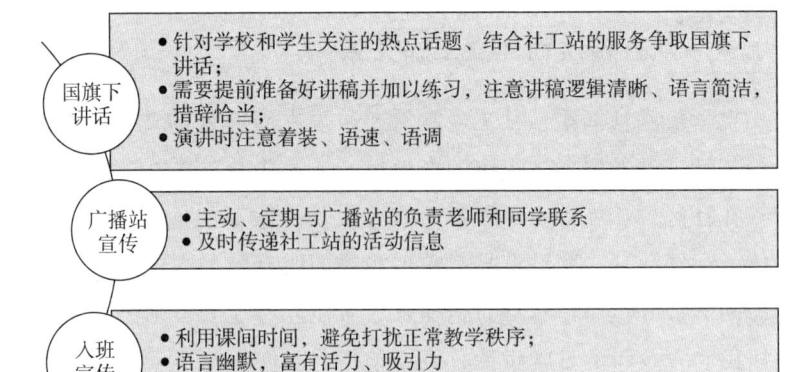

国旗下讲话
- 针对学校和学生关注的热点话题、结合社工站的服务争取国旗下讲话；
- 需要提前准备好讲稿并加以练习，注意讲稿逻辑清晰、语言简洁，措辞恰当；
- 演讲时注意着装、语速、语调

广播站宣传
- 主动、定期与广播站的负责老师和同学联系
- 及时传递社工站的活动信息

入班宣传
- 利用课间时间，避免打扰正常教学秩序；
- 语言幽默，富有活力、吸引力
- 适当与学生互动

图 2-5　学校中常用的宣传手法

服务宣传工作是贯穿整个青少年社会工作服务过程的,它具有较大的覆盖性,能够在很大程度上提升青少年社会工作的"知名度",使青少年社会工作在"意识"上走入青少年群体中去。

二　从接触层面建立工作关系

服务宣传的工作能够从表面上与青少年建立较为普遍的联系,但这种联系大多是较为单向的,很少与青少年产生实际的接触,是属于比较表层的联系。要与青少年建立更为稳定的、深度的关系还需要社工大胆、主动地走到青少年群体中去,与他们进行更多实际的接触——与他们进行面对面的交流,倾听他们的想法,关心他们的生活,了解他们的状态等。

在社区中,青少年社工会在每周安排一些固定时间去青少年聚集的地方开展外展工作;在学校中,社工通常通过"扫班"的方式,利用课间和午休的时间经常到班里、操场、走廊等地方与学生进行交流和互动。外展和"扫班"都会与青少年产生实际的接触,而在整个接触的过程中,社工会根据接触的不同阶段使用不同的技巧,同时也会使用到一些全程通用的技巧(具体如表2-2所示)。

表2-2　与青少年接触的阶段与技巧概览

整个过程	
初次接触时	熟悉之后
●搭讪的技巧	●闲聊的技巧 ●单独面谈的技巧
●观察的技巧 ●建立职业边界的技巧 ●争取多次接触的机会:邀请青少年来社工站	

(一)初次接触——搭讪的技巧

初次接触往往是青少年与社工互相试探的过程,这个阶段大多数青少年会有较强的戒备心理，对于社工友善的搭讪与询问可能并不会给予过多的回应，相较于学校而言，这种情况在社区中尤为明显。这也意味着，青少年社工必须采取适当的方法，以一种较为自然的状态开始与青少年的接触。一般而言，社工可以通过参与青少年的活动（如篮球、羽毛球等体育运动），或直接搭讪两种方式与青少年产生联系，具体方法见表2-3。

表2-3 与青少年搭讪的技巧

- 加入青少年当下的活动并通过活动开始交谈
- 从青少年当下所处的情境开始聊起，如吃的小食、看的书籍等
- 提前准备一些青少年感兴趣的话题与他们展开聊天
- 主动询问青少年的兴趣，并围绕兴趣展开话题
- 就学校和社区中的一些新鲜事件询问青少年的看法或见解
- 主动介绍自己社工的身份
- 在聊天和活动中注意观察青少年的情绪、状态
- 不要问一些隐私的话题

（二）熟悉之后

（1）闲聊的技巧

在与青少年建立一定的联系之后，社工经常会到青少年群体中去与他们保持固定的关系，这种情况下往往会跟青少年闲聊一些大家关心的话题。社工能够通过闲聊了解青少年学习、生活的状态，真正做到与他们"同行"，具体技巧如表2-4所示。

表2-4 闲聊的技巧

- 抱着开放的心态，倾听青少年的故事，肯定他们想法的重要性
- 关注青少年的兴趣、爱好、喜欢的音乐，与他们聊一聊最近热门的话题，如男生喜欢的游戏，女生喜欢的明星或电视剧
- 以平等的态度与青少年交流，表现出关心而非说教
- 适时传递一些社工站的活动信息
- 主动询问他们是否有什么困难或困惑
- 在平时与青少年的接触中注意关注那些特别的青少年个体，如不愿表达的青少年等

(2) 单独面谈的技巧

与青少年建立一定的关系之后,一些青少年通常会出于对社工的信任而向社工吐纳心事,在这种情况下,社工一般会与青少年进行一次单独的面谈。这种面谈一般是非正式的面谈,也与正式建立个案工作关系之后的面谈有所不同,其重点在于了解青少年的基本情况以及他们的故事。因此,在面谈过程中对青少年的尊重和倾听显得尤为重要。同时,如果青少年所处的状况已经给其造成了严重的困扰,社工则需要鼓励他成为个案的案主。单独面谈的技巧如表 2-5 所示。

表 2-5 单独面谈的技巧

- 在交流中尊重青少年,尽量不要随意打断他们的讲话
- 乐于倾听,同时观察青少年在诉说时的状态或情感变化
- 当遇到不确定的问题时,注意与青少年澄清
- 在肯定青少年的基础上进行发问,避免给他们造成被侵犯的感觉
- 对于自己不认同的做法(如歧视甚至欺凌倾向行为等),不应随声附和或做出不理睬的处置,应及时提出自己不赞同的意见

(三) 整个过程

(1) 争取多次接触机会的技巧

没有社工希望自己与青少年的关系止步于第一次的接触,但很多现实的情况,如公共场所青少年的流动性较大、青少年学期结束甚至搬家等都可能中断社工与青少年的接触。因此,在工作中与青少年建立较为稳定的联系需要社工积极地运用一些技巧保持与青少年的互动,使关系向更深的层次发展,具体可参考表 2-6 所示的技巧。

表 2-6 争取多次接触机会的技巧

- 在每次接触的尾声询问青少年下一次能否在这里见到他
- 在平时与青少年的接触中经常邀请青少年来社工站
- 在社工站外面设置一些有趣的题目,上午给出题目,下午公布答案,促成青少年相互讨论并增多来社工站的频率

续表

- 结合青少年的兴趣设置一些有趣的活动，如采用青少年喜欢的游戏中的"段位"话语来设置五子棋比赛的晋级规则等
- 在学校中可设置一些适合课间玩的小游戏
- 在社工站点开设小图书室，供青少年前来借阅
- 建立机构的会员制度，邀请青少年加入，定期给他们发送问候的短信

（2）建立职业边界的技巧

与青少年相处的前期虽未建立专业关系（本书中所指的专业关系以青少年社工与青少年签订服务协议为标志），但也是一种工作关系，而非私人关系。青少年社工在工作过程中一定要注意在亲和性与专业性之间找到平衡，与青少年建立职业边界，[1] 在工作中特别注意权力和自制力，避免对青少年关心和支持的关系成为一种私人关系。另外，虽然青少年社工经常与青少年打成一片，但也并非一味地认同青少年，如果遇到一些非法行为等，需要真诚且清晰地告诉他们自己能够接受的行为和不能接受的行为，具体如表2-7所示。

表2-7 建立职业边界的技巧

- 申明自己社工的身份
- 在和一些青少年相处时，如果遇到他们有一些临界预防所涉及的行为，青少年社工一定要及时提出自己的反对意见，并及时开始专业辅导
- 任何情形下的接触保持工作时间心态
- 避免私人社交账号亲密往来
- 注意遵守社会工作伦理守则

值得提醒的是，与青少年建立关系并没有一套统一的标准，每个社工都有自己工作和处事的风格，青少年社工可以根据自己的实际情况对各种方法进行灵活运用、创新。但是在整个过程中，青少年社工都需要树立尊重的理念，以平等的态度尊重青少年的个性，重视与关心他们的生活，让他们感受到温暖与关怀。

---

[1] Kate Sapin：《青少年社会工作基本技巧》，赵凌云等译，华东理工大学出版社，2015，第89~90页。

第三节 进行需求调研

充分了解与调研青少年的需求,是青少年社会工作的重要一步。只有对青少年的需求状况有一个全面、准确的评估,才能设计出真正符合青少年需求的服务。由于调研的特殊性和重要性,加之在实际工作中往往是先进行需求调研之后再策划服务方案,故将其单独设置一节进行介绍,在第四节策划服务方案的部分不再详细介绍。同时本节的重点在于介绍调研青少年需求的方法及需求调研的设计,不在于需求概念的探讨,读者可通过其他书籍了解马斯洛、阿尔德弗尔等学者关于需求的见解。

一 需求调研的一般方法

英国学者布拉德肖(Bradshaw)以分类学的方法将社会需求分为规范性需求、感受性需求、表达性需求、相对性需求四种类型。[①] 这四种需求类型为青少年实务工作者了解青少年的需求提供了很好的分析框架。

在规范性需求的维度下,社工可以通过一些政策文件或专家所制定的标准来确定本区域内需要服务的青少年人群,如可以通过"贫困线标准"判定本区域内需要服务的青少年人群;在感受性需求的维度下,社工可通过一些问卷、访谈等引导的方式让青少年说出他们的需求;在表达性需求的维度下,社工可通过对机构的服务资料进行分析从而了解青少年的表达性需求。结合了解需求的方法,青少年社工可通过文献分析、观察、问卷调查、访谈/深度访谈等方法对青少年的这四类需求进行不同形式的调研,具体如表2-8所示。

---

① Bradshaw, J., "The Concept of Need," *New Society* 30 (1972), pp. 640 – 643.

表 2-8 需求类型与调研方法

需求类型（判定需求的维度）	内涵	可采用的方法
规范性需求	通过惯例、权威或普遍共识建立的标准，一旦低于这个标准，则被认为具有相应需求（如通过"贫困线标准"判定本区域内需要服务的青少年人群）	文献分析法
感受性需求	服务对象自己感受到或说出来的需求	问卷调查法 深度访谈 观察法 机构服务经验整理
表达性需求	服务对象主动寻求帮助，通过目前使用服务的资料反映出需要的情况	分析机构现有服务记录
相对性需求	比较两个相似或相近情境下的服务差距，来说明需求的存在	文献分析法 比较研究法

资料来源：郑怡世：《成效导向的方案规划与评估》，巨流图书股份有限公司，2015，第 48 页。

（一）文献分析法

文献分析法通过对已有的文献资料了解青少年的一般性需求，这些资料包括：全国有关青少年需求的理论书籍、调研报告；本区域内政府和社工机构对青少年需求的调查数据；政府、社工机构等对青少年的贫困情况、涉案涉毒情况等的排查调查数据及资料；社工机构的青少年服务现状的统计资料等。

文献分析能够为社工了解青少年需求提供一定的方向和视角，社工应该重视文献分析在了解青少年需求中的重要作用。

（二）观察法

观察法即在社区和学校与青少年的交往中，青少年社工通过观察青少年的一些言语和行为等对其需求进行判断。但这样的需求判断较为主观，还需要社工结合服务环节设计中任务的完成情况等方法加以确认。

（三）问卷调查

问卷调查适用于对大规模同类现象的调查，是青少年社会工作者在进行需求调研时较为常用的方法。问卷调查的方法一般会预设一些青少年的需求（如青春期性教育、人际交往、生涯规划的需求），并针对这些需求进行问卷设计，以了解青少年对这些预设需求具体的需要情况。而问卷调查的设计建议参考下一部分"需求调研的设计"。

（四）访谈/深度访谈

社工通过与青少年面对面地谈话了解青少年的需求。访谈具有一定的目的性，因此社工需要提前拟好访谈大纲，将需要了解的情况、想问的问题等罗列出来，以免访谈的时候有所遗漏。另外，由于青少年社会工作往往涉及很多合作方，社工也可通过访谈的方式了解相关合作方的需求。

在对青少年进行访谈时，如果要就某一需求或与需求相关的问题做深入的了解，则为深度访谈。深度访谈分为一对一的访谈和一对多的访谈（焦点小组：基于类似的问题，面对具有相似经历的人进行），社工需要根据实际情况选择深度访谈的方式。除此之外，社工还可以根据青少年服务反馈的情况对青少年进行随机访谈，以了解他们在接受服务之后的需求状况。

在整个访谈过程中，要求青少年社工注意通过适当的提问方式引导青少年说出他们的需求，并认真聆听，同时，在访谈偏离主题时要学会控场并让焦点重新回到主题。

一般而言，仅通过一种方法调研的结果往往难以反映青少年最真实的需求，在实际的调研中，需要社工将各种方法加以整合运用，以准确地反映青少年的需求。

二 需求调研的设计

庞大的青少年群体内部的需求往往根据年龄或群体的差别呈现多样化的特点，例如，一般青少年群体、困境青少年群体、重点青少年群体有他们各自的需求。同时，不同青少年群体中各个年龄阶段的需求也会存在一定的差异。找准调研的对象，有针对性地进行需求调研往往能够达到事半功倍的效果。因此，青少年社工通常会从年龄、群体、地理区域或生活环境等不同维度去系统设计需求调研的计划，提升需求调研的可操作性和其信度、效度。

（一）分年龄阶段调研

在一般性的青少年社会工作服务之中，社工所面临的是6~30岁青少年，由于服务对象的年龄跨度较大，而不同的年龄阶段理解能力、需求情况等有较大的差异，因此，分年龄阶段进行需求调研是青少年社工常常采取的方式。例如，以问卷调查为例，为了调研在校青少年对于某一个或某一些服务的需求情况，社工在实际操作中可分别对区域内的小学、初中、高中/职中、大学等进行抽样调查，同时，在每个学校的每个年级中也分别进行抽样，在问卷设计中，社工也应根据每个年龄阶段的不同特点对问卷的内容、问卷所使用的语言等进行精心的设计。

（二）分群体调研

除了关注一般性的青少年之外，作为关注社会问题、推动社会变迁的社会工作而言，青少年社会工作也会关注到很多有特殊困难或困境的青少年群体。为了给他们提供更具针对性的服务，青少年社工需要对本社区内的不同青少年群体进行有针对性的需求调研。

一般而言，实务工作者在工作中，会涉及一般青少年群体、困境青少年群体和重点青少年群体的需求调研，具体如贫困青少年、流动青少年、服刑人员子女、散居孤儿、受害与受虐青少年、特殊青少年（自闭症、残障青少年等）、"两需"青少年、社矫青少年、涉案青少年、涉毒青少年。针对具体的青少年群体所采用的调研方法更多的为观察、访谈等。另外，对于每类青少年群体的具体需求分析，本书的下篇将会详细介绍。

（三）分地理区域或生活环境（企业、社区/学校）调研

1. 分地理区域调研

正如本章第一节所述，不同的地理区域会影响青少年群体的构成，而不同青少年群体的需求又会有较大的差别。例如，在城中村中可能会聚集更多贫困青少年，郊区可能会存在一些农转居的青少年，而这些青少年的需求可能会呈现个性化的差异。社工需要根据服务区域内的实际情况，决定是否需要进行分地理区域的调研。

2. 分生活环境调研

从青少年的生活环境来看，在读、在职青少年主要的活动地点一般在学校、企业，既不在读、也不在职的青少年可能更多的是在社区中活动。由于社区、学校、企业的组织架构，青少年服务群体等都存在较大差异，所以需求调研的方法也会存在较大差异，在实际调研中往往需要将其分开进行。

（四）交叉标准

以上提供了设计需求调研的几种不同维度，但在实际的调研工作中，由于实际需要，这些调研的维度经常会混合交叉使用。表2-9的学校青少年需求调研中，一方面将学生按年龄划分为初一、初二、初三三个阶段，另一方面又按群体将学生划分为普通学生和特殊学生。可以先针对所有学生进行问卷调查，然后对

特殊学生进行深度访谈以了解其更多需求。对不同维度、不同方法的交叉混合使用能够提高需求评估的准确性，为服务方案的设计提供可靠的参考依据。

表2-9　学校青少年需求调研中的交叉设计

类别	普通学生	特殊学生
初一	……	……
初二	……	……
初三	……	……

第四节　策划服务方案

对青少年的需求进行深入调研与分析之后，青少年社工需要通过提供一系列的服务来回应青少年的需求并改善他们的状况。为了使服务工作更有针对性且更有效地开展，就需要青少年社工根据服务区域内青少年的实际困境与需求进行服务方案策划并形成具体的、可操作的方案。

服务方案策划是青少年社会工作实务过程中的重要一环，它是一个动态发展的过程，主要包括明确方案的范围与方向、确定方案的目的与目标、形成可操作的行动、协调与调查方案四个方面的内容。在进行方案策划时，青少年社工需要从这四个方面一步步勾勒出方案的框架，本节将对这个过程加以详细介绍。

一　明确方案的范围与方向

在青少年社会工作实务中，工作者所面对的青少年的问题与需求是复杂且多样的，同时这些问题与需求通常无法只通过某一个服务方案来处理或解决，换言之，一个服务方案不可能同时处理青少年的所有事情。因此，青少年社工十分有必要对服务方案的范围进行聚焦，通过明确方案对象的问题及需求、准备解决的问题以及所要采用的理论或视角来对服务方案的范围进行界定。①

（一）明确方案对象的问题与需求

对服务区域内的青少年有一定的了解，并进行需求调研之后，社工需要及时分析梳理出不同青少年群体的问题与需求，同时针对不同的青少年群体及其不同的情况设计不同的服务方案。因此，青少年社工在进行方案设计时，必须要清楚方案将要面临的对象是谁，他们经历了什么，存在哪些问题，有哪些需求，需要怎样的服务。

以社区中有就业焦虑的职中青少年为例，在针对这些青少年进行方案策划时，社工需要根据平时与他们的接触以及需求调研结果分析这些青少年所面临的问题。这些青少年中很多并没有生涯规划的意识和相关知识，因此他们大多并没有考虑过自己未来3年的规划，通常会对未来的生活感到迷茫，加之家长和社会经常传达就业困难的信息，使得青少年对就业问题感到十分担忧，甚至常常感到焦虑，担心自己无法找到一份好工作。

在社区或学校层面上的年度或者某中心站点式服务方案设计中，也遵循着同样的逻辑。来自学校和社区的多层次青少年问题与需求按照调研设计中的分层分类进行整理之后，就进入了需求之间的搭配、梳理以及筛选的过程。例如，分年龄阶段逐个梳理调研结果，罗列需求和问题，并充分展示来源和依据。

（二）明确方案准备解决的问题

如上所述，一个青少年社会工作的服务方案通常无法回应青少年的所有问题与需求。因此，在明确了目标方案对象的问题与

---

① 郑怡世：《成效导向的方案规划与评估》，巨流图书股份有限公司，2015，第58页。

需求之后，青少年社工需要进一步分析出青少年所面临的最核心问题或最亟待回应的需求，进一步缩小方案的范围。

在以上案例中，青少年社工需要清楚地知道，造成青少年焦虑的原因到底是什么。通过对原因进行分析，青少年社工发现，对工作和职业认识不足，不懂得如何去规划和设计自己的未来，家长的压力，对自己的认识不足等都给这些青少年造成了无形的心理压力。但是通过进一步对这些因素进行分析，社工将提升青少年的自我认识以及生涯规划能力确定为方案主要要解决的问题。

在社区或学校层面上的年度或者某中心站点式服务方案设计中，这一阶段的工作就是对需求的归纳并形成专项理念。

例如，按调研设计中分年龄收集来的需求经归纳后是低龄青少年的学习习惯以及亲子家庭沟通问题，高龄青少年的人际交往和青春期困境问题。则可以把青春期困境和学习习惯问题放在青少年个体层面上设计"青春加油站"类的专项服务，而把人际交往和亲子家庭沟通问题放在环境层面上设计"助我成长"类的专项服务。

（三）明确方案所要采用的理论或视角

青少年社工所采用的理论或视角影响其对青少年问题与需求的看法，同时也对行动策略的选择具有导向作用，选取适当的理论或视角，能够帮助青少年社工进一步对方案的方向进行界定。

需要注意的是，在实务工作中，很多服务方案在进行理论选择时都将需求层次理论和生态理论等具有普适性的理论作为方案的理论基础，[1] 但这一类的理论能够解释非常多的现象，因此在进行理论选择时一定要注意这类理论是否真的能够对服务做出指引。

---

[1] 郑怡世：《成效导向的方案规划与评估》，巨流图书股份有限公司，2015，第65页。

就具体案例而言，在对具有就业焦虑的青少年提供服务的方案中，可选择生涯规划的理论作为方案的基础，使方案更加聚焦于青少年生涯规划的核心之上。

在社区或学校层面上的年度或者某中心站点式服务方案设计的案例中，前文的"青春加油站"和"助我成长"类的专项服务，总体上受生态系统论的指导，从个人和环境两个层面系统介入，再分别从青年正向发展的理念出发去设计促进青少年个体提升方面的各项技能，同时用认知发展阶段理论或社会互动理论引导环境给予青少年不同阶段的理解和支持。

通过以上三方面内容的明确，能够使青少年社工对服务方案的范围与方向有一个较为清晰的把握，从而更有效地进行方案的下一步设计。

二 确定方案的目的与目标

对方案的范围和方向界定清晰之后，会分门别类地根据不同主题形成多个潜在方案设想。接下来，青少年社工需要对服务方案的目的和目标进行确定。

方案目的是对青少年所面临的问题和需求的回应，是青少年社工期望通过服务达到的结果。它一般较为抽象，且通常情况下不要求可测量，也不需要明确的时间限制。[1]

方案目标是指为了达到方案的目的，社工根据实际情况所设定的要达到的具体的成果。它是对目的的呼应及进一步的分解，通常要求十分具体、明确，且必须是可测量的，也有明确的时间限制。

在一个服务方案中目的可能不止一个，而每个目的之下，也会有相应的目标，在目标之下同时也会有相应的行动，具体逻辑

---

[1] 〔美〕Peter M. Kettner, Robert M. Moroney, Lawrence L. Martin：《服务方案之设计与管理》，高迪理译，扬智文化事业股份有限公司，2013，第184页。

关系见图 2-6。

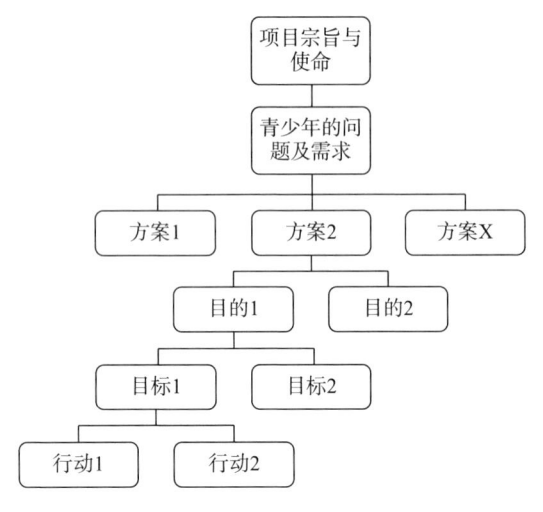

```
           项目宗旨与
              使命
                │
           青少年的问
            题及需求
      ┌─────────┼─────────┐
    方案1       方案2      方案X
              ┌──┴──┐
            目的1   目的2
           ┌──┴──┐
         目标1   目标2
        ┌──┴──┐
      行动1   行动2
```

图 2-6　青少年社会工作服务方案、目的、目标、行动之间逻辑的关系

(一) 目的设定的要求及常见问题

在对目的进行设定时，通常有一些较为规范的要求。但在很多实务文书中，对于目的的设定通常存在一些问题，表 2-10 整理了目的设定的要求及实务文书中的常见问题，可供读者参考。

表 2-10　目的设定的要求及实务中的常见问题

目的设定的要求	陈述方式	实务文书中的常见问题
目的应与机构的总体服务宗旨在内涵上具有一致性，是对机构宗旨的承接	一般是较为宏观的陈述，不需要太过细致	太过于细致，如青春期教育的目的中将目的陈述为"让青少年学会尊重别人与异性的相处方式，不轻易以'拍拖'定义男女的正常交往"
目的一定是从青少年所面临的困境以及他们真实的需求出发进行设定的	表述的主体应该是青少年而非社工，多以"青少年能够/可以……"的方式陈述	文书中常用"让青少年明白、了解……"
需要区分目的与具体的行动	避免出现"通过……方法"等表述	一些实务文书常将行动和目的等混为一谈

根据目的设定的要求，在针对社区中对就业焦虑的青少年的服务方案中，其目的可陈述为社区中对就业感到焦虑的青少年能够正向认识自己并积极对职业生涯进行规划，最终能够自信、从容地面对未来。

（二）目标设定的要求及常见问题

Kettner 等提出了好的目标的一些特性并由此发展出了目标设定的要求，即好的目标必须表述清晰明确，有明确的时间限制和人群指向，呈现测量标准，说明每个目标的责任归属等。[①] 结合这些要求及青少年社会工作实务文书中目标设定的情况，表 2-11 整理了目标设定的要求及常见问题供读者参考。

表 2-11 目标设定的要求及常见问题

目标设定的要求	陈述方式	实务文书中的常见问题
清晰明确，可测量	• 目标陈述应足够细致； • 减少形容词或带有感情色彩词语的使用； • 运用有助于测量的动词，如增加、减少、列举等	• 很多是对目的的再一次陈述，无任何区别； • 较多使用模糊、不可测量的动词，如"知道、了解、明白、相信"等
时间限制	• 制定长期、中期、短期目标； • 说明在×年×月×日之前，达到怎样的效果	通常没有说明具体的截止时间限制
从青少年角度出发	应从青少年而不是社工的角度表述，多使用"青少年能够……"的句式	较多从社工的角度表述，使用"协助……青少年……""让……青少年……"的句式
说明测量目标达成的标准与方法	• 有明确的可测量的标准，如80%、所有的青少年等； • 说明测量方法，如量表、青少年成长日志等（可参考本章第六节）	• 目标设定通常较为笼统，无具体的可测量的标准

---

① 〔美〕Peter M. Kettner, Robert M. Moroney, Lawrence L. Martin：《服务方案之设计与管理》，高迪理译，扬智文化事业股份有限公司，2013，第187页。

续表

目标设定的要求	陈述方式	实务文书中的常见问题
注意区分目标与活动	避免"使用……方法……"这一类将目标与活动混淆的表述	常将目标与活动混为一谈
考虑青少年的实际情况及达成目标的可能性(只作为目标设定的考虑因素)	—	—

根据以上目标设定的要求,从影响目的形成因素的几个维度延伸出多个具体目标,比纯粹根据理论拆分目的概念形成目标更能提高工作效率。例如,针对社区中就业焦虑的青少年的服务方案,青少年可采用图2-7所示的方式将方案的目的细化为目标并最终用明确、具体的方式呈现出来。

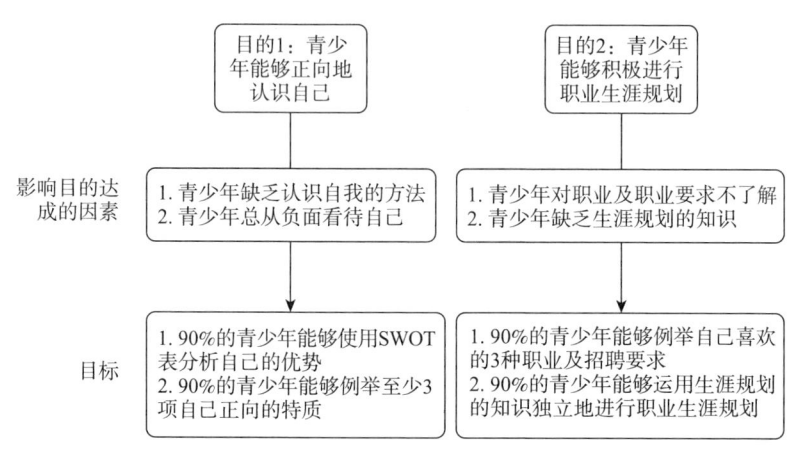

影响目的达成的因素

目的1:青少年能够正向地认识自己
1. 青少年缺乏认识自我的方法
2. 青少年总从负面看待自己

目标
1. 90%的青少年能够使用SWOT表分析自己的优势
2. 90%的青少年能够例举至少3项自己正向的特质

目的2:青少年能够积极进行职业生涯规划
1. 青少年对职业及职业要求不了解
2. 青少年缺乏生涯规划的知识

目标
1. 90%的青少年能够例举自己喜欢的3种职业及招聘要求
2. 90%的青少年能够运用生涯规划的知识独立地进行职业生涯规划

图2-7 根据方案目的推导方案目标的方法

三 形成可操作的行动

制定出目标之后,需要青少年社工设计一系列达成目标的行动。具体行动的设计需要考虑很多因素,如达成目标的影响因素(包括青少年的自身情况和环境系统)、工作人员情况、经费配置、机构资源情况等。根据实际情况不同,每种因素对最终行动的影响程度会有所差异。

在具体的设计过程中，青少年社工可根据目的与目标，首先，从服务提供的形式（个案、小组、班会、工作坊等）上对服务活动进行粗略设计，思考什么样的方式能最好地达到想要的效果；其次，选择好服务的形式之后，再根据资源、环境等因素对行动构想做出调整，图2-8以社区中对就业焦虑的青少年的服务方案为例对行动设计的逻辑进行展示，青少年社工可根据实际工作情况进行参考。

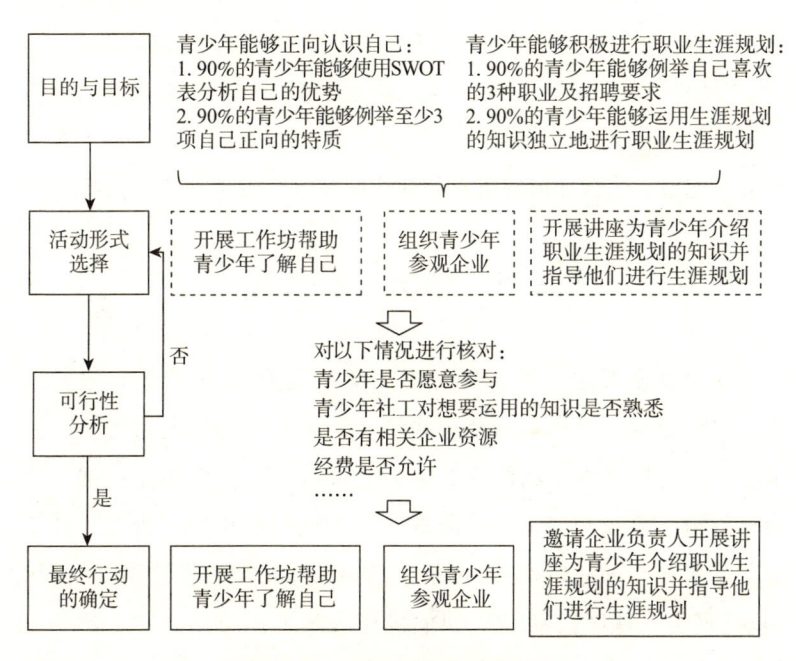

图2-8 具体行动的形成逻辑

四 协调与调整方案

青少年社会工作服务机构在实际工作中常与政府部门、机关单位、学校、基金会等产生合作与联系。在与其他单位合作的过程中，往往需要就时间安排、服务内容、服务方法等达成共识，这样才能使服务方案能够更好地在学校或社区中运行。因此，在设计好服务方案之后，社工需要找到各合作方进行讨论与协调，并根据讨论的情况调整服务方案，使双方在时间安排、服务提供的内容、方式等方面达成共识。

- 在社区中，不同的服务方案可能存在不一样的合作方，在制定好服务方案之后，负责联系与接洽的社工需要联系各个不同的合作方，就各自合作的部分进行协商与讨论，并对服务的相关内容达成共识。
- 在学校中，社工制定了服务方案之后，需要及时与学校管理者或老师进行沟通，及时获取校方对服务方案的意见并进行调整。

需要特别注意的是，社工应该注意学校与社区中有关部门的时间安排，与合作方的洽谈尽量安排在原单位每周或每季度的工作安排会议前后，这样才能够更有效地协调双方的各项期望与活动。

第五节　提供具体服务

在服务方案中，社工针对青少年的需求设计了一系列的服务，它们分别以具体的活动形式呈现。在服务提供的过程中，社工就需要对服务方案的内容、活动等进行执行，并不断根据具体的执行情况修改和完善服务的方案。在执行过程中，青少年社工常会运用到个案、小组（包括工作坊等团体辅导形式）、社区（包括班会、社区活动等）和危机介入等工作方法。对于这些工作方法的常规流程和使用技巧，读者可参考普通高等学校社会工作主干课系列教材[1]或从业人员职业素养培训的系列教材[2]。本节将重点从青少年社工在使用这些方法为青少年服务的过程中的常

---

[1] 读者可参考许莉娅主编《个案工作》，高等教育出版社，2013；刘梦主编《小组工作》，高等教育出版社，2013；徐永祥主编《社区工作》，高等教育出版社，2004。

[2] 读者可参考全国社会工作者考试指导系列教材，全国社会工作职业水平考试教材编写组：《社会工作综合能力（中级）》，中国社会出版社，2018。

见情况及应对策略角度进行介绍。

一 青少年个案工作中的常见问题及应对策略

(一) 个案发掘困难及应对策略

在青少年实务工作中,除了主动求助的个案,以及学校、街道转介的个案之外,青少年社工往往需要通过谈话、家访、外展、日常服务(如小组、社区活动)等途径和方式去发掘更多潜在的个案。因为经验不足等,很多一线社工容易出现无个案可开的情况,这一方面可能使得困境中没勇气求助的青少年失去改变的机会,另一方面也因为指标的要求给社工带来压力。因此,掌握个案发掘的方法对一线社工来说尤为重要。

要有效地发掘真正有需求的个案,需要青少年社工掌握不同青少年群体的常规需求,同时在谈话、家访、外展、日常服务活动中要特别关注青少年的个体化表现,① 具体而言,可从图2-9所示的方面着手。

家访	谈话与日常活动	外展	社交媒体辨识
●注意观察青少年的生活环境,了解他们的生活状况 ●观察青少年与家长的相处模式,关注青少年与家长的关系	●观察青少年的语言,注意青少年敏感或回避的话题 ●观察青少年的行为表现,与朋辈的相处情况等 ●观察青少年在活动中针对一些情况的情绪变化	●观察青少年的外表:着装是否怪异,是否有纹身等情况 ●了解青少年的状态,是否处于闲散状态,有无就业需求 ●观察青少年间的相处模式,注意朋辈之间互相影响的情况	●对于已认识的青少年而言,社工还可以多关注他们在社交媒体上发布的信息,随时关注他们的学习和成长状态 ●尤其需要辨识青少年在社交媒体上表现出的偏激、厌世、轻生等极端想法并及时进行危机介入

图2-9 主动发掘个案的方法与技巧

资料来源:黄金燕:《如何发掘个案?我的6点经验》,https://mp.weixin.qq.com/s/-LME8OisMO6UylKQLT0LQQ,2016。

---

① 《答疑:如何通过谈话发掘个案》,https://mp.weixin.qq.com/s/JRpo8DxuwIItuQgVQEGRwQ,2015。

发掘个案的过程也是一个深入了解青少年需求的过程，在这个过程中，青少年社工需要积极关注青少年的需求信息，在家访或活动结束之后主动约青少年进行面谈，鼓励青少年成为案主，并在恰当的时机进行开案，为有需求的青少年提供个性化的服务。

（二）建立专业关系困难及应对策略

在学校和社区的青少年服务中，经常会处理一些由老师或街道转介的非自愿求助的青少年个案，如厌学青少年、网瘾青少年、社矫青少年等。这些青少年中，可能有一些并不认为自己存在问题，也不需要接受社工的服务，对社工的服务表现出一种漠然、被动的反应；也可能有一些青少年表现得十分悲观，不相信社工的服务能够帮他走出困境，认为不可能真正帮助到他；还有一些青少年因为对社工缺乏了解，可能会认为社工是像老师或街道管理者一样权威的角色，从而拒绝敞开心扉，甚至是抗拒的态度。

对于这一类的个案，建立工作关系是一个十分关键的点，而相比于一般的青少年个案，这一类个案在建立关系方面通常具有较高的难度。如果没有建立好工作关系，即使开展了服务也可能因为青少年的不配合而难以继续跟进。在与这些青少年建立工作关系的过程中，社工可从以下几个方面找到突破口，具体如图2-10所示。

在实务工作中，一些经验不足的一线社工常会担心自己无法与青少年们建立良好的关系，因此十分畏惧处理较为复杂的个案。实际上，青少年虽然是十分敏感的群体，但也是十分具有接纳力的群体，青少年社工应该放下担心，勇敢地走入青少年群体中，用心去关怀与接纳他们，并与他们一起去为正向的改变做出努力。

澄清社工角色	• 在服务初期，由于青少年对社工认识不足，可能存在很强的戒备心理。社工需要跟青少年澄清自己的角色，不是老师，也不是社区管理者，而是他们的同行者 • 在服务中，社工需要以一个引导者的身份去走入青少年的内心，而非用一种主导、权威的方式拉开与青少年的距离
调动青少年改变动力	• 深入了解青少年改变的意愿，从与青少年的面谈中发现他们的真实需求 • 分析青少年拒绝接受社工服务的原因，是对工作者的角色有误解，还是有来自朋辈的压力等 • 使用优势视角，充分调动青少年内在改变的动力，避免社工强加给他们改变的意愿 • 与青少年勾勒、分析改变之后可能出现的好的情况，促进青少年做出改变的决定
逐步建立信任关系	• 积极倾听，表达对青少年的真诚的关怀、无条件的接纳，以消除其紧张、抗拒的情绪 • 当与青少年意见不一时，不要直接反对，而是通过提问等方式了解意见背后的真实想法 • 多鼓励青少年表达自己的感受和想法

图 2-10 与非自愿求助青少年建立关系的方法与技巧

（三）个案跟进困难及应对策略

由于个案工作是一个动态、持续的过程，虽然在青少年个案工作的过程中可能会因为各种因素的干扰而自行停止接受服务，出现个案未结束，却突然不来见社工，或通过一些理由委婉推脱与社工见面等情况。这些情况会使很多一线社工感到十分紧张与苦恼，不知该如何处理。同时，这也十分容易导致个案跟进停滞，影响服务效果，使青少年失去更多改变的机会。在实务工作中，如果遇到青少年个案难以跟进的情况，通常可通过图 2-11 所示的一些方法来应对。

在青少年社会工作实务中，遇到个案跟进困难是很正常的现象，青少年社工应该以一种正向的心态去面对。跟进困难的个案能为青少年社工提供反思服务、进一步了解青少年的契机，这对社工和青少年来说都是一次成长与学习的机会，社工要特别注意，避免用消极的视角来看待服务跟进困难的情况。

（四）案主家长不支持及应对策略

在青少年社会工作中，很多情况下，要协助青少年得到正向

主动找到青少年了解不想继续接受服务的原因	• 服务时间是否与青少年的其他安排有冲突 • 青少年是否对服务不满意 • 是否有来自家庭的阻止、朋辈的压力
反思专业关系	• 社工与青少年的专业关系建立是否到位 • 青少年对专业关系的认同度如何 • 社工在专业服务过程中是否存在伤害到青少年的言行
反思服务目标的制定是否真的符合青少年的需求	• 目标是否与青少年一起制定 • 制定的目标是否太高，给青少年造成无力感 • 目标是否符合青少年的真实需求
与青少年一起回顾与分析服务过程	• 服务过程中社工的行为与表现是否给青少年造成不好的感受 • 与青少年一起探讨他希望得到怎样的服务

图 2-11 处理跟进困难个案的方法与技巧

的改变通常需要家长的积极配合。但由于很多家长对社工的身份存在一定误解，或认为社工会影响青少年学习，或认为社工会带坏青少年，或认为社工对青少年进行介入并没有充分尊重家长且事先通知，只是制定服务计划之后才告知家长，这些在一定程度上都影响着个案服务的推进。另外，在一些亲子关系改善的个案中，由于家长不愿改变教养模式，使得整个服务很难看到实质成效。这些都给青少年社工的工作开展带来了一些困难。

要如何使家长认同并支持社工的服务？在服务中如何改变家庭中多年以来形成的难以改变的亲子相处模式和教养模式？这些都是值得探讨的实务问题。本节主要介绍一些实务工作中青少年社工常用的方法，具体可参考图 2-12。

二 青少年小组工作中的常见问题及应对策略

在服务方案策划时，对于青少年的一些特定需求，社工可能会在方案中设计一些有针对性的小组活动并加以执行，如教育小组、成长小组、治疗小组、社会化小组等（具体如表 2-12 所示）。小组通常能为青少年创造相互帮助、共同成长学习的机会，

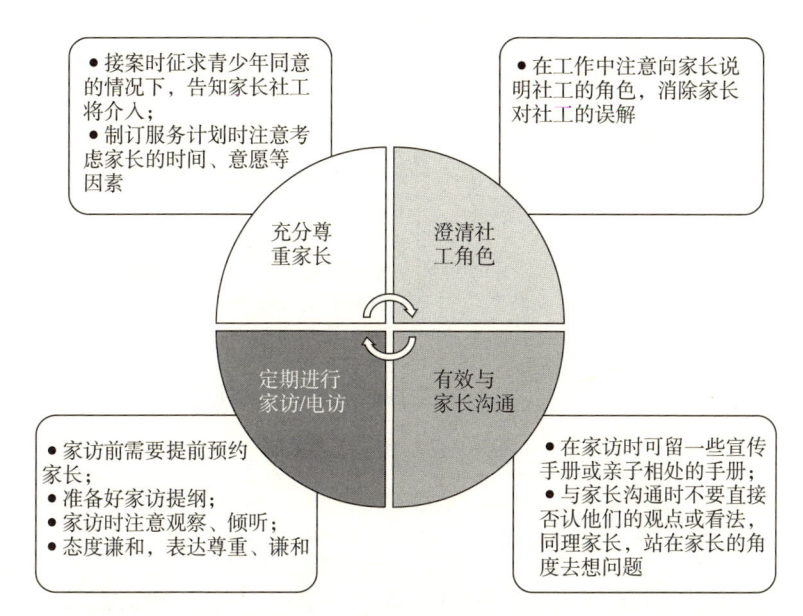

图 2-12 如何获取家长的支持

充分尊重家长
- 接案时征求青少年同意的情况下,告知家长社工将介入;
- 制订服务计划时注意考虑家长的时间、意愿等因素

澄清社工角色
- 在工作中注意向家长说明社工的角色,消除家长对社工的误解

定期进行家访/电访
- 家访前需要提前预约家长;
- 准备好家访提纲;
- 家访时注意观察、倾听;
- 态度谦和、表达尊重、谦和

有效与家长沟通
- 在家访时可留一些宣传手册或亲子相处的手册;
- 与家长沟通时不要直接否认他们的观点或看法,同理家长,站在家长的角度去想问题

打造增能的社会支持网络。从实务的经验来看,青少年往往能够从小组中获得一些正向的经验与改变,或是获取一些新的技能或能力,使得青少年能够更好地成长与发展。

要成功开展和推进小组,青少年社工需要掌握小组各个阶段的特点,并根据实际情况灵活地运用一些工作技巧,表 2-13 整理了小组各阶段情况以及各阶段可以运用的技巧,社工可根据实际情况参考相关书籍。本节主要就小组中的常见问题提供解决的思路和技巧。

表 2-12 青少年小组中常用小组类型及使用情况概览

小组类型	适用的青少年人群	内容	常用主题
教育小组	有学习新知识、新技能需要的青少年	帮助组员学习或补充与生活和工作相关的新知识、新方法,促使其改变对于自己的问题不正确的看法及解决方式,增进适应社会生活的知识和技能	手工小组 兴趣小组 时间管理小组 性教育小组 生命教育小组 安全教育小组

续表

小组类型	适用的青少年人群	内容	常用主题
成长小组	自我认同度低、有内在成长需求的青少年	促使组员在思想、感情、行为等方面觉醒和反思，帮助其了解、认识和探索自己，从而最大限度地启动和运用自己的内在资源及外在资源，充分发挥自己的潜能。其焦点在于个人的成长和正向改变	自我探索小组 心灵成长小组
治疗小组	不适应环境等原因导致行为出现问题的青少年	帮助组员了解自己的问题及其背后的社会原因，利用小组的经验交流和分享，对组员的心理和社会行为问题的治疗，从而改变其认知、情绪和行为问题	情绪管理小组 抗逆力小组
社会化小组	有人际交往需求的青少年	协助组员发展社会接受的行为和态度，提高其社会适应能力	人际交往小组
社会行动小组	有强烈社区参与意识的青少年	充分利用小组自愿，整合社区力量，维护小组和社区的利益，促进社会变革	社区历奇小组 环境保护小组 文化保育小组
自助-互助小组	面临同样的问题或生活难题的青少年	通过组员彼此提供相关资料信息、情感支持，分享各自的经验，获得认同并促进改变	网瘾戒除小组 学习互助小组

资料来源：刘梦主编《小组工作》，高等教育出版社，2013。

表 2-13　小组的各个阶段及相关技巧概览

小组的阶段	特点	运用到的方法和技巧	
筹备阶段	—	• 制定服务计划 • 招募组员的方法	• 带领小组的技巧 • 协助个别组员的技巧 • 小组沟通的技巧 • 主持小组讨论的技巧 • 处理退组成员的技巧
第一次聚会	好奇、期待	• 促使组员进入角色	
规范形成期	形成小组规范和结构、目标明确	• 增强小组凝聚力的技巧	
冲突期	矛盾、冲突、次小组	• 协调冲突的技巧 • 处理次小组的技巧	
成熟期	沟通、凝聚力、冲突处理模式均达致理想状态	• 维持小组状态的技巧	
结束期	分散、离别情绪	• 结束小组的技巧	

资料来源：刘梦主编《小组工作》，高等教育出版社，2013。

（一）青少年参与度低及应对策略

在青少年小组活动中，社工精心设计小组，在小组中融入了很多有趣的元素，并期望青少年都能在参与小组的过程中得到成长与改变。但有时候在开展小组的过程中发现，小组的活动无法真正吸引青少年参与到其中来，从而导致整个小组的气氛比较沉默，青少年最终也很难在其中有所收获。同时，这样的情况也很容易打击社工的自信心，给自己带来很多压力。

这是青少年小组活动中的常见情况，社工要避免这种情况，在小组开展之前就应该做好充分的准备，科学地设计小组活动，选择适当的时间与场地，同时在小组开展时要注意使用带领的技巧，有效地与青少年互动。具体而言可参考图 2-13。

（二）小组秩序混乱及应对策略

青少年自身还处于社会规范及规则意识的学习建立阶段，在小组活动中，往往会出现青少年投入活动而忽略规则的情况，使

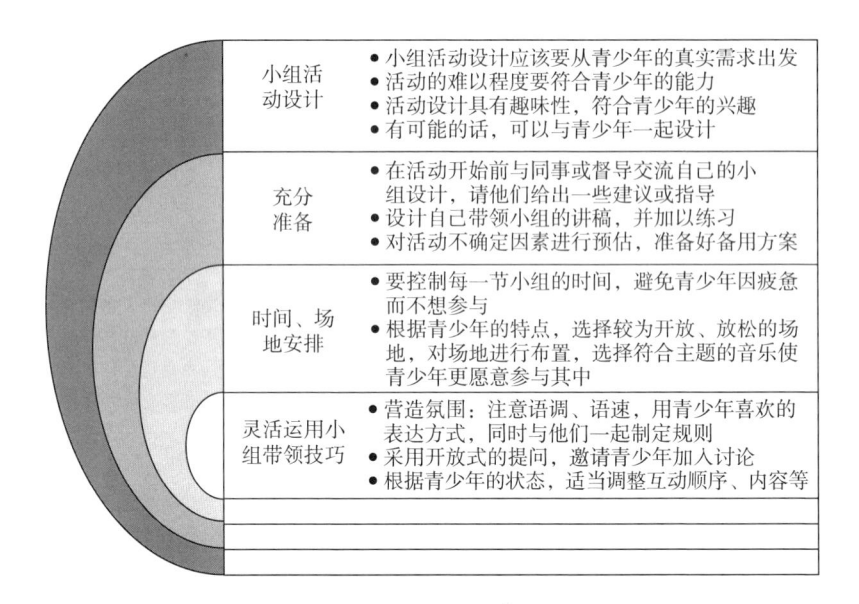

小组活动设计	• 小组活动设计应该要从青少年的真实需求出发 • 活动的难以程度要符合青少年的能力 • 活动设计具有趣味性,符合青少年的兴趣 • 有可能的话,可以与青少年一起设计
充分准备	• 在活动开始前与同事或督导交流自己的小组设计,请他们给出一些建议或指导 • 设计自己带领小组的讲稿,并加以练习 • 对活动不确定因素进行预估,准备好备用方案
时间、场地安排	• 要控制每一节小组的时间,避免青少年因疲惫而不想参与 • 根据青少年的特点,选择较为开放、放松的场地,对场地进行布置,选择符合主题的音乐使青少年更愿意参与其中
灵活运用小组带领技巧	• 营造氛围:注意语调、语速,用青少年喜欢的表达方式,同时与他们一起制定规则 • 采用开放式的提问,邀请青少年加入讨论 • 根据青少年的状态,适当调整互动顺序、内容等

图 2-13 提升青少年在小组中的参与度的角度和方法

资料来源:袁玲:《做青少年活动?先学设计和带领》,https://mp.weixin.qq.com/s/cNF7WJoJ36raLF8hD2gZzQ,2017。

得小组秩序难以控制,社工很难集中青少年的注意力而推动小组进展。为了避免这样的情况,青少年社工需要掌握的技巧见图 2-14。

活动秩序问题是很多小组都会存在的问题,只是在青少年小组工作中显得较为突出,青少年社工要积极掌握相应的方法与技巧,同时在实务工作中加以实践与运用,并及时记录与总结小组活动中对这些方法与技巧的使用情况,同时总结出更适合自己的方法。

(三) 小组冲突困境及应对策略

每个青少年都是独特的个体,他们拥有不同的想法、需要和目标,同时,很多青少年都喜欢用较为冲动的方式解决问题,因此在小组中冲突无可避免。在面对小组内部的冲突时,年轻的青少年社工可能会显得手足无措,不知如何处理。但社工应当意识到,恰当地处理冲突能给小组带来很多建设性的结果,应该积极

制定规则
- 与青少年一起制定规则,以保证这个规则是每个青少年所认同的
- 规则内容长短适宜、多少适宜,以便加深青少年的印象
- 规则的内容简洁易懂,使青少年能够完全理解并遵守

执行规则
- 在小组过程中将适时提醒青少年遵守与执行规则
- 当青少年出现违反规则的情况,社工一定要严肃地指出,以免规则失去约束力

运用沉默、积分制度、组员自我管理等技巧
- 在小组过程中,当青少年出现秩序困难时,社工可运用沉默的技巧,以提醒青少年安静下来
- 可使用一些工具如铃声、摇铃等作为提醒青少年的道具
- 可对遵守规则的组员以积分等有趣的形式对其进行奖励
- 在组员中发现关键人物,促成小组内的自我管理

图 2-14　处理青少年小组活动无秩序的技巧

资料来源:张伟:《儿童、青少年社工如何维持活动中的秩序》,https://mp.weixin.qq.com/s/uWRbhEYSQDqnOYaYRVYZlA,2018。

去面对冲突。图 2-15 介绍了冲突处理的流程及方法,青少年社工可做一些参考。

稳定青少年的情绪
- 一位社工负责将发生冲突的青少年带离小组现场并进行单独的情绪辅导;
- 另一位社工负责疏导组内其他青少年的情绪

了解冲突的具体情况
- 冲突起因、性质、程度等
- 冲突中的直接冲突者及其他组员对冲突的看法

帮助青少年认识冲突
- 澄清冲突的本质
- 提升青少年进行自我理解及站在他人角度看问题的能力

促使和解
- 帮助青少年回顾小组过程中的美好时刻
- 两位社工分别征求两边青少年对归组的意愿,使冲突者回归组内和解

图 2-15　解决组内青少年冲突的步骤与方法

在处理冲突的过程中，青少年社工可以以此为契机，帮助青少年掌握解决冲突的方法，提升他们人际交往的能力。需要注意的是，对于成员间的冲突，社工应保持冷静的态度，注意与同事的分工协作，一定不要用指责、惩罚的行为处理冲突。

（四）组员间负向影响及应对策略

在社区矫正、禁毒等青少年服务中，由于青少年社工面对的服务对象多为触犯过法律的青少年，有时候，服务购买方会明确限制针对这类青少年的小组活动，因为担心将他们汇集在一起开展小组工作，会存在很多隐患。如强化青少年的负向行为，造成吸毒者复吸、犯罪者重犯等严重的情况。

在实务工作中，社工也并非要完全禁止开展这一类的小组，但在开展小组活动时，应该特别注意以下问题。[1] 一是青少年社工可以将这些青少年与社区中的其他青少年混合在一起开展小组，但在小组中应该避免用矫正、禁毒青少年的"特殊身份"去介绍他们。二是在开展小组活动之前，青少年社会工作者应该对小组的组员进行严格的筛选。选择的特殊青少年必须是社工有全面掌握与评估的青少年，并且是状态较好的青少年。三是在小组开展时，必须制定明确的小组规范并引导青少年一同执行。四是注意用积极正面的情绪去对待组员，促进特殊青少年与一般青少年的融合并回归社会。

对于这一类的小组工作，社工不应该采取禁止或拒绝的态度，而应该通过严密的计划与筛选、细心的观察和记录，用小组的方式促使这一类青少年回归社区，获得更多的社会支持，更加健康地成长。

---

[1] 《答疑：小组中如何预防服务对象的"交叉感染"》，https://mp.weixin.qq.com/s/slJ83xhhGCvUr9wZFdhVfw，2015。

（五）游戏运用困境及应对策略

游戏在小组工作中具有十分重要的作用，它不仅有利于青少年快速融入小组，而且能够在一定程度上增强青少年的自我认知，提升其解决问题的能力等，从而促使小组目标的达成。根据青少年的特点，也为了激发青少年的活动，社工需要在小组活动中设计不同的游戏。但在实务过程中，如果没有适当运用游戏来启发青少年，那么小组活动就很容易沦为游戏的堆砌，无法真正推动小组达到目标。对于小组中的游戏选择与设置，社工需要明确的注意事项如表2-14所示。

表2-14　小组游戏的注意事项

- 游戏的选择应该十分注意与参与活动的青少年的情况与特点相符合，如青少年的兴趣、参与小组的动机，精神状态、注意力水平等
- 注意小组游戏一定要与小组活动目标相一致，游戏本身无所谓好坏，社工需要通过游戏来更生动、立体地实现小组的目标
- 注意选择社工熟悉的游戏，同时，也可在熟悉的游戏基础上进行创新
- 在游戏中，社工要多鼓励组员参与，同时，积极地利用小组游戏增强小组的凝聚力，增强青少年对小组的认同感
- 在游戏结束之后，必须设置分享的环节，引导组员思考游戏背后的意义，并鼓励组员分享他们的感悟、思考或收获

资料来源：魏爽：《小组工作中游戏的选择与应用——基于30个社工经典游戏的分析》，https://mp.weixin.qq.com/s/lfY_y1TiDLXtZPIIH M6Pw，2016。

由于青少年自身的特点，大量不同类型的游戏都可以运用到青少年小组工作中来，但社工应该注意小组游戏运用的原则与方法，使游戏的效果真正发挥出来，而不是只给青少年"参与了一个游戏"的印象。

三　青少年社区工作中的常见问题及应对策略

（一）班会服务中的常见问题及应对策略

在学校社会工作中，由于学校组织和行政的规范性，社工站

很多宣传性的活动通常能够通过主题班会的形式提供给青少年，如性教育主题的班会服务、生涯规划类的班会服务等。

1. 青少年参与度不高的情况及应对策略

在班会中，青少年社工通常面对的是整个班级的学生，一对多的情况很难使所有人都完全聚焦于服务之中，因此在班会的过程中经常会出现青少年注意力不集中、参与度不高从而影响整个活动氛围等情况。因此，青少年社工在工作中需要采用一些小技巧吸引参与者的注意，并营造青少年积极参与的氛围。通常情况下，社工可以运用图2-16所示的技巧来应对。

环节的设置
- 精心设计主题的呈现方式。社工可以通过短片、PPT、吸引人的活动册等多种方式来呈现班会的主题，使青少年有兴趣参与到其中来。
- 注意各个环节设置的合理性，且每个环节能够有效衔接。
- 设置一个抽奖环节，激发青少年的参与热情。

调整工作者的状态
- 注意介绍时的语气、语调。青少年社工在活动开始之前就需要先调整自己的状态，使自己达到较为积极的状态。在班会过程中尽量通过自己的情绪影响同学们参与活动的热情。

善于巧妙地提问
- 善于巧妙地提问。在班会过程中，社工可以通过采用对话式的提问方式调动青少年的好奇心和探索能力，使他们能够专注于社工所讲的内容。

与表现积极的同学互动
- 与表现积极的同学互动，带动气氛。设计一些与主题相关的有趣的小游戏，或讨论环节，鼓励学生参与到其中。

图2-16　青少年参与度不高的应对策略

资料来源：根据启创社会工作服务中心驻校社工的班会总结文书整理。

2. 工作人员人手不足及应对策略

除了在班级中开展主题班会的技巧之外，社工还需要考虑如何将主题班会在全校铺开。一般而言，由于学校社工的人员配置一般为2位一线社工，但这2位社工面对的是全校的所有班级，所以，要想班会服务能够在全校范围内铺开，通常面临人手不足的问题。在实务中，青少年社工探索出了图2-17所示的两种有效的应对方式，可供读者参考。

学校社工互助法	班会推广法
• 如果要在学校统一的班会时间在所有的班级里同时进行，这就对社工的数量有很高的要求。一般会通过学校之间社工的互助来完成，在某一学校需要进行班会服务时，其他学校的社工可以前来支援；这种方法需要事先做好工作上的安排，如提前通知学校的老师和同学并征求他们的意见，对每个社工负责的班级等都要做出相应的安排	• 先选取一个班级作为班会服务的示范班，在开展班会服务后，社工与班主任和学校的德育主任一同对班会中的不足进行修改和补充，形成一套可供复制和推广的模式，然后再统一对班主任进行培训，最后由各班班主任分别在本班内开展。这种模式需要社工积极对班会示范班的活动设计进行安排，必须要具有可推广性和可操作性

图 2-17　工作人员人手不足情况的应对策略

资料来源：根据对启创社会工作服务中心驻校社工的访谈整理。

不管是哪一种形式，都需要负责该班会服务的社工能够与同事或校方做好沟通和协调，以使活动顺利开展。

（二）工作坊中的常见问题及应对策略

在学校或社区的青少年社会工作服务中，社工也常通过一些有针对性的工作坊对青少年或其家庭系统进行介入和干预，如家长工作坊、亲子工作坊等。与小组活动及班会服务有相似之处，因为面对的人数较多，因此在活动中常出现一些参与度不高或气氛沉闷等情况，具体应对策略可参考小组和班会服务中的方法。除此之外，在开展工作坊的活动时，由于对工作坊不了解等原因，通常还会出现工作坊定位不清晰等问题，青少年社工可以根据实际工作的情况加以注意。

青少年社会工作者应该清楚，工作坊作为团体工作的一种，是具有辅导性质的。但是在开展工作坊的过程中，没有经验的社工往往将其发展成了一场平铺直叙式的讲座。为了避免这种情况，青少年社工可采用如图 2-18 所示的一些策略。

明确工作坊的性质
- 社工需要明确工作坊的目的、内容,注意工作坊不是平铺直叙的讲座,而是希望借助于活动等形式使参与者都能得到改变,是一个立体的过程

确定工作坊的主题
- 要明确工作坊的主题,以及工作者期望通过工作坊达到的效果,如改善亲子关系,或让家长懂得孩子青春期的变化,以及正面教养的模式等。

选择能够达到主题的活动形式
- 青少年社工可以设置有趣的游戏并鼓励成员参加
- 也可主要通过一种活动达到工作坊的目的,如亲子厨房等

注意工作坊的氛围营造
- 与参与工作坊的青少年或家长说明参与工作坊需要遵守的规则
- 鼓励成员相互分享、倾诉,共同解决问题
- 使工作坊的氛围朝着平等、尊重、开放的方向发展

图 2-18　清晰定位工作坊的方法

(三) 社区活动中的常见问题及应对策略

不管是学校社会工作,还是社区的青少年社会工作,都需要带领青少年开展一些融入社区的活动,如探访社区老者、社区历奇、维护社区环境等。在开展这些活动时,青少年社工需要灵活地运用社区资源设定有趣的社区活动,通过吸引青少年参与社区活动,激发社区的活力,改善社区的氛围。但在开展社区活动的过程中往往也会遇到一些问题,如设计的活动脱离实际无法开展、活动的效果不佳等,青少年社工在工作中需要注意这些问题并采取适当的工作方法。

1. 活动设计脱离实际的情况及应对策略

对于一些经验不足的青少年工作者来说,在设计青少年社区参与活动时,经常由于没有对社区情况进行充分调研,而使活动有些脱离实际,在开展过程中难以进行或效果不佳。对于这种情况,青少年社工可以从图 2-19 所示的一些方面考虑自己的活动设计。

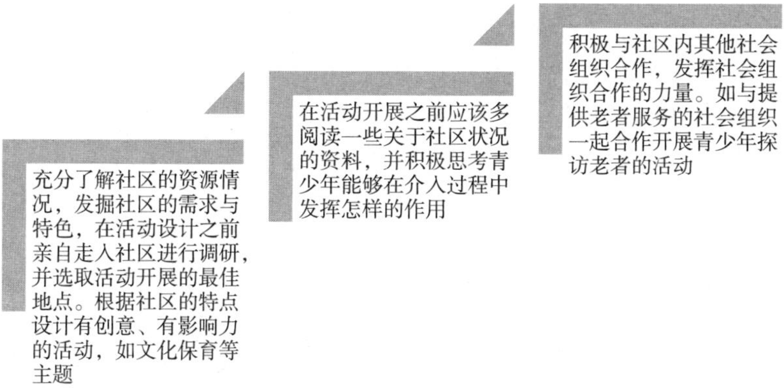

第二章 青少年社会工作的过程与方法

充分了解社区的资源情况，发掘社区的需求与特色，在活动设计之前亲自走入社区进行调研，并选取活动开展的最佳地点。根据社区的特点设计有创意、有影响力的活动，如文化保育等主题

在活动开展之前应该多阅读一些关于社区状况的资料，并积极思考青少年能够在介入过程中发挥怎样的作用

积极与社区内其他社会组织合作，发挥社会组织合作的力量。如与提供老者服务的社会组织一起合作开展青少年探访老者的活动

图 2-19 避免活动设计脱离实际的策略

2. 临时变动及突发情况的应对策略

在组织青少年社区活动的过程中，由于时间、安排等因素，在临近活动时，可能会出现一些变故阻碍活动的开展。例如，在组织青少年参与社区历奇的活动中，可能有一些临时情况导致青少年无法参加，或是青少年长时间迟到导致活动无法按正常安排开展等；又如，在社区老者探访的过程中，可能也会出现老者临时无法参加活动的情况。面对这些突发的情况，青少年社工需要从图 2-20 所示的方面做好应对策略。

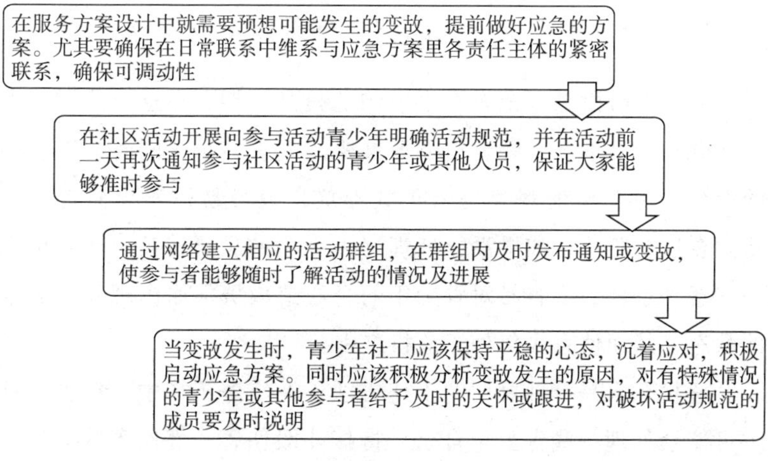

在服务方案设计中就需要预想可能发生的变故，提前做好应急的方案。尤其要确保在日常联系中维系与应急方案里各责任主体的紧密联系，确保可调动性

在社区活动开展向参与活动青少年明确活动规范，并在活动前一天再次通知参与社区活动的青少年或其他人员，保证大家能够准时参与

通过网络建立相应的活动群组，在群组内及时发布通知或变故，使参与者能够随时了解活动的情况及进展

当变故发生时，青少年社工应该保持平稳的心态，沉着应对，积极启动应急方案。同时应该积极分析变故发生的原因，对有特殊情况的青少年或其他参与者给予及时的关怀或跟进，对破坏活动规范的成员要及时说明

图 2-20 临时变动及突发情况的应对策略

3. 社区活动开展混乱的情况及应对策略

在带领青少年开展社区活动的过程中，有时会因为一些因素导致活动的开展没有秩序，青少年社工在其中难以维持与推动活动进展，针对这种情况，青少年社工可采取图 2-21 所示的一些策略。

志愿团队培训
- 在社区活动开始之前，青少年社工需要注意挑选参与志愿活动的青少年，并对他们进行岗前培训，使之了解所要参与的社区活动的要领，并鼓励他们在活动中承担责任

明确活动中的分工与协作
- 不管是对青少年社工本身，还是对参与社区活动的青少年或其他社会组织，在活动开始之前必须要明确每个人在活动中的分工，并提前做好相应准备，以使活动顺利开展

在活动后及时总结与回顾
- 在活动结束后，青少年社工应该及时组织青少年对活动进行总结和反思，对活动无秩序等情况的原因进行分析，同时鼓励青少年分享感受与经验，促使青少年在活动中提升对规则的认识

图 2-21 社区活动开展混乱情况的应对策略

四 青少年危机介入的常见问题及应对策略

青少年阶段是一个人一生中的危机高发期。在这个阶段，青少年会经历升学、恋爱、结婚等重要的人生转折，同时，青春期的青少年由于价值观等还未正式形成，极容易被误导而走入歧途。在这个阶段，如果没能处理好人生中的重要转折，或是出现一些意外事件，都容易对青少年的身心造成破坏而出现身心混乱的状态，从而使青少年处于危机之中。

危机介入是一种短期的工作方法，在实务工作中，青少年社工可能会处理一些青少年自杀、持械斗殴伤害、性侵害等危机事件。这都需要社工做出迅速、及时的介入。一般而言，危机介入

主要会经历稳定危机、解决危机和控制危机三个典型过程，Roberts通过这个典型过程，定义出七个重要阶段可供青少年社会工作参考[①]：

- 从心理和社会层面深入评估危机对青少年产生的影响；
- 从心理层面接触青少年并且快速地建立信任关系；
- 辨识危机的核心及主要问题，其中包含危机的促发因素等；
- 鼓励青少年对感觉和情绪进行探索；
- 与青少年一起探索并形成新的应对策略；
- 通过履行行动计划来修复功能的运作；
- 计划后续的追踪及强化性会谈。

在青少年社会工作中，青少年社工可通过以上的流程方法对青少年的危机进行介入。除此之外，由于危机介入通常具有较大的难度，因此在实际工作中也会遇到很多难以处理的问题或情况。

（一）青少年社工个人力量不足的情况及应对策略

在青少年危机介入的工作中，可能会出现各种因素，通常难以靠青少年社工个人的力量对危机做出很好的处理。从国内外对危机处理的经验来看，建立危机处理专案小组是应对青少年危机的有效方法。危机专项小组由各个领域和各学科的专业人员组成，如社工（包括一线社工、专业督导）、学校管理者（校长、老师）、律师、政府工作人员（民政部、共青团）、心理咨询师、基金会等。在这个专案小组中，需要选举统筹负责的人员，同时，每个不同的部分在这个专案小组中有不同的分工，具体如图2-22所示。

危机专案小组工作的主要内容包括以下方面。

[①] 〔美〕Albert R. Roberts & Kenneth R. Yeager：《助人者危机介入的随身指南》，方汇德、吕伯杰等译，心理出版社股份有限公司，2013。

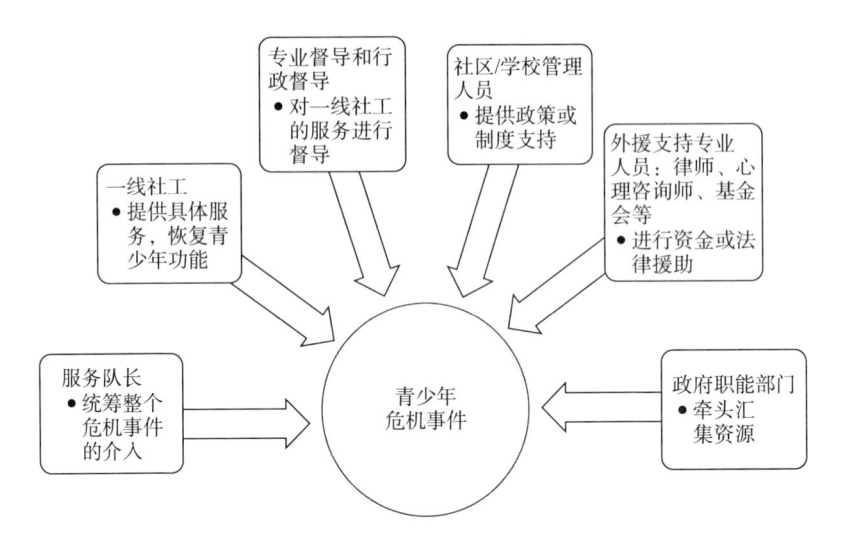

```
                    专业督导和行
                    政督导        社区/学校管理
                    ●对一线社工  人员
                    的服务进行    ●提供政策或     外援支持专业
                    督导          制度支持        人员:律师、心
                                                  理咨询师、基金
   一线社工                                       会等
   ●提供具体服                                    ●进行资金或法
    务,恢复青                                      律援助
    少年功能

   服务队长                                        政府职能部门
   ●统筹整个         青少年                        ●牵头汇
    危机事件         危机事件                       集资源
    的介入
```

图 2-22 青少年危机事件专案小组构成

资料来源:引自广州启创社会工作服务中心"学校危机应对队伍介绍"。

● 危机专案小组在日常服务中可以提供一些青少年危机排查工作,印发一些青春期危机处理手册,或是协助学校和社区开展危机预防活动。

● 定期开展危机小组的培训,以提高危机小组对于危机的应对能力。

● 保持日常应急系统的联动,当危机发生时,青少年危机处理专案小组则可立刻启动危机干预,及时安排相关工作。一般而言,当青少年社工发现危机时应该及时向机构督导或管理层说明,同时积极联系危机小组的其他成员开展危机干预工作的安排,对青少年的危机进行评估与分析,同时制定合理的干预计划,并迅速地开展干预工作。

在这个危机干预机制中,需要小组内跨专业、跨行业的各个部分进行有机协调与合作,共同帮助处于危机中的青少年顺利度过危机。但目前危机处理专案小组并非普遍性的存在,多数时候是遇到突发性的危机时才临时组建的。在实际工作中,还需要对危机介入的机制进行进一步探索。

(二) 社工对青少年危机不重视的情况及应对策略

对于很多一线社工而言，由于缺乏危机处理的工作经验，往往在危机发生时，无法快速、及时地做出反应，在实务中甚至存在已经介入但只是做了心理测评，并无后续跟进的情况。这些对危机处理的态度或方式极其容易造成严重的后果，青少年社工机构需要从以下方面应对以上情况。

首先，在日常的工作中，机构应该定期开展一些危机介入的学习互动，提升青少年社工对危机的敏感度及处理能力，为青少年危机处理做好充足的预案工作。其次，当发现青少年危机的情况之后，机构应该配备具有丰富危机处理经验的社工进行介入和跟进，同时经验不足的社工可进行协助。最后，在介入青少年危机之后，机构及危机介入小组应该及时了解青少年社工对危机的跟进与处理情况，及时给出建议或提供援助，促使危机的解决。

总之，不管是青少年社工还是机构，都应该对青少年的危机加以重视，及时为出于危机中的青少年及其家庭提供援助，帮助他们顺利渡过危机并摆脱危机的负面影响。

(三) 青少年社工难以介入危机的情况及应对策略

由于危机事件极具破坏性，当青少年陷入危机之后，青少年通常处于极度迷茫、无助，甚至绝望的状态。有时候因为个人性格或社会压力，一些青少年甚至将自己处于封闭的状态，这种情况为社工的介入增加了极大的难度。在遇到这种情况时，青少年社工应该及时为青少年提供支持，为他们点燃生活的希望，让其感受到家庭或社会的支持。具体而言，可从以下几个方面进行介入。

一是给予青少年陪伴，即使他暂时还无法接受服务，但持续不断的陪伴与支持，能够给予青少年温暖与力量。二是当无法直接对青少年进行介入时，可以考虑积极快速地介入青少年的家庭或朋辈群体，有效地帮助青少年恢复或建立社会支持系统，减少青少年的无力感。三是对于有群体性影响的危机事件，青少年社工除了对青少年个案进行介入，还需要及时开展群体性的介入，如开展主题班会或小组活动，对危机进行干预，同时也可邀请危机事件中的核心人物一起参与活动。四是在危机事件的介入中，社工应该积极联动整个危机介入的专案系统，对于自己实在无法处理的危机，应该积极通过专案系统进行转介，并及时进行信息的交接与沟通。

总之，青少年危机介入具有十分重要的意义，青少年社工应该引起重视，并在日常工作中注意提高危机介入的能力，以便遇到危机时能够及时做出正确的应对反应。

第六节 评估服务成效

青少年社会工作服务成效评估是指通过信息收集对青少年社会工作服务的成果进行评估，其中成果包括服务的产出（output）与服务的成效（outcome）[①]。

服务的产出是指服务所产生的直接结果，重点在于呈现"工作者做了什么"。以第四节中针对就业焦虑青少年所设计的生涯规划方案为例，服务的产出可呈现为接受生涯规划服务的青少年数量、服务的总时数、活动的场数等。

服务的成效是指服务对青少年或其环境系统产生的影响或改变，其重点在于"产生了哪些改变"。如接受了生涯规划服务的青少年，在关于生涯规划的知识上有什么增加，在生涯规划的技能上有哪些提高，其心理状态发生哪些改变等。

---

① 郑怡世：《成效导向的方案规划与评估》，巨流图书股份有限公司，2015，第121页。

具体而言，可通过表2-15服务产出与成效的内容来理解它们的内涵。

表2-15 服务产出与服务成效的具体内容

服务的产出（Output） "工作者做了什么"	服务的成效（Outcome） "产生了哪些改变"
接受服务的青少年人数； 服务覆盖的范围； 服务的时长； 家访的次数； 志愿者培训的次数； 活动（小组、班会、讲座、工作坊、社区公益等）的次数； ……	短期成效：青少年在意识、知识、态度、技能、评价、期望、动机、行为倾向上的变化； 中期成效：青少年的行为、决策变化；对政策、社会行动的影响等； 长期成效：青少年项目或服务对社区及环境产生的影响，如社区状态、经济情况等

服务成效评估是一个系统的过程，在实际工作中，青少年社会工作者在服务方案策划时就需要根据服务方案目标和活动设计的情况确定评估的方法以及选择资料收集的工具，并在服务进行时对相关资料进行收集，在服务方案执行结束之后对资料进行分析并撰写成效评估报告，具体操作流程如表2-16所示。

表2-16 服务成效评估的操作流程

流程	时间	操作者	内容
设计评估方案	服务方案策划时	方案策划者	确定评估维度 选择评估工具 选择资料收集方法
进行资料收集	服务方案进行时	方案执行者	根据评估方案所确定的工具与方式进行资料收集
分析资料并形成评估报告	服务方案结束时	方案策划者或执行者	分析资料

本部分将具体介绍方案规划者和执行者如何设计服务成效评估方案、收集成效评估资料，以及撰写成效评估报告。

一 设计服务成效评估方案

如上所述，服务成效的评估包括对服务的产出和服务的成效两个部分的评估。因此，在服务成效评估方案设计中，需要界定清楚如何对产出与成效进行评估，对二者的评估包括哪些内容，采用什么方法进行评估，采用什么方法进行资料收集等。表2-17列出了一些一般性的内容，在具体的评估方案设计中青少年社工可以根据实际情况进行选择。

表2-17 服务成效评估方案的主要方法

方法	服务的产出	服务的成效
评估内容	侧重对量的评估 结合服务的指标	侧重对质的评估 结合服务的目的和目标
评估方法	考察工作记录	前后测设计 工作者自评、服务对象自评、观察人员和督导评估相结合
资料收集方法	设计进度管理相关文书（计划任务表、推进表、工作周期总结等），并及时做好工作记录	机构问卷、青少年日志、家长及教师访谈 工作者及督导的观察

就评估内容而言，服务的产出主要侧重对量的评估，服务的成效主要侧重对质的评估。同时，不管是对整体项目的评估，还是对个案、小组或社区活动的评估，在对评估方案进行设计时，青少年社工应该注意结合服务方案中所设定的目的与目标确定评估的内容，评估目的与目标是否达到、达成的效果如何。

就评估方法而言，服务的产出主要通过对工作记录的考察实现。而服务的成效则需要通过一些实验设计来实现，如单一群组的前后测设计、比较组设计、随机实验设计等方法。在青少年社会工作成效评估中经常采用的是单一群组前后测的设计，即在服务提供之前，对青少年的行为或某一特定状态进行测量，并将其记录下来，作为青少年社工干预前后的对照资料。在服务结束之后，用前测的测量工具，再次对青少年的情况进行测量，然后比较前后数据，显示青少年的变化。

就资料收集方法而言，服务的产出评估需要青少年社工在工作的过程中及时做好工作记录，并在服务结束时及时统计与总结。服务的成效评估主要通过问卷的方法来收集资料进行前后测，同时为了保证测量的信度和效度可以辅之以青少年个人成长日志、家长及教师访谈等。

在服务方案策划的阶段，青少年社工就需要根据活动的性质、内容等选择适当的评估方式及资料收集方法，并根据服务的具体内容对问卷、成长日志、访谈的内容等进行设计，从而使社工能在服务开展时有计划、有意识地进行评估资料的收集。

二 收集服务成效评估资料

开展服务时，青少年社工需要根据评估方案中所确定的评估方法及资料收集方法，在服务过程中持续不断地记录与收集相关讯息。对于不同资料的收集方法如下。

1. 问卷和量表资料的收集

问卷和量表是进行前后测的有效工具，能够系统地反映青少年的改变。对于问卷和量表资料的收集，需要青少年社工在服务开始前以及服务结束之后分别邀请青少年填写，并向青少年说明问卷收集的用意与用途等，做到知情同意。

2. 青少年个人成长日志的收集

青少年的日志或自我评价报告能让青少年社工从青少年的角度了解整个服务过程和结果，看到服务带给青少年的真实变化和影响。如果是长期性的服务，则需要青少年社工在第一次服务时就向青少年发放个人成长日志，并邀请青少年在每一次接受服务或参加活动之后填写自己的感受与变化等。

3. 家长或老师反馈信息的收集

家长和老师作为青少年日常生活中最为亲近的人，往往能够更直接地观察到青少年在接受服务、回到日常生活中的状态与情况。因此，在提供服务的过程中，青少年社工可通过对家长或老师的访谈了解到青少年的情况并及时跟进，在服务结束之后，也可通过访谈了解青少年改变的情况及改变维持的情况。

4. 青少年社工观察的信息收集

青少年社工在服务开始之前对青少年的状况有较为全面的了解，并对青少年改变的情况有较高的敏感性，在服务过程中及服务结束后，可通过观察青少年态度、行为等方面的改变来评估服务的成效。但这是相对主观的资料收集方法，需要结合其他资料收集的方法一同使用。

做好资料的收集能够为服务成效的评估提供丰富和可靠的参考资料，因此青少年社工在资料收集过程中需要全面且客观。就测量工具而言，要采用一些得到人们认可的监测量表，对问卷的信度进行检测，采用不同的测量方式如三角测量方式进行测量，保证测量结果的效度。

三 分析资料并形成服务成效评估报告分析

服务结束之后，一方面，青少年社工需要对所提供的服务及所达到的成果进行量的统计，同时比对服务方案中的指标检验是否完成或超额完成服务指标，以此对服务的产出进行评估；另一方面，青少年社工则需要对收集的资料进行全面、客观、深度地分析。最后将二者相整合并最终形成机构的成效评估报告。

一般而言，一份机构内部的服务成效评估报告主要包括以下内容[1]。

● 项目或服务的开展情况介绍。主要是指介绍青少年社工在实际工作中对服务方案的执行情况、人员和物资配备情况、专业方法和理论的运用情况、对资源的利用程度等。

● 采用的评估方法。明确指出在进行评估时所采用的方法，

---

[1] 民政部：《社会工作服务项目绩效评估指南》，MZ/T 059—2014，2014。

这些方法的优势与缺陷。

● 指标的完成情况。从服务人数、家访次数、社区公益次数、班会活动次数等方面进行统计，以呈现服务的产出情况。

● 青少年群体的改善与改变情况。可以从短期、中期、长期三个维度分别对青少年在知识、技能、态度、认知、行为、状态、价值观等方面的变化进行总结，以展示青少年通过服务得以改变的情况。

● 项目或服务对社区的影响。青少年社会工作服务中的一些社区公益活动往往对社区产生一些正向的影响与改变，青少年社工在进行评估撰写时可以将服务对社区产生的影响呈现出来。

● 评估结论和反思。通过评估，青少年社工需要对服务的优点与不足进行总结，并对服务进行反思，提出更多建设性的方案改善意见并在之后的服务中进行应用。

成效评估的过程是一个对社工、青少年、机构、社会以及对专业交代的过程，是青少年社工工作严谨、负责的表现。同时评估过程也是一个反思和检讨的过程，青少年社工需要客观、坦诚地对待。

第三章　青少年社会工作的项目运营管理

在项目购买的背景之下，社会工作机构的活动大多以项目的形式进行。由于项目运营是一个系统、动态、复杂的过程，同时也受到时间、资金、资源、购买方要求等诸多因素的制约，为了使项目在有限的时间、成本范围之内按计划运行并达到最理想的效果，社会工作项目的承接团队必须要对项目进行科学有效的管理。有效的项目管理能为一线服务提供坚实的基础和后盾，解决一线服务的后顾之忧，为一线社工的活动提供整体的指引与合理的约束，并最终促使社会工作项目目标的达成。

项目管理是管理学的一个分支学科，其主要是指运用专门的知识、技能、工具和方法等，促使项目最大限度地实现或超过原定的目标或期望。[1]从过程上看，其主要包括启动、计划、执行、监控、收尾；从内容上看，其主要包括整体管理、范围管理、时间管理、费用管理、质量管理、人力资源管理、信息与沟通管理、风险管理、采购管理。[2]

随着政府购买社会服务项目的发展，项目管理的方法也越来越多地被运用到社会工作项目管理中来，在社会工作项目运营的过程中起着十分重要的作用。2014年12月14日民政部发布的《中华人民共和国民政行业标准》中的《社会工作服务项目绩效

---

[1] 美国标准委员会（PMI）：《项目管理知识体系（PMBOK）指南》（1996年），转引自省三主编《项目管理》，上海交通大学出版社，2006，第7页。
[2] 陈池波、崔元锋主编《项目管理》，武汉大学出版社，2006，第13页。

评估指南》将项目管理的评估分为 6 个板块，分别是项目行政管理、项目规范性管理、项目进度管理、服务质量体系与督导、风险管理与应急预案、项目资金管理。①

就广州市青少年社会工作项目运营的实务情况来看，它不仅具有一般项目管理的内容，也严格从民政部对于社会工作项目管理评估的内容出发，对项目进行规范与管理，同时，还融入了青少年社会工作项目的特色元素。

结合以上理论、政策与实务的因素，本章将具体从青少年社会工作项目的时间管理、规范性管理、服务质量管理、沟通管理、宣传管理、风险管理、人力资源管理、项目经费管理八个方面进行介绍。在大多数的青少年服务项目中，这八个方面构成了项目的整体管理内容，图 3-1 根据项目管理的框架②整理了青少年社会工作管理的整体框架，可供读者参考。

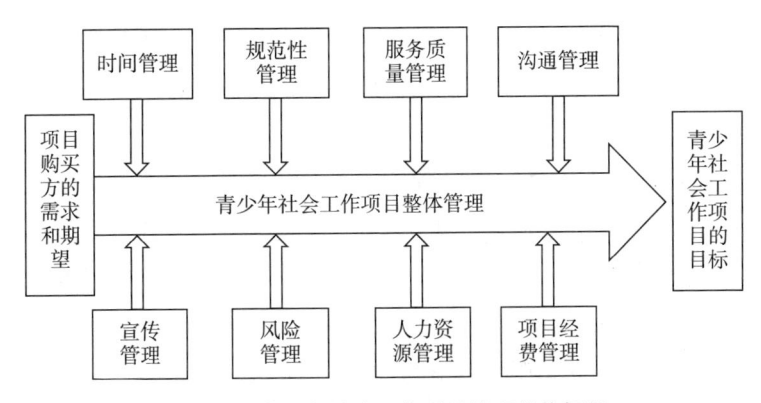

图 3-1　青少年社会工作项目管理整体框架

第一节　项目的时间管理

青少年社会工作的项目一般有明确的时间期限，为了确保项

---

① 民政部：《社会工作服务项目绩效评估指南》，MZ/T 059—2014，2014，第 3 页。
② 钱省三主编《项目管理》，上海交通大学出版社，2006，第 7 页。

目能够按时完成，青少年社会工作项目管理的团队需要对项目的时间进行有效的管理。时间管理是项目管理团队从宏观的层面对整个项目的进度进行可操作的把控，因此有的学者也将时间管理称为进度管理，认为想要进行有效的时间管理必须要做好项目活动的定义、项目活动排序、项目活动时间估计、进度计划编制、进度监控五个方面的内容。[①] 这五个方面的操作可帮助青少年社会工作项目团队将项目活动与项目时间形成可视化的对照，帮助项目团队在项目规定的时间范围内有序地开展服务工作。

一 项目活动的定义

由于青少年社会工作的项目往往是一个较为复杂的整体，如果想要有效地完成这个项目，必须要对项目进一步分解，使之成为一个个更具有可操作性的小任务（或工作包），这就是项目活动的定义。在进行任务分解时较常使用的方法是 WBS 工作分解结构，即按照一定的层次结构将工作分解为更小的工作单元，最后得出一份以文档形式呈现的项目活动清单。

在青少年社会工作的项目管理中，管理团队可从项目的目标出发对项目的活动进行分解，建立青少年社会工作服务项目的层次结构。以"青年地带"项目为例，可按"项目目标—服务站点—服务群体—每个群体的具体服务方案—服务方案中的具体活动"的结构进行分解，具体可参考图 3-2。

二 项目活动排序

用 WBS 工作分解结构列出青少年社会工作项目的一系列活动之后，项目管理团队需要根据活动的重要程度、活动的关联性等进行有效的排序，列出项目活动开展的优先次序，这不仅可以

---

① 沈志渔主编《项目管理——理论、实务、案例》，经济管理出版社，2007，第 90 页。

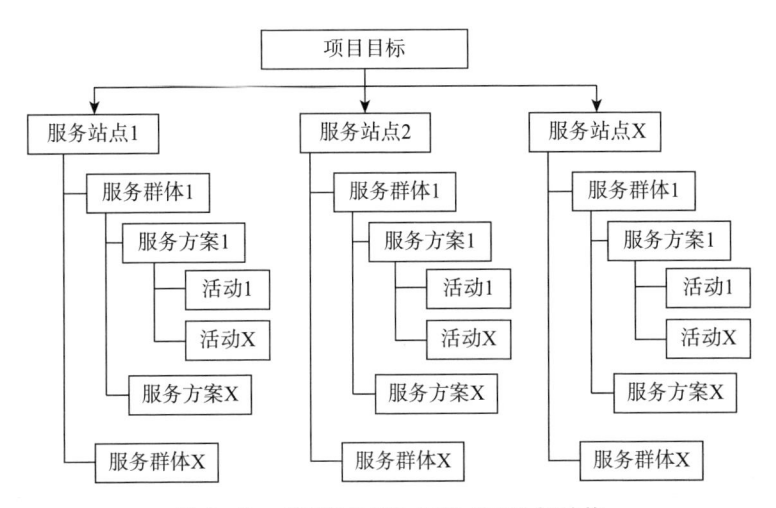

```
                          项目目标
          ┌─────────────────┼─────────────────┐
       服务站点1           服务站点2           服务站点X
          │                 │                 │
       服务群体1           服务群体1           服务群体1
          │                 │                 │
       服务方案1           服务方案1           服务方案1
          │                 │                 │
        活动1              活动1              活动1
          │                 │                 │
        活动X              活动X              活动X
          │                 │                 │
       服务方案X           服务方案X           服务方案X
          │                 │                 │
       服务群体X           服务群体X           服务群体X
```

图 3-2 "青年地带"项目工作分解结构

让项目管理者对项目的轻重缓急有清晰的认识，也能够为之后的进度计划编制提供基础。

青少年社会工作项目活动的排序主要需要根据以下因素：项目购买方的要求，机构服务的侧重点，项目活动合作方的工作安排情况、服务递进的层次、节假日情况等。

将这些因素进行有效地排序，尽可能使排序具有科学性，且具有实际可操作性。青少年社会工作项目的承接团队需要根据机构或团队的实际情况对活动进行排序。

三 项目活动时间预估

对于项目活动时间的预估即是对项目整体所需的时间进行估算，其中包括对每一项活动时间的预估，以及根据排序之后整个项目所需时间的预估。[1]

一般而言，青少年社会工作服务项目的承接团队可以通过专家座谈、经验类推等方法对项目活动的时间进行估计。在进行时

---

[1] 沈志渔主编《项目管理——理论、实务、案例》，经济管理出版社，2007，第 130 页。

间预估时需要将资源获取的难易程度、合作方的合作状态、青少年社工的工作能力等诸多因素考虑进去。同时，当预估结果得出之后，还需要根据实际情况灵活调整项目所需的时间，一般可出现正负几天的情况，以使项目的时间具有弹性，保证项目的完成。

四 项目进度计划编制

在对活动排序并对活动时间预估后，青少年社会工作服务项目的承接团队就需要根据实际的日历表制定项目的进度计划，明确地安排青少年社会工作项目以直观明了的方式呈现出来，体现出在哪个时间段要完成什么样的工作，由谁负责，要达到怎样的目标和效果等。

具体而言，青少年社会工作项目进度计划的编制常使用表格化的里程碑式的方法，具体可参考表 3-1。

表 3-1 项目进度计划编制表格

	9月	10月	11月	……
服务活动 1	√			
服务活动 2		√		
服务活动 X			√	

在实际工作中，服务活动的栏目可以是大型活动，也可以是小型活动；时间的栏目可以以月为单位，也可以以日为单位，具体情况需要根据项目团队对活动的分解及安排情况进行。

五 进度监控

虽然在青少年社会工作的项目正式实施之前，项目团队已经对项目进行了较为科学的项目进度规划与安排，但在实际操作过程中，往往存在很多不确定的因素，这些临时的或突发的情况可能会对原有项目进度计划有一定的干扰，同时，在实际工作中也有可能出现工作偏离原有计划的情况。因此，需要项目管理团队做到以下几点，使各项工作在变化中也能有序地开展：

- 对工作的进度进行监控；
- 定期召开工作汇报；
- 将实际情况与工作计划进行对照；
- 对工作实施过程中的变化进行讨论与协商；
- 及时对工作进行调整与修改。

第二节 项目规范性管理

一个项目的有序运行离不开一系列规范性的管理。对于青少年服务对象和项目的购买方而言，项目的规范性管理能够在很大程度上提升青少年社工服务机构的可信度，有利于促进机构自身的发展与形象的建设。在大多数项目管理的书籍中，虽然很少对项目规范性管理做出详细的介绍，但不可否认的是它在项目管理中的重要性。本节所采用的维度主要来源于民政部发布的《社会工作服务项目绩效评估指南》,[1] 主要包括服务程序规范、档案管理规范、服务对象权利保障规范三个方面的内容。

一 服务程序规范

对于青少年社会工作项目而言，由于服务是项目的核心，因此项目团队要十分注意对服务的程序进行规范化的管理，其主要体现在服务流程的规范上。在项目开展的过程中，一份完整的项目流程管理制度能够帮助青少年社工在工作中更为有效地为青少年提供服务。其主要包括以下四个方面的内容。[2]

---

[1] 民政部：《社会工作服务项目绩效评估指南》，MZ/T 059—2014，2014。
[2] 来源于启创社会工作服务中心的第三方评估材料。

- 服务流程管理规范。项目管理团队需要制定较为完整的个案、小组、社区、外展工作等制度流程或程序指引（如相关的服务套表），能够有效指导青少年社工严格按照程序开展相关服务。
- 服务申请流程规范。需要制定完整的服务申请及审批制度，青少年接受服务时需要按流程签订服务协议并能够明确青少年的权利与义务。
- 服务对象评估制度规范。需要制定较为完善的服务对象评估规范，在服务开展时，使青少年社工能够根据规范有计划、有针对性地对青少年进行包含身体、心理、家庭及社会多方面的需求评估。
- 服务开启、结束及转介机制规范。项目团队应该建立科学合理的服务开启、结束与转介机制，使青少年能够完整地接受青少年社会工作的服务，同时如果本机构无法提供服务也能及时通过转介机制使青少年获得其他社工或机构的服务。

二　档案管理规范

在青少年社会工作的过程中，为了更好地为服务对象提供服务，青少年社工可能会对服务的过程等进行书面记录或音频记录。另外，除了对服务过程的记录之外，还需要对项目内的各种会议做会议记录，对项目的工作报告、评估报告等其他资料进行收集并整理归档，这些材料就形成了项目的档案资料。档案作为一种"历史的记录与凭证"[①] 具有十分重要的价值，因此，在青少年社会工作的项目过程中，必须要对项目的档案进行规范的管理，在实际工作中需要注意以下要点：

- 要全面、真实地对档案进行保管；
- 设置专门的档案柜，并设专人对档案进行科学的分类与保存，以方便有需要时能够查到；

---

① 杨红本主编《档案管理理论与实务》，上海教育出版社，2016，第22页。

- 制定档案查阅规范，做好查阅记录；
- 在信息化时代，通常要同时保留纸质版的档案与电子档的档案；
- 做好档案的保密工作，尤其是服务档案资料的保密工作，在档案管理中充分尊重青少年的权益。

三　服务对象权利保障规范

除了服务流程及档案管理的规范，青少年社会工作还需要通过建立和完善一系列针对青少年服务对象的权利保障制度，通过对服务对象本身的制度支持，或是对青少年社工的行为进行约束等，来保障青少年服务对象的知情权、安全权、参与权、隐私权、申诉权等。

- 对于知情权而言，项目管理团队需要制定有关服务项目情况的说明资料，其中包括机构及承办项目的服务资质、发展历史、服务项目等基本情况，同时在服务开展的过程中，需要明确告知青少年有关服务的事宜，充分做到知情同意，保障青少年的知情权。
- 对于安全权而言，在项目开展的过程中，青少年社工需要使青少年知悉机构的消防平面图和逃生指示图。同时，也需要制定一些人身安全防范处理机制及意外受伤事件的处理机制以保障青少年的安全权，具体可参考本章第六节中关于项目风险管理的内容。
- 对于参与权而言，项目团队需要一套较为有效的服务对象参与机制，保障青少年的参与权。尤其需要注意的是，所有接受服务的青少年都拥有选择进入或退出服务的自决权利，项目团队在制定服务对象参与机制时需要将其考虑在内。
- 对于隐私权而言，项目团队需要制定严密的隐私保护制度并加以执行。同时，针对泄密的情况，也需要有预案及紧急处理措施，使泄密对青少年的危害降至最小。
- 对于申诉权而言，项目团队必须要有一套公正的申诉制度及程序，同时向服务对象进行公示。当面对申诉时，需要积极及时地给予回馈和记录,并在以后的工作中加以改正或调整。

第三节 项目服务质量管理

项目质量管理是整个项目管理的重要内容,也是保证项目成效的重要一环。只有对质量进行实时的监测与管理,才能有效督促服务的开展,提升项目的效率,保证项目的质量。青少年社会工作的服务质量管理主要是制定与执行一系列的标准体系,其中包括服务质量评估机制、专业督导与培训机制、意见反馈与投诉处理机制。[1]

一 服务质量评估机制

在青少年社会工作内容中建立一套科学的质量评估机制对于保证项目质量具有十分重要的意义。在青少年社会工作项目的实务工作中,服务质量评估机制一般由项目质量会议、项目内部评估标准体系等内容构成。

在项目开展的过程中,项目管理者需要定期组织项目成员开展项目质量会议。在会议过程中,社工需要对自己近期的服务工作进行报告并反馈服务中遇到的困境与问题,项目成员可在项目质量会议中对项目跟进情况及服务对象的反馈情况进行讨论,通过项目质量会议对自己的服务进行反思与改进。

同时,项目内部也需要有一份关于自身服务质量评估的标准,其中需要包括:对青少年社工服务情况、服务对象改变情况、服务对象对服务的反馈情况等。

具体可参考第二章中关于服务成效评估的内容。

二 专业督导与培训机制

青少年社工的专业能力是服务质量的保证,因此,对项目质

---

[1] 民政部:《社会工作服务项目绩效评估指南》,MZ/T 059—2014,2014。

量的管理必然不能缺少针对青少年社工的督导与培训。

首先，对于很多一线社工来说，由于经验不足或其他原因，在服务过程中总会遇到或多或少的问题，这些问题在某种程度上可能会影响到服务提供的质量，而对一线社工的服务进行督导则能帮助一线社工认识自己服务的不足并加以改善，有利于一线社工服务能力与服务质量的提升。

其次，青少年社会工作服务是一个复杂的过程，青少年社工在项目开展的过程中会发现自身有许多需要提升与改变的地方，项目管理者要对社工个人发展的需求有敏锐的洞察力，适时提供或组织相应的专业培训。

最后，要积极关注相关培训状态，当青少年社工都有培训的需求时，可以机构的名义组织社工进行学习与提升，进而保证项目的服务质量。

三 意见反馈与投诉处理机制

对于服务对象而言，对服务进行意见反馈或投诉是他们对自己权益的一种维护。但对于青少年社会工作服务的项目而言，服务对象的意见反馈和投诉则是服务质量的另一把尺子，项目管理者可从意见反馈及投诉中大致了解服务质量的一些情况。可见，建立意见反馈与投诉处理机制对于青少年社会工作服务质量管理具有很重要的作用。在实际工作中，意见反馈和投诉处理机制一般具有以下内容。

- 项目管理者需要建立一套有效的意见反馈及投诉体系，并明确告知服务对象意见反馈及投诉的途径、程序等。
- 在每一次服务活动结束之后，青少年社工需要向服务对象收集意见反馈，对服务满意度进行调查。
- 可在青少年社会工作服务的每个站点设置意见反馈及投诉箱，并定期对意见进行收集。

对服务的意见进行收集之后，青少年社会工作项目管理团队还需要进一步对意见进行分析和整理,并对意见做出回应,提出服务改善的计划并在以后的活动中加以执行。

第四节 项目沟通管理

在青少年社会工作项目过程中,沟通无处不在,有效的沟通能够大大提升项目的效率,因此十分有必要对项目的沟通进行管理。青少年社会工作项目沟通主要包括与项目购买方和合作方的沟通、机构内部沟通、与服务对象沟通三方面的内容。与不同的对象沟通需要采取不同的沟通方式,整体而言,要进行有效的沟通管理,需要青少年社会工作项目管理团队建立项目沟通计划,在工作过程中灵活运用各种沟通方式与方法,同时随时保持沟通渠道的畅通。[1]

一 建立项目沟通计划

项目沟通计划是项目沟通管理中的重要内容,但由于实际工作中的沟通大多具有即时性和经验性,因此很多实务工作并没有对项目的沟通工作进行计划与管理。然而,没有沟通计划的项目通常都会出现沟通效率较低等问题。为了提升青少年社会工作项目效果,使项目的信息能够更为准确、及时地传递给相关方,项目管理团队应该在项目计划的同时建立项目沟通的计划。

整个项目沟通计划需要项目团队共同明确以下要素:
- 信息收集的渠道与方法;
- 信息发布的渠道与方法;
- 信息沟通的日程安排;
- 信息发布的格式;

---

[1] 沈志渔主编《项目管理——理论、实务、案例》,经济管理出版社,2007,第157~159页。

- 沟通计划更新与细化的方法等。

同时安排好项目中主要负责信息管理与沟通的人员，保证及时有效地执行项目沟通计划。

二　灵活运用沟通形式与沟通方法

如前所述，在青少年社会工作项目的运营过程中，由于项目沟通会面对不同的主体，根据各主体的特性，沟通时所采用的形式和方法也会有所差别。总体而言，沟通形式按表达的方式可分为书面形式与口头形式，按沟通途径又可分为线上沟通与线下沟通。

在实际工作中，就沟通形式而言，应注意以下方面。

- 书面沟通形式一般适用于较为正式的场合，如通知、要求、确认等，这要求社工在清楚描述事务的前提下尽可能简洁，以达到高效沟通的目的，避免因增加负担而流于形式。
- 口头沟通形式与书面形式相比，具有简单高效、容易接受的优点，但不能像书面形式那样留下记录，所以不适用于较为正式的通知。口头沟通要求直白、明确，避免因文化背景、民族差异、语言表达等因素造成理解上的差异，这是沟通双方需要格外注意的。
- 同时，沟通双方不应带有想当然或者含糊的心态，对于不理解的内容应当即刻提出，以求对方的进一步解释，直到准确理解对方表达的意思。

就沟通的途径来说，青少年社会工作项目的沟通通常采用线上沟通与线下沟通相结合的方式进行，通过二者的配合使用，能够及时对沟通的信息进行补充、完善与修改，有利于提升项目沟通的效率。

总之，青少年社会工作项目管理团队应根据不同的沟通对象对沟通的形式和方法进行选择。例如，与政府购买方的沟通可能更多会以年度计划、项目报告、项目会议等形式进行①;与机构内部的沟通更多会采取项目讨论、计划跟进、日常沟通、备忘录等形式进行;与青少年服务对象的沟通则较多采用一对一的口头沟通进行,在进行服务之前,青少年社工可根据青少年的实际情况对沟通的内容、顺序、方法等进行考量,选择适合青少年个体的沟通方式与方法。

三 保持沟通渠道畅通

青少年社会工作项目中工作内容的复杂性使得项目沟通也存在很多复杂的因素,这些因素可能会使信息无法准时或准确地传达而导致项目推进出现问题。例如,在一个青少年社会工作项目沟通的案例中,一位社工在与街道的沟通过程中将重要的文件通过邮件形式发送给街道,但发送之后街道一直到活动开始前还没有收到文件,最终导致活动开展并不是很顺利。这样的案例在现实工作中时有发生,为了避免由于沟通渠道不畅通而造成的沟通效果不理想的情况,项目管理团队必须要建立一套完整的应对机制,以保证信息准确地送达。

一般而言,在青少年社会工作的项目沟通中,当信息以一种形式发送出去之后,信息发送者也必须通过另一种途径确保信息准确送达,如发送邮件之后,也可以通过短信或电话提醒对方查收。同时,当对方收到信息之后,双方务必对信息的理解情况做出检查与反馈,以保证沟通的准确性,避免因误解或理解不同而影响项目的推进。

第五节 项目宣传管理

为了提升项目实施的有效性以及项目的影响力,在青少年社

---

① 本书下一章节"社工+"部分的内容即是对如何在各类社会工作服务项目中与合作方进行规范科学的友好沟通、确立权责、建立机制等做了专门的细致介绍。

会工作项目实施的过程中，社工通常需要通过一系列宣传的手段来提升服务的知名度，扩大服务的涵盖范围，打造青少年社会工作服务的品牌。因此，项目团队需要对项目的宣传工作进行统一管理。从青少年社会工作项目宣传的经验来看，项目宣传管理主要包括制定项目宣传计划、实施与监控项目宣传计划两个方面的内容。

一　制定项目宣传计划

在一个青少年社会工作项目正式实施之前，项目管理团队需要根据项目特点与实际情况制定相应的项目宣传计划。一份项目宣传计划需要明确两点主要的内容：一是项目宣传的要点是什么；二是要采取什么样的宣传方式与宣传手段。

一般而言，一个青少年社会工作项目的宣传要点即是项目的服务内容，其中包括整体的服务内容宣传、个别化的服务内容宣传等。在进行宣传时，一般要将项目服务宗旨、目标、对象，提供服务的方法，申请接受服务和退出服务的机制等服务情况进行说明，让青少年能够对项目的服务有一个较为全面的了解。

对于宣传方式和宣传手段的选择一般要注意结合青少年的特点。通常青少年社会工作项目的宣传可以采用多种多样的方式，如海报宣传、服务手册宣传、网络宣传等。

在对宣传的内容进行编辑与策划时，还可以采用青少年喜欢的表达方式、形式等，以达到更好的宣传效果。

除此之外，在项目开展的过程中，还可在各站点放置一个专用的服务宣传手册架，供更多的人关注与阅览。总之，青少年社会工作项目管理者应该组织社工积极发布服务信息，提升宣传效果，扩大服务的影响力，使更多青少年能够接受到相关服务。

二　实施与监控项目宣传计划

制定了项目宣传计划之后，需要项目团队共同对项目宣传计划进行落实并实施有效的监控，同时及时修正或完善宣传计划的不足之处。在实际工作中，青少年社工可以通过站点布置、信息栏海报张贴、服务手册派发、社工亲自介绍、网络宣传等方式对项目进行宣传管理，使得项目的宣传工作落到实处。

- 对工作站点进行精心的布置，设计与粘贴具有青少年元素的宣传海报，布置站点等要能吸引青少年来社工站从而达到宣传的目的。
- 同时，社区和学校信息栏的海报张贴要随时关注其完整状况，对于被撕或被覆盖的海报，要及时处理，以使得宣传信息能够有效传播。
- 另外，青少年社工还可以积极地向青少年或家长群体派发服务宣传手册，并在派发的过程中详细为他们介绍项目或活动的情况，使更多人了解或参与到相关的服务中来。

在整个宣传的过程中，项目管理团队需要从管理的角度对项目宣传的情况及效果进行监控并做出相应的评估，从而推动项目宣传向更完善的方向发展。

第六节　项目风险管理

由于青少年社会工作在实务中面临很多不确定的因素，这些不确定因素一旦发展为突发事件，就可能会给项目的运行带来一些风险，因此项目管理人及项目管理团队必须具备较强的风险管理能力。项目风险管理一般包括风险识别、风险评估、风险控制与风险应对三个方面的内容。[1] 青少年社会工作的风险管理也可从这三个方面进行。

---

[1] 白思俊等编著《现代项目管理概论》，机械工业出版社，2006，第215~222页。

一 项目风险识别

项目风险识别工作贯穿于整个青少年社会工作项目实施的过程,其目标在于识别和确定项目执行过程中存在的风险情况,包括风险的种类、特性及每个风险可能对项目产生的后果等。在项目风险识别工作中,项目风险产生的来源分析必不可少,正确地认识风险来源并进行合理的风险分类,有助于项目管理者更好地确定风险识别突破口,更准确地对风险事件进行分析。

一般来说,项目风险来源可以分为政治风险、社会风险、经济风险、自然风险、技术风险和管理风险[①]。结合以上六大风险,并结合青少年社会工作项目的特点及实务经验,在一个青少年社会工作项目中,可能存在的风险包括以下几个方面。

(1)青少年人身安全风险,即青少年在接受服务的过程中,由自然或人为的因素而使人身安全受到威胁。

(2)场地及设备安全风险,即由于场地或设备电路损坏等情况所引起的消防问题。

(3)项目资金风险,即项目资金规划或使用不当而使项目无法开展。

(4)青少年社工人员流失风险,即青少年社工因为各种原因离开项目,导致项目推进受到一定的阻碍。

除了以上风险,可能还存在其他的风险,在此不再一一列举。总之,项目管理者需要根据项目的实际情况对风险进行准确的识别。

二 项目风险评估

在项目风险规划和识别后,青少年社会工作项目的管理者需要对项目风险所对应的所有不确定性及其所产生的概率等风险要

---

① 谢非编著《风险管理原理与方法》,重庆大学出版社,2013,第4~6页。

素进行分析，从而对风险发生的时间或影响进行预估，并针对项目制定一整套的风险管理计划。

在对风险进行评估时，项目管理者应该清楚地意识到哪种风险对项目或机构的影响是致命的，哪种风险是可以通过制度或管理有效规避的，等等。不同的项目管理者可能对风险的评估有不同的标准，因此，有效的风险评估方法是召开项目会议，邀请所有项目成员一起对风险进行评估，确定项目中风险管理的重点与优先次序。

三 项目风险控制与应对

进行了风险识别和评估后，需要着手建立起整个项目的风险监控体系，包括风险监控的方针、风险控制程序、风险管理体制等。具体操作流程如下：第一，确定出要对哪些项目风险进行控制，而哪些项目风险是可以容忍而无须对其进行控制的；第二，确定项目风险控制的行动时间和控制方案，青少年社会工作项目管理者需要根据风险的特性、项目的时间安排等，制定项目风险控制方案；第三，根据具体项目风险的控制方案，展开项目控制方案的实施；第四，跟踪具体项目风险的控制结果，确认项目风险控制方案是否行之有效，根据反馈的信息改进具体项目的实施方案，直至整个风险控制事件完结。

例如，针对场地及设备安全，风险控制方案中就必须注意以下几点。首先，明确指出对消防、安全设备等的配备与管理的重要性。其次，要求在办公场地中，服务设备、办公设备等必须有清晰、完整的安全警示标识；各场地中需要有显著的逃生路线标识，能够有效地起到指引作用。再次，还需要在方案中增加定期对机构内员工开展安全知识讲座及消防演练。最后，还需要注意的是，当设备设施出现损坏的情况，工作人员应该及时修复或恢复，以保证项目顺利且安全地开展。

在项目开展的过程中，项目团队必须要对项目的风险进行控制并积极应对，使青少年社会工作项目在保障之中运行。

第七节 人力资源管理

青少年社会工作项目的人力资源管理在一定程度上影响着项目的服务成效。良好的人力资源管理体系能够促进项目内部人员的和谐度与凝聚力，推动青少年社会工作项目的良性运营，提升项目团队的服务质量。根据青少年社会工作的实务经验来看，项目内的人力资源管理一般包括建立与执行人力资源管理制度、建立与执行项目工作人员及督导配备机制、重视员工激励与成长体系三个方面的内容。①

一 建立与执行人力资源管理制度

有效的人力资源管理需要青少年社会工作项目管理团队建立与执行一系列的人力资源管理制度或机制。一般而言，主要可从岗位分析、人力资源规划、人员招聘、员工激励、绩效管理、薪酬管理②几个方面出发进行人力资源管理制度的设计。

对于项目管理者而言，必须十分清楚青少年社会工作不同岗位的信息与情况，并根据这些信息与情况制定合乎法律法规的用工招聘制度、绩效管理制度、薪酬管理制度等。同时，项目管理团队还需要根据项目内人员情况制定明确的人力资源管理规划，并在工作中加以执行。

二 建立与执行工作人员及督导配备机制

青少年社会工作项目人力资源管理的核心即是建立一套科学、规范的工作人员及督导配备机制，并通过这套机制带动整个

---

① 根据广州市启创社会工作服务中心的年度工作报告整理。
② 吕际荣主编《人力资源管理》，中国科学技术出版社，2008。

项目的高效运营。

要建立这样一套机制，要求项目管理团队必须十分熟悉机构的人事组织结构，同时能够根据项目开展的实际需要，综合考虑社工的资历情况（如学历、从业经验、职称、擅长领域等）进行人事安排，使合适的人到合适的位置发挥其能力与作用。

同时，出于社会工作行业人员流失率高的情况的考虑，项目管理者还需要通过一些方法保持项目内中心工作人员队伍的稳定。

除此之外，项目管理者也需要根据服务工作的实际情况对项目的督导进行配备。一般而言，服务项目的标书和协议书对督导配备的人数、资质等都有明确的要求，项目管理团队要在达到这些要求的基础上进一步根据项目的需求、员工的情况等安排督导的人数、次数及内容等。

三 重视员工激励与成长体系

员工激励制度与成长体系能够在很大程度上激发青少年社工对工作的热情以及对机构文化的认同，从而更好地提升服务质量。作为青少年服务项目的管理者，需要更加重视员工的激励制度与成长体系。

• 从员工激励制度上讲，青少年社会工作项目管理者应该制定一套明确的奖励与晋升制度，帮助青少年社工进行职业生涯规划，为他们的社工行业职业发展提供制度上的保障与支持，让他们看到未来的可能性。同时，青少年社工机构还应重视员工的权利，制定员工权利保障制度，并在项目执行过程中充分重视员工的各项权利。

• 从员工成长体系上讲，为了保证青少年社工的服务水平，需要有一套稳定的员工培训制度及培训计划。其中包括岗前培训、各类符合项目需要的赴海外的培训。除了培训之外，还需要制定社工督导制度及督导计划，通过对服务工作的督导使社工的服务水平得到提升。

- 除此之外,项目内部还需要定期举行团建活动,以增强青少年社工的团队凝聚力,促进有效的沟通。

第八节 项目经费管理

不管是政府购买青少年社会工作服务,还是与其他社会组织、企业合作,青少年社工机构都需要将所有经费做到专款专用,为了避免资源浪费,更好地将经费利用到青少年服务上来,机构需要对经费进行合理的监督管理。最基本的工作包括及时做好机构资金收入管理、经费预算、资金实际使用/支出等情况的记录与核算等。其中,最为核心的是根据项目的实际情况做好科学的经费预算。

有的学者将社会工作机构的预算周期划分为计划、执行和评估三个阶段。[1]

在计划阶段,青少年社工机构的财务工作者需要首先了解机构的资金或收入来源、数量和相关的政策。其次根据机构服务对象的范围、人数、所需资源以及机构的常规开销等制定预算方案,并将预算方案递交给机构理事会、出资方等批准。当预算获得批准后,即进入执行阶段。

在执行阶段,需要社工根据预算合理分配资源,并注意按照预算控制资源的使用,监督收入和支出的情况,同时需要及时向相关方进行财务汇报。

在评估阶段,管理者需要审核所有的收入和支出记录,并接受相关机构的审计,同时需要对财务的使用情况进行适当的反思,以便在下一年度中更好地利用资源。

---

[1] Ezell. M, "Financial Management" in R. J. Pati ed., *The Handbook of Social Welfare Management* (Thousand Okas: Sage, 2000),转引自曾群《社会工作行政》,上海人民出版社,2007,第166页。

一般而言，在青少年社会工作项目中，经费预算和实际开支的内容主要有以下几个方面。

一是薪酬福利开支，主要包括工资总额、五险一金、福利及其他补贴等，这是青少年服务项目中占比最大的支出项目。

二是专业支持费用开支，如督导费、培训费等。

三是服务领域费用开支，如活动费用、研究费、宣传费、水电通信网络费等。

四是项目管理费开支。

五是固定资产及税额开支，如固定办公设备及维修、税费等。

做好经费预算之后，在项目有实际开支时，必须及时做好记录。同时，在每一次的中期评估和末期评估中，项目管理者都需要将青少年社会工作项目的经费预算与实际支出进行对比以了解项目经费具体的使用情况。

总之，有关项目经费的收入与使用必须要有据可依，有账可查，最大限度地做到公开与透明。

第四章 青少年社会工作的"社工+"合作模式

党的十八大正式提出了"社会治理"一词,也明确提出了"党委领导、政府主导、社会协同、公众参与、法治保障"的社会治理体制这一理念。在此基础上,中共中央十八届五中全会又进一步提出"加强和创新社会治理,推进社会治理精细化,构建全民共建共享的社会治理格局"。2018年3月7日,习近平总书记在参加十三届全国人大一次会议广东代表团审议时对广东提出了"四个走在全国前列"的明确要求,其中"四个走在全国前列"之一就是"在营造共建共治共享社会治理格局上走在全国前列"。社会工作作为现代社会制度之一,其社会职能是通过解决困难群体、困境群体的基本民生问题从而促进社会和谐、实现社会公正,这些与共建共享的社会治理是相通的。① 在青少年社会工作的开展中,与政府部门以及社会组织的合作是工作中的重要内容,本章将对广州市海珠区青少年社会工作中的"社工+"的模式进行总结,通过"社工+团委"、"社工+政府"(包括政府部门和街道)、"社工+学校"、"社工+企业"、"社工+基金会"、"社工+志愿者组织"六个部分对社工与合作方的合作机制与双方权责的总结,为青少年社会工作中的合作提供一定的参考,图4-1是对各个合作方可为社工提供的资源进行的整合。

---

① 王思斌:《社会工作在构建共建共享社会治理格局中的作用》,《国家行政学院学报》2016年第1期,第43页。

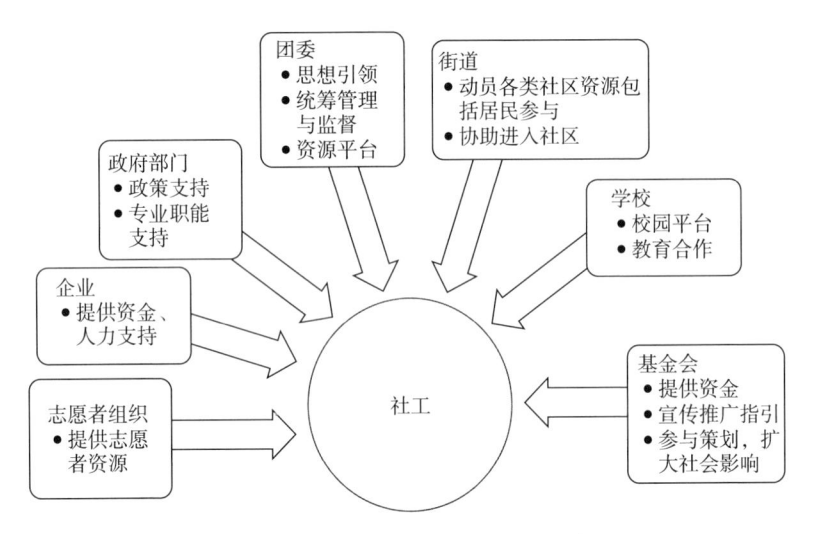

图 4-1　各合作方能够为社工提供的资源

第一节　社工 + 团委

一　背景

共青团组织作为我国特有的非政府组织，具有第三部门非常重要的特征——群众性，同时其与党和政府的关系又使共青团组织开展公共服务成为可能。[①] 2007 年 11 月，共青团中央、中央综治委预防青少年违法犯罪工作领导小组、中央综治办、民政部、人事部联合发布《关于开展青少年事务社会工作者试点工作的意见》（简称《意见》），《意见》初步概括了青少年事务社会工作者的工作内容，由此，各地开始了政府购买青少年服务的尝试。2015 年，中共中央下发的《关于加强和改进党的群团工作的意见》强调："支持群团组织利用自身优势，以合适方式参与政府

---

① 张静：《共青团组织下的青年志愿服务发展研究——以西安市为例》，硕士学位论文，西北大学，2011，第 1 页。

购买服务。参与政府购买服务，要严格管理、规范实施，做到政府放心、社会认可、自身有活力。"① 这更是为共青团与社会工作的合作奠定了制度基础。

2010~2014年，制度化建设已成为社会工作发展中的核心工作，多层面发布的30余项社会工作专业性和相关性政策，如《国家中长期人才发展规划纲要（2010—2020年）》、《社会工作专业人才队伍建设中长期规划（2011—2020年）》等，这些成为社会工作专业化、职业化、本土化和标准化建设的保障条件，同时也为共青团组织购买社工服务奠定了坚实的基础。

由此可见，共青团组织与社会工作的合作是大势所趋，共青团作为中国共产党领导的先进青年的群众组织，在我国的青年工作中发挥着重要的作用；而社会工作专业力量的加入，能够让青年工作更加有效。广州市自2008年以专项形式购买第一个"青年地带"站点服务至今，已在全市各区大力推进，并实现了基本覆盖，成为共青团与社会工作行业合作的典范。本章以广州市"青年地带"的项目合作历程来对"社工+团委"的合作模式进行介绍。

二 合作机制

（一）一般合作机制

"社工+团委"的合作机制如图4-2所示。

1. 合作形式：以政府购买服务的形式展开

社工与团委的合作是由政府相关部门主导推动，其中包括团市委、市财政局、市民政局、市司法局与区政府等；并且由市区两级资金配套购买，由各区团委对本区"青年地带"项目实施机构的服务进行指导与监督。

---

① 《中共中央关于加强和改进党的群团工作的意见》，2015。

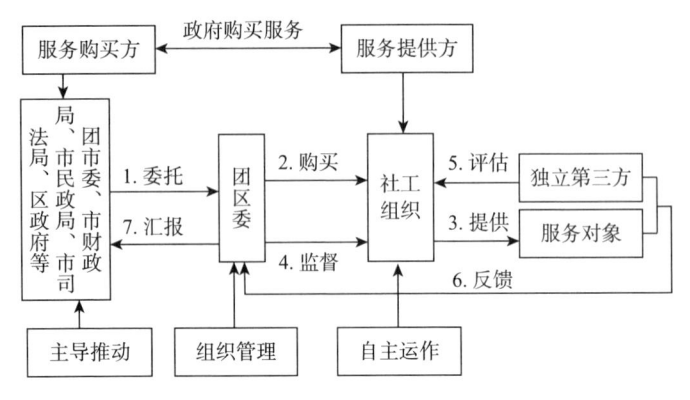

```
服务购买方 ──政府购买服务──> 服务提供方

法局、区政府等  团市委、市民政局、市财政局、市司法局
                         1.委托──> 团区委 ──2.购买──> 社工组织 ──5.评估──> 独立第三方
                         7.汇报                              3.提供──> 服务对象
                                        4.监督            6.反馈

主导推动        组织管理         自主运作
```

图 4-2 "社工+团委"的合作机制

2. 接受各区团委的指导和监督

各区团委具体负责对"青年地带"站点进行规划、管理与指导，指导和监督其日常的事务与服务，团委对"青年地带"突出的指导作用表现在对"青年地带"项目实施机构以及青少年的思想引领方面，其中包括理想信念教育、国情政策教育等。

3. 服务提供：服务由专业的社工机构开展，服务领域广

《广州市关于加强青少年事务社会工作专业人才队伍建设的意见》（团穗字〔2017〕14号文）对青少年事务社会工作专业人才的主要服务领域进行了概括，主要包括服务青少年成长发展、维护青少年合法权益、预防青少年违法犯罪、参与青少年社区矫正四个领域，具体服务由青少年专项服务项目的实施机构开展。

4. 独立第三方评估

"青年地带"项目实施机构的评估均是由独立的第三方开展的。

5. 定期反馈与总结：定期的反馈是合作形成良性循环的基石

承接项目的社工组织需定期向各区团委反馈工作进展，并参与区团委的项目会议，沟通工作情况并协调解决工作中的困难。

（二）案例分析——以海珠区"青年地带"为例

1. "青年地带"项目简介

海珠区"青年地带"是海珠区青少年事务社会工作的服务平台，由共青团广东省委、共青团广州市委进行业务指导，海珠区政府、广州市民政局及共青团广州市委共同出资，委托共青团海珠区委进行监管，通过"政府购买公共服务"的方式，由社会工作服务机构承接，为海珠区辖内 6~30 岁青少年及其家庭提供无偿服务，是广州市第一个政府购买社工服务项目。①

2. 具体合作机制

海珠区"青年地带"的合作模式为"1+1+N"，即 1 个出资机构——政府；1 个监管机构——共青团组织；N 个营运机构——具有提供社会工作专业服务能力的 NGO 组织（非政府组织）。具体为：区（县级市）政府财政购买青少年社工服务，共青团组织、规划、管理、监督 NGO 组织提供规范服务，NGO 组织按照购买协议自行组织青少年社工提供青少年服务。其中区政府和市民政局每年通过财政拨专款购买青少年事务社工服务，确定服务要达到的要求、目标。而团区委则作为社工服务的主要监管方，对社工组织的服务进行指导与监督。②

三 双方的权责

（一）一般权责

通过对各地区团委与社工组织合作的权责分工情况进行收集与整合，整合团委与社工组织的一般权责分工，详见表 4-1。

---

① 2017 年 12 月 5 日启创的新闻稿《扎根十年，青少年找到了社区里的家——广州青少年社工模式十年发展回顾》。
② 李海、王军芳：《青少年事务社会工作的探索与实践——以广州"青年地带"青少年事务社会工作者试点为例》，《青年探索》2009 年第 4 期，第 6 页。

表 4-1　团委与社工组织的一般权责分工

	团委	社工组织
职责	确定购买的内容和标准、进行可行性研究	要遵循市场规则，按照合同的约定认真履行服务
	争取资源和相关部门的支持，顺利推动项目	针对服务中的具体问题与共青团组织互动，以确保提供优质的服务
	激发市场活力，让有资质的社工组织参与竞标，确保招投标程序的公开公平	培育社会资本、扩大社会参与，引导公民自治
	对社工组织进行监督评估，确保服务的优质高效	坚持激励与约束并重的内部成员管理机制，确保组织内部管理的专业化
	通过宣传与协调，让居民接受服务、参与服务并能够以志愿者的形式提供服务	尽可能争取多的资源确保组织的长效发展

资料来源：聂晓文：《共青团组织参与社工服务模式研究——以重庆市 J 区共青团为例》，硕士学位论文，西南政法大学，2015，第 43~45 页；舒绍福、盛炜：《共青团组织参与政府购买服务——实践探索与未来推进》，《中国青年研究》2016 年第 5 期。

（二）以海珠区团委与社工组织的合作为例谈权责

海珠区团委与社工组织的权责分工见表 4-2。

表 4-2　海珠区团委与社工组织的权责分工

	海珠区团委	社工组织
职责	承接由区政府、团市委委托的试点项目，对试点进行规划、管理、指导，并监督社团的服务工作	按照购买协议提供规范的服务
	具体负责试点工作日常事务	与购买服务的政府、服务对象和合作伙伴建立规范的专业关系
	发挥牵头作用，做好基础性工作，指导专业社团开展青少年事务社工培训、选拔、派遣、使用、考核等各项工作	接受政府和团组织的监督和评估
	协调好政府职能部门和街道，为试点工作顺利开展提供方便	不断提升服务质量
	定期向区政府和团市委汇报青少年社会服务情况	—

资料来源：李海、王军芳：《青少年事务社会工作的探索与实践——以广州"青年地带"青少年事务社会工作者试点为例》，《青年探索》2009 年第 4 期。

四 思考

　　社工与团委的合作，对青少年社会工作的开展显得十分重要。团委有其强大的资源调动能力，而社工有专业的服务技巧，二者合作能让青少年工作的开展更加顺畅和有力。海珠区团委与社工组织的合作模式，体现了以下几个特点：党政主导推动，共青团组织管理，社团自主运作，社会多方参与。[1]

　　●党政主导推动：主要体现在党和政府对青少年事务工作的政策指引、机制完善以及法律监督方面。他们主要负责制定有利于青少年事务社会工作发展的政策法规，建立健全政府购买社工服务机制，促进服务机制的良性运作。

　　●共青团组织管理：主要体现在共青团负责对专业团体的统一规划、协调、组织、考核，服务青少年社会工作者的资格评定、注册管理、考核嘉奖、职业规划培训以及提供青少年社会服务的公益性社团的培育工作等方面。

　　●社团自主运作：主要体现在购买服务的公平性上，政府购买社工服务时面向多家社团，公平、公开，体现竞争，双向选择。[2] 并且青少年事务社会工作服务是社团组织严格按照购买协议提供的。

　　●社会多方参与：主要体现在对社会资源的整合上，海珠区团委在与社工的合作过程中，将党政职能部门、基层政府、社区、学校、企业等资源整合起来，使其充分发挥各自的优势，以推动社会资本向社会工作投入。

---

[1] 李海、王军芳：《青少年事务社会工作的探索与实践——以广州"青年地带"青少年事务社会工作者试点为例》，《青年探索》2009年第4期，第6页。

[2] 李海、王军芳：《青少年事务社会工作的探索与实践——以广州"青年地带"青少年事务社会工作者试点为例》，《青年探索》2009年第4期，第6页。

第二节 社工+政府

一 背景

20世纪70年代以来，随着经济全球化的蓬勃发展和社会环境的不断变革，人们对于社会服务有了更高的要求。作为长期以来社会服务和公共产品的唯一供应者、管理者，政府逐渐无法完全满足人们的要求。[①] 而社会工作机构作为专业的社会服务提供者，能够针对不同的社会服务类型，提供更加专业、高效的解决方案，在完善社会服务的方面拥有不可替代的作用，这使得政府能够将部分职能转移到社工组织中，对于提高政府运作效率和改善社会服务质量具有积极的作用。

随着我国社会工作机构的不断壮大，影响力不断增强，政府各部门也逐渐认识到社会工作者在社会服务领域中独特的作用，因而在政府各部门工作之中也会逐渐引入社会工作的专业人才与元素，并通过"政府购买服务"的形式来进行实践。政府购买公共服务的实现机制就是政府、市场、社会协同供给公共服务，构建政府与市场、政府与社会组织合作机制的过程。在这一过程中，政府作为出资方，将原本由自身承担的公共服务转交给社会组织履行，以提高公共服务供给的质量和财政资金的使用效率，改善社会治理结构，满足公众的多元化、个性化需求。[②] 为了保证合作的质量以及规范，明晰双方的权责，政府作为购买方时常会采用签订合同或者协议的方式来与社工组织达成合作。

在《关于加快推进社区社会工作服务意见》（民发〔2013〕

---

① 宋丹丹：《合作与互补：非营利组织与政府的良性互动关系》，硕士学位论文，山东大学，2008，第35页。
② 魏娜、刘昌乾：《政府购买公共服务的边界及实现机制研究》，《中国行政管理》2015年第1期，第74页。

第四章　青少年社会工作的"社工+"合作模式

178号文）的指导下，全国各地也在深入探索社区治理的创新模式，加快社区社会工作的发展。广州市作为政府购买服务的先行者，在2009年就开始了政府购买服务项目的试点尝试。2012年，广州市实现了每个街（镇）一间"家综"的目标。2013年之后，便有越来越多的基层政府部门在社区治理中引入社会工作的元素。本节通过对社工与政府部门以及社工与基层政府（街道）的合作模式的总结来记述"社工+政府"的合作。

二　合作机制

本节合作机制首先就社工组织与政府合作的一般过程（见图4-3）来记述，再以两个案例为例来具体记述社工组织与某政府部门及街道合作的过程。

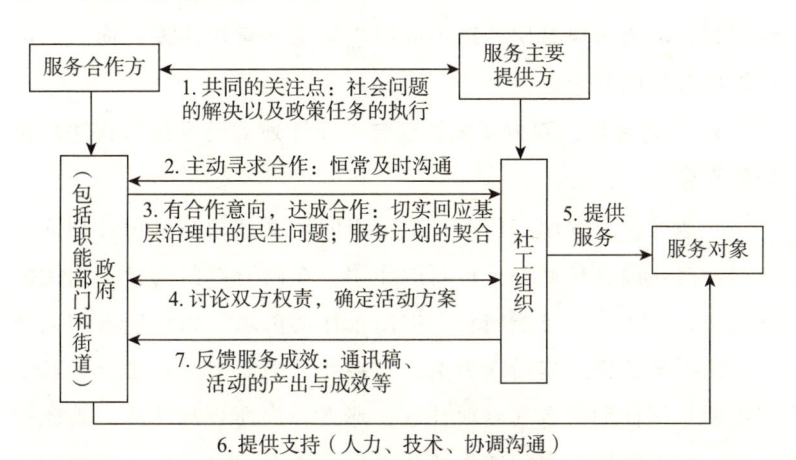

图4-3　社工组织与政府的合作机制

（一）一般合作机制

1. 共同的关注点：社会问题的解决以及政策任务的执行

社工组织与政府作为社会服务提供方的不同主体，对于社会问题的分析与处理有着不同的方式。但是无疑社工组织与政府的目标都是个人的发展以及社会的和谐，从共同的目标出发，便很容易找到契合点，目前社工组织与政府较为普遍的合作点是社会问题的解决以及政策任务的执行。例如，在社工组织与禁毒办的合作中，二者同样关注社区禁毒的主题，并且开展社区禁毒宣传均是二者重要的服务内容，因而二者便很容易达成合作。

2. 主动寻求合作：与合作方的恒常沟通以及切实回应基层治理中的民生问题都是社会工作者主动寻求合作的动力

由于社工组织在我国的发展仍然处于初级阶段，不少政府部门对于社会工作的了解仅仅停留在政策上，缺乏深入的了解，甚至会对社会工作的功能持怀疑的态度。此时，就需要社会工作者不断用实践成果向政府部门展示其功能角色，并且主动提出合作意向。因而建立与合作方之间的恒常沟通和主动沟通十分重要。在寻求合作之前，社工要对合作的政策背景以及社区现状有清晰的了解，从为解决基层治理中的民生问题的角度出发，向政府部门提出合作的需求。

3. 达成合作：双方年度计划与专项计划的契合是最终达成合作的平台

一般而言，政府部门与社工组织的年度计划与专项计划的契合对最终达成合作起到了重要的作用。在政府部门与社工组织的互动中，二者均有可能向对方提出合作的需求。以政府部门向社工组织提出合作开展活动为例，如果此活动需求刚好契合了社工组织的年度计划或者某专项计划，那么合作便顺利达成。若此活动不在社工组织原有的工作计划之内，或者超出了社工组织的职能范围，那么很有可能社工组织会考虑调整工作计划，或者不进行合作。社工组织向政府部门提出合作需求也是如此。在这里要说明的是，如果不进行合作的话，拒绝一方要向对方解释清楚拒绝的原因，并且澄清自己的角色与期待，并表达对下次合作的期待，这样才有利于双方的良性互动关系的形成。

4. 讨论权责：在确定活动方案的同时商讨权责可提高效率

社工组织与政府部门的合作达成后，便开始设计具体合作的活动方案，方案设计之中要不断核实双方的需求，根据双方的需求调整方案的设计，其中很重要的一点是对双方在合作过程中的权责进行确定，这样才能更好地指导双方日后的长远合作。

5. 服务提供：核实双方的期待，明确双方的权责

通常情况下，社工组织的职责是提供专业服务，政府部门的职责是提供人力、技术资源，其中街道这一基层政府部门的重要职责之一是帮助协调其他部门的联系。

6. 服务反馈：各种形式的服务反馈是合作循环最后一个必不可少的环节

服务反馈虽是合作的最后一个阶段，但也是很重要的一个阶段。社工组织应主动向政府部门反馈活动的开展情况与成效，从而为下一次合作提出期待与意见。反馈的形式包括单次活动的通讯稿、专项活动的产出与成效、社会问题解决后的现状对比等。

（二）案例分析

1. 社工与禁毒办的合作

由于目前不同的政府部门的职能对于社工组织的需求不一，因而不同的政府部门在与社工组织合作时会产生差异。"青年地带"的预防青少年违法犯罪的服务内容使得社工经常要与公检法司系统开展合作，本部分以"青年地带"与禁毒办的合作为例，记述社工与政府部门的合作。

（1）合作的背景

2015年8月，中共中央宣传部、中央网络安全和信息化领导小组办公室、公安部等14个部门联合发布《全国青少年毒品预防教育规划（2016—2018）》，其中明确了各地共青团组织要协助公安、民政等部门落实城市社区青少年毒品预防教育责任。而在2015年7月，广州团市委、市民政局、市司法局与市财政局联合编制了《关于在全市大力建设预防青少年违法犯罪工作服务站的方案》，对海珠区"青年地带"的转型做出了指导。根据以上两个文件的指导，海珠区委十一届四次常委会提出了"团区委、区妇联、区总工会、区民政联合各街道组建禁毒社工和志愿者队伍，推进社区戒毒康复工作"的要求。因而海珠区禁毒办与"青年地带"项目方签订了合作协议，指导了"青年地带"各站点与各街道禁毒办的合作。

（2）合作的具体推进

2015年，海珠区团委与海珠区禁毒办就禁毒问题建立了合作关系，2016年，在海珠区团委的指导下，"青年地带"经过对海珠区吸毒青少年情况的评估，新增了一个专门的禁毒工作站——昌盛社工站。2017年初，海珠区"青年地带"的其他站点也逐渐开展禁毒服务。"青年地带"与禁毒办的合作发展之路见图4-4。

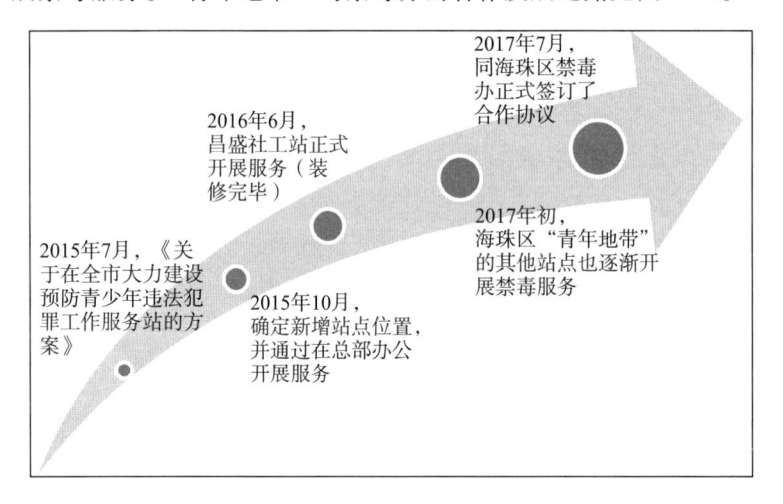

图4-4　"青年地带"与禁毒办的合作发展之路

（3）合作过程中的分工

在禁毒办与"青年地带"合作协议的指导下，双方合作开展禁毒宣传活动，共同跟进社区戒毒的个案，而双方在合作过程中的分工也会十分明晰（见图4-5）。

（4）合作中的沟通机制

• 定期联席会议：每一季度每条街的街道、禁毒办、司法所、"青年地带"等部门的负责人通过召开联席会议，就需要各

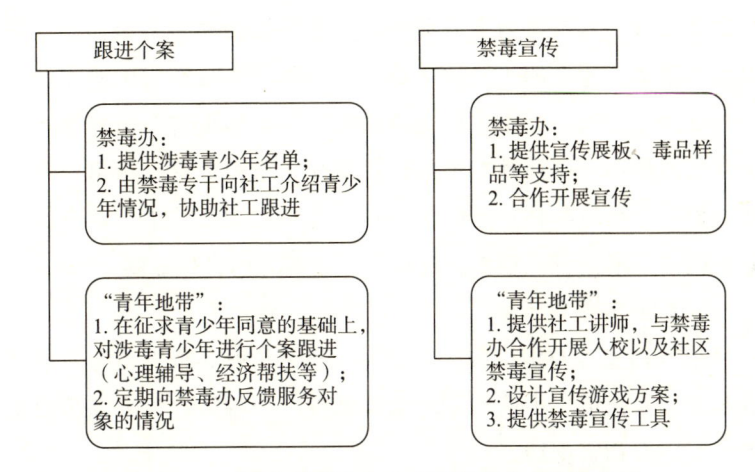

```
┌─────────────────────┐              ┌─────────────────────┐
│     跟进个案         │              │     禁毒宣传         │
└─────────────────────┘              └─────────────────────┘
    │                                    │
    │  ┌──────────────────────┐          │  ┌──────────────────────┐
    ├──│ 禁毒办：              │          ├──│ 禁毒办：              │
    │  │ 1. 提供涉毒青少年名单；│          │  │ 1. 提供宣传展板、毒品样│
    │  │ 2. 由禁毒专干向社工介绍│          │  │    品等支持；          │
    │  │    青少年情况，协助社工│          │  │ 2. 合作开展宣传        │
    │  │    跟进               │          │  └──────────────────────┘
    │  └──────────────────────┘          │
    │                                    │
    │  ┌──────────────────────┐          │  ┌──────────────────────┐
    └──│ "青年地带"：          │          └──│ "青年地带"：          │
       │ 1. 在征求青少年同意的基│             │ 1. 提供社工讲师，与禁毒│
       │    础上，对涉毒青少年进│             │    办合作开展入校以及社区│
       │    行个案跟进（心理辅  │             │    禁毒宣传；          │
       │    导、经济帮扶等）；   │             │ 2. 设计宣传游戏方案；  │
       │ 2. 定期向禁毒办反馈服务│             │ 3. 提供禁毒宣传工具    │
       │    对象的情况         │             └──────────────────────┘
       └──────────────────────┘
```

图 4-5 "青年地带"与海珠区禁毒办合作与分工

方协调的事宜进行沟通。

• 不定时沟通："青年地带"的社工在接触服务对象时如果遇到问题，要及时与禁毒办的禁毒专职工作人员沟通，共同解决问题。

2. 社工与街道的合作

海珠区 B 街道家庭综合服务中心（以下简称"B 街家综"）与 B 街道文化站、团工委的合作关系十分具有代表性和可参考性，因而本部分选取了它们的合作作为案例进行分享。

（1）互动的双方

B 街家综与文化站、团工委（其负责人为同一个人）均有较好的合作关系，其合作点在于街道各部门的关注点与青少年需求的结合。例如，团工委关注的多为红色主题，而青少年刚好也有了解红色知识和参与红色活动的需求，活动便很容易达成。

（2）寻求合作

街道的各个部门与家综均会根据自己的工作计划向对方提出合作的需求，寻找合作的方向。

（3）讨论权责，确定活动方案

在 B 街家综与街道各部门合作的过程中，并非有固定的权责与主次之分,其权责与在活动中的角色依据活动的性质而定。如果此活动属于团委的主题性活动,则活动方案与经费由团委一方负责,社工组织在其中主要是协助的角色。如果这个活动属于社工开展的活动,则活动方案与经费由社工组织负责,街道一方主要提供一些场地与物资上的支持。在每一次的活动中,双方都会有明确而清晰的分工清单,这也保证了双方的良性互动。

(4) 服务提供

在 B 街家综与街道的合作之中,家综一般会承担培育志愿者的职责,而街道更多的则是为家综提供一个桥梁,为家综争取更多的部门与物资支持。

(5) 服务反馈

在 B 街家综,服务反馈并非由社工组织单方主动提供,街道的文化站站长也会时常参与家综的例会,了解家综在工作中有无需要帮助或者协调的部分,并且也会主动了解中期、末期评估的结果,这也无形中提高了家综在社区中的地位。

三 双方的权责

1. 政府与社工组织合作的一般权责

政府与社工组织的一般权责分工如表 4-3 所示。

表 4-3 政府与社工组织的一般权责分工

	政府	社工组织
职责	新的服务年度开始时提出自己对新一年合作的期待	选派符合要求、专业能力强的社会工作者专门与不同合作方合作
	为社工组织提供必要的支持,例如资金、人力(专业人士)、政策以及咨询	服务年开始时开展全面而系统的需求调研,并主动积极与合作方沟通,商讨年度合作计划
	专人对接与社工合作,处理相关事宜	积极宣传政府对社会群体的重视
	与社会工作者共同跟进或者协助跟进个案(一般而言街道工作人员会协助跟进)	对社会工作者的服务态度、纪律与操守进行指导与监察,尤其要尊重政府的制度

续表

	政府	社工组织
职责	定期召开联席会议,讨论工作计划与个案进展	为社会工作者提供必要的行政支援与办公支援等
	—	与政府保持密切的联系,定期向政府反馈服务情况以及成效
	—	配合政府部门跟进个案
	—	严格按照有关规定做好服务预算,并接受政府的监督

2. 海珠区禁毒办与 A 社工组织的权责分工

海珠区禁毒办与 A 社工组织的权责分工如表 4-4 所示。

表 4-4　海珠区禁毒办与 A 社工组织的权责分工

	海珠区禁毒办	A 社工组织
职责	半年组织一次派出所、综治办等相关职能部门的联席沟通会议	开展入校宣传教育、社区宣传等服务,提高青少年识毒、防毒、拒毒的意识和能力,预防和减少海珠区青少年吸毒现象的发生
	每月 5 号前向 A 社工组织提供上月更新的吸毒青少年名单	对涉毒青少年名单进行走访排查,对合适的吸毒青少年进行个案跟进
	提供与禁毒服务相关的政策、法律法规咨询,及时传达相关文件的指示	参与联席会议,每月 5 号向各街道禁毒专员反馈上月跟进情况
	与社会工作者共同跟进个案	—
	协调指派各街道禁毒专职工作人员与社工合作开展跟进工作,包括涉毒青少年背景资料,协同社工对吸毒青少年进行家访排查,协助社工与各街道民警、居委会等相关部门的协调工作	—

资料来源:参考 2017 年 7 月~2018 年 7 月广州市海珠区禁毒办与 A 社工组织签订的《关于预防青少年吸毒服务合作协议》。

3. 海珠区某街道与社工组织合作的权责分工

B 街道与 B 街家综的一般权责分工如表 4-5 所示。

表 4-5 B 街道与 B 街家综的一般权责分工

	B 街道	B 街家综
职责	主要向家综寻求合作，表达自己的合作需求	在街道文化站、团工委等部门表达合作需求，如果符合自身需求，则积极配合合作
	为社工组织提供必要的支持（协调、物资）	与街道保持密切的联系，定期向街道反馈服务情况以及成效
	专人对接与社工合作，处理相关事宜	积极跟进转介个案
	主动了解家综的服务现状与需要解决的困难和问题，并协助其解决问题	严格按照预算做好服务，并接受街道的监督
	—	为社会工作者提供必要的行政支援与办公支援等

四　思考

本节"社工+政府"的内容，主要是对"青年地带"与政府部门合作的模型进行了介绍，总结社工组织与政府部门的合作过程以及权责，有以下两点发现。

• 关于合作过程：在社工组织与政府进行合作的前期，政府部门会对社工组织持观望的态度，社工需要花费较长的时间来让政府部门了解社工的角色以及社工所做的工作和成效；在合作的过程中，有时也需要一些迂回的策略，比如通过其他相关组织的"搭线"来让合作方愿意相信社工，从而愿意与社工合作；在合作的后期，社工组织对合作方的成效反馈十分重要，因为这影响了下一步合作计划的探讨，良好的服务成效加上及时的反馈促进了更好的合作发展。

• 关于合作形式：社工与政府的合作未必采用政府购买服务的形式，在本节"青年地带"与禁毒办的合作中，双方会以签订合作协议的形式明晰双方在合作过程中的权责；在与司法所的合作中，双方会以某场活动为基础签订合作协议，也会在工作中有个案跟进的合作；而在检察院的合作中，更多的是视二者的需求而定，当检察院有需求或者"青年地带"有需求时，双方会开展某次合作，但这种合作并非是恒常的。因此，社工组织与政府的合作会因不同政府部门职能和工作性质采取灵活的合作方式，这是需要社工组织与政府部门在合作的过程中不断思考的。

第三节 社工+学校

一 背景

在社会转型时期，社会问题复杂化，在校青少年的教育、管理、服务也同样面临多样化的需求和调整。鉴于以往学校传统而单一的教育模式越来越难以满足当前青少年成长的需求，在校青少年在成长历程中，亟须专业人员的引导与帮助，因而对青少年社工介入学校服务有一定的需求。[1]

学校作为青少年生活的主要场所之一，是社会工作者接触与服务青少年的重要场所，因而越来越多的社工组织在开展青少年服务时进入学校，开展驻校服务或者到校服务，为学校中的青少年、老师、家长提供服务，以促进在校学生的健康成长。

2007年，中共中央组织部在社会工作人才队伍建设规划实验中提出，每2000名学生中提供1名学校社会工作服务的目标，预期实现"一校一社工"的目标体系建设。自此，北京、上海、广州、深圳、武汉等城市开始了"建设学校社会工作人才队伍"的实验，并探索了不同的学校社会工作模式。[2]

---

[1] 吴朝晖：《驻校社工在学校青少年服务中的理论与实践研究——以广州市绿翠中学社工站为例》，《青年探索》2012年第3期，第36页。
[2] 曹海英：《高职院校开展学校社会工作的需求调查与分析》，《北京政法职业学院学报》2013年第2期，第107页。

二 合作机制

本节合作机制首先就社工组织与学校合作的一般过程（见图4-6）来介绍，再通过一个案例来具体介绍某社工组织与学校合作的过程。

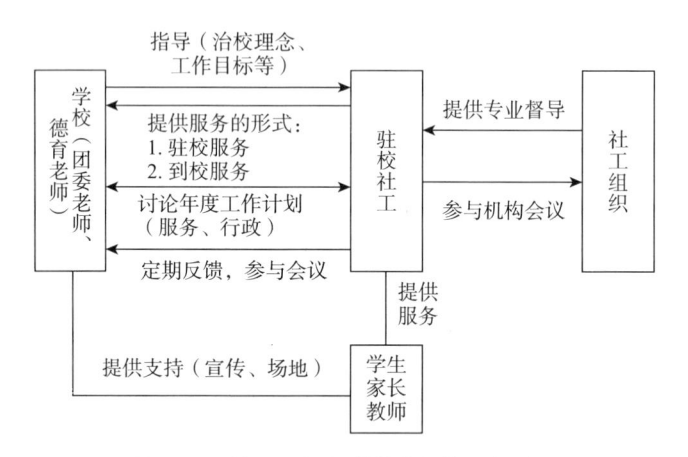

图4-6 社工组织与学校合作的一般过程

（一）一般合作机制

1. 合作形式：以驻校服务和到校服务为主

社工与学校的合作形式以驻校服务和到校服务为主，见图4-7。

驻校服务
● 指常有一定数量的专业社工长期驻扎在学校里工作，并以学校为基点，为在校的学生、老师及家长提供专业服务。

到校服务
● 是社工组织为学校提供校外支援的一种方式，其与驻校服务的主要区别在于，社工不会长期驻扎在学校，而是每一周会有固定的某几个时间段在学校，为有需要的学生、教师或家长提供服务。

图4-7 社工与学校的合作方式

2. 接受指导：了解学校的系统是入校服务的前提

每一所学校都有自己特有的治校理念、工作模式及目标，社工在进入学校之后需要对其进行了解,并配合学校的系统开展服务。

3. 制定服务计划:双方的年度计划是合作形成的主要平台

在每一个学期的开始,驻校社工需要主动跟学校沟通新学期的工作计划,根据新学期学校的工作目标与计划对工作内容和时间安排进行调整,这是双方开展工作的依据和凭证。

4. 服务提供

驻校社工的服务以社工为主,但是在涉及家庭关系、师生关系或者随班就读学生的跟进时,时常需要班主任老师、德育老师、心理老师以及特教老师等相关专业人士的协同跟进。

5. 定期反馈与总结:定期的反馈是合作形成良性循环的基石

驻校社工需要定期向校方和社工组织方反馈服务的情况,包括个案的跟进情况、小组及活动的开展情况等。在学期结束时,也会通过总结报告的形式向学校与机构进行工作总结汇报。

(二) 以海珠区"青年地带"的驻校服务为例

在海珠区"青年地带"的驻校站点中,除了一个小学站点是由学校购买驻校服务之外,其余 12 个均是由广州市民政局与海珠区政府出资购买,由共青团海珠区委进行监管的站点。其学校社工通过与学校紧密合作,运用系统为本的服务视角,以学校为基点,通过团体活动、小组服务、个案辅导三大手法,协助学生成长、发挥潜能,面对并解决问题。同时,学校社工通过接触学生家庭,了解教师期望,引入并统筹适当的社区资源,为家长和教师提供支援性服务,充分联结"家-校-社"共同合作达到培训学生全能正面成长的目标。[1]

1. 与合作方沟通

在与学校进行合作时,社工主要对接的就是学校的团委老

---

[1] 出自《海珠区"青年地带"学校服务》小册子,2017。

师、德育校长和德育老师，社工需要跟他们沟通年度计划以及具体服务的开展方案。

2. 合作的内容

驻校社工与学校合作的内容包括：社工站日常服务（个案、小组、活动）的日常沟通以及学校行政事务（学校日常管理、参与服务等）的沟通和合作。其中，大型校园活动属于团委主线，需要社工与学校的团委老师沟通；跟进个案属于德育主线，需要社工跟德育主任及班主任老师沟通，共同推进服务对象的改变。

3. 定期反馈机制

驻校社工需要定期向学校与所在机构反馈服务的情况。校方的反馈主要是针对团委老师与德育主任，尤其是向德育主任反馈个案的跟进情况和成效，并共同讨论跟进计划。机构的反馈主要是服务中的困难，争取机构的技术支持。

4. 参与会议机制

在"青年地带"的学校服务中，根据学校的要求，社工会参与学校的班主任会议或其他会议。通过这种参与会议的方式，社工会更加清楚学校的动态情况和近期需求，以及工作调整的方向。

三 双方的权责

由于在社工与学校的合作中，一般权责与案例中的权责差别不大，此处不再将一般权责与案例中的权责进行单独介绍，其权责分工如表4-6所示。

表4-6 学校与社工组织的一般权责分工

	政府	社工组织
职责	为驻校社工提供专门的办公及服务场所	选派符合要求、专业能力强的社会工作者专门进驻学校开展服务
	学期初与社工探讨合作方向以及制定服务计划	服务年开始时开展全面而系统的需求调研，并主动积极与合作方沟通，商讨年度合作计划

续表

	政府	社工组织
职责	主动向社工介绍学校的背景、发展目标以及制度规范	对驻校社工进行专业督导,指导驻校社工更好地为学校服务
	主动向学校各部门介绍社工,协助社工进入校园进行服务	对驻校社工的服务态度、纪律与操守进行指导与监察
	共同跟进学校的重点青少年个案	为社会工作者提供必要的行政支援与办公支援等
	共同开展学校大型团康活动或者社会参与的活动	定期对驻校社工进行培训,或召开个案研讨会议
	听取驻校社工的服务反馈,并对其服务提出建议	—

四 思考

社工与学校的合作,在青少年服务之中显得十分必要。以往教师在承担教学职责的同时,还需要大量的精力处理学生的情绪、家庭等各种问题,社工的存在,使学校的教育变得多元化,并且也有利于减轻学校老师的负担。社工在与学校合作的过程中要注意以下几个问题。

- 校方的大力支持是项目开展的重要条件,因而社工要与校方保持良好的沟通,除了参与校方的班主任会议之外,也要定期与团委老师、德育老师反馈服务进展。

- 开展学校社会工作,最紧迫的任务是进入学校这个系统中去。每所学校都有自己的特色和治校理念,社工组织项目内容的设计一定要结合本校的特色,只有这样,服务才更有利于落地。

- 学校社会工作的内容极为广泛,社工如何入手是开展工作的关键。对于学校管理顾及不到或做得不够充分的地方,学校社工恰好可以将此方面作为突破口,拓展自己的专业工作领域,完成多元化的角色。而在学校管理已经覆盖到的社会工作服务领域,社工寻求突破的关键就是创新性地结合学校相关模式,在约束中寻求发展的机会,既能融合于学校,又能突出自己的专业特色。[1]

• 学校社工需要提高自己的专业素养,运用纯熟的方法与技巧切实做出工作成效,获得社会广泛认可,以优异的工作表现来吸引体制管理者的目光。只有"被需要"才会"被纳入"。

第四节 社工+企业

一 背景

目前我国的社会工作服务的资金主要来源于政府,途径较为单一,并且在人员配备方面,除了配备专业社会工作者以外,极少聘用其他专业人员。单一的政府经费支持,各种资源的缺失,使居民的许多需求得不到及时的满足。在这种环境下,社工组织需要积极寻求社会各方力量以解决自身资源不足的问题。

企业作为多元参与社会治理的一员,因其自身丰富的资金与人力资源、强大的影响力,在解决社会问题时发挥其独特的作用。[2] 而随着社会的不断发展,企业也越来越重视社会责任并付诸实践,包括一些无偿捐赠与捐款,这不但有利于提高企业的知名度与影响力,也是一种企业回馈社会的体现。

因此,"社工+企业"的资源协作,可以使二者各取所需,从而达到双赢的效果。

二 合作机制

本节合作机制首先就社工组织与企业合作的一般过程(见

---

[1] 杨晶:《系统理论视角下中国学校社会工作者的角色分析》,硕士学位论文,山东大学,2010,第34页。
[2] 汪斌锋:《企业履行社会责任体现共享共赢》,《文汇报》2016年1月6日,第8版。

图4-8)来介绍,再以一个案例来具体记述"青年地带"与C企业合作的过程。

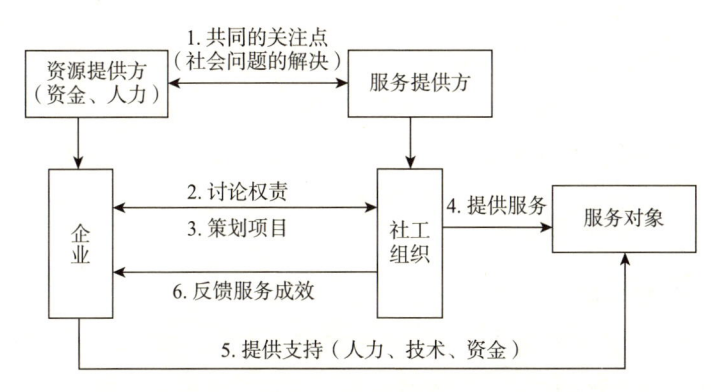

图4-8 社工组织与企业合作的一般机制

（一）一般合作机制

1. 企业与社工共同的关注点是二者合作的前提

由于企业与社工组织价值观与目标的不同,要达成合作,是需要一个契合点的,而这个点往往是企业的关注主题与社工的关注群体或问题的共同点。

2. 明确双方权责

由共同的关注点延伸,二者都有自身的需求与期待。二者需要就自身的需求与期待进行沟通,明确双方的权责,这为接下来的合作打下了良好的基础。

3. 开展项目策划

项目的策划有可能完全由社工组织负责,也有可能是双方共同讨论的结果,此方式的选择取决于双方的权责。但不论项目的策划是否完全由社工组织负责,社工组织都应在策划过程中关注与合作企业的沟通,以此保证合作关系的稳定。

4. 服务提供

双方应就项目策划中对彼此分工的要求来开展服务。通常情况下，社工组织的职责是提供专业服务，企业的职责是提供人力、技术及资金。

5. 服务反馈

服务反馈虽是合作的最后一个阶段，但也是很重要的一个阶段。社工组织应主动向合作企业反馈项目的开展情况，从而为下一次合作提出建议与意见。

（二）案例分析

1. 项目简介

"事事有道"青少年成长系列活动是 C 企业赞助、由"青年地带"开展的项目，已有 5 年时间。此项目致力于协助外来务工子女做生涯规划，让他们在城市生活中更好地把握未来的发展。它以自我能力的发掘与认识、外部环境的认识与探索、职业探索及体验、自我成长目标的订立、自我成长计划行动为主要关注点，一方面推动外来务工子女更多地参与社区发展，提升自尊自信，增强对社区的熟悉度，并更好地融入社区；另一方面协助他们提升社会人际资本，扩大社会交际面及提升社交能力，为未来的生涯发展打好基础。

2. 合作背景——共同的关注点

C 企业在价值观上相信企业有责任创造一个更加美好的世界，并且秉持"热心公益，回馈社会"的核心价值，积极参与关怀社区活动，倡导与社会、环境和谐共融，坚持履行社会责任，致力于成为优秀的企业公民。因而，C 企业内设有专门的企业社会责任部，其关注点之一就是共融与多元化。正因如此，C 企业十分关注来穗务工人员，希望能够帮助他们了解广州、融入广州。

而作为广州市专项做青少年服务的"青年地带"，也一直关注来穗务工人员子女及其家庭，"小雁子外来工子弟服务"项目正是为广州市海珠区的这一群体专项设计的服务项目。C 企业正是通过这一项目了解到有专业的社工团队在用社工的方式实践其想法，因而找到"青年地带"，希望与其合作"事事有道"青少年成长系列活动这样一个项目。

3. 合作过程的推进——双方需求的结合

双方就设计思路达成一致后，首先由"青年地带"的社工提出几个可供选择的方案，经 C 企业的成员商议并提出自己的想法，双方沟通协调后确定最终的实施方案。在每一年的项目结束之后，双方都会就当年项目的推进情况以及改善的方向进行讨论，因此项目也在不断地调整和优化（见图 4-9）。

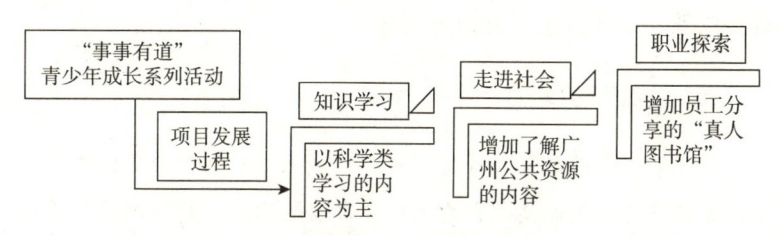

图 4-9 "事事有道"青少年成长系列活动设计发展

在项目最初两年的设计中，仅有针对流动青少年的科学类学习的内容，并无太多接触社会的设计。经过两年的探索，双方讨论此项目不但专注于让青少年了解自己，更希望他们了解社会，知晓如何面对新的环境，因而又增加了了解广州公共资源的设计，例如，如何搭公车、如何在图书馆办理读书卡等。同时，更增加了企业志愿者与流动青少年的互动，由于企业志愿者也有很多非广州本地人，曾经与这些流动青少年有着一样的经历，便通过"真人图书馆"的设计，让企业志愿者分享自己的奋斗之路，不但让流动青少年了解更多的职业发展之路，更让他们增强了对未来的信心。

4. 良好的循环

新时代的企业越来越重视自己的企业文化与员工的发展，正是因为"青年地带"关注的群体恰好与 C 企业"共融与多元化"的关注点不谋而合，才能够得到 C 企业的青睐。而"青年地带"在合作的过程中也非常重视对 C 企业的企业文化的宣传，以及对企业员工才能和优势的发挥，由此一来形成 C 企业与"青年地带"的良性循环。

5. 保持良好合作关系的经验

（1）有良好的沟通机制，及时进行有效沟通，减少因沟通不顺畅而出现问题。

（2）由同一个社工进行跟进，一定程度上保证了项目的稳定性。

（3）社工能够提供优质的服务，保证服务质量，让合作企业看到成效，也保证了项目的持续性。

三 双方的权责

将企业、企业员工与社工服务结合起来，不但为企业提供了一个彰显自己优质企业文化、承担社会责任的途径，并且也为优秀的企业员工提供了一个与青少年互动的平台。同时，企业资源被整合进社会工作服务之中，能够更好地满足居民的各种需要，取得更好的社会效益。由此可见，"社工+企业"是一个双赢的工作模式。

（一）一般权责

企业与社工组织的一般权责分工如表 4-7 所示。

表 4-7 企业与社工组织的一般权责分工

	企业	社工组织
职责	明确自身在合作关系中的角色定位	选派符合项目要求、专业能力强的社会工作者专门跟进此项目的协调与实施
	提出自己对项目设计的期待	积极宣传企业的文化，与企业保持良好的沟通与合作机制
	尊重社会工作者的价值观与工作手法，服务中不过度干预	对社会工作者的服务态度、纪律及操守进行指导与监察
	提供资源，例如资金、人力（志愿者）、技术支持（工具、课程）	为社会工作者提供必需的行政支援、办公支援等

续表

	企业	社工组织
职责	与社工组织保持密切的联系,为服务推进、深化提供建议	与合作企业保持密切联系,定期向企业反馈项目执行情况以及成效
	—	严格按有关规定管理使用好服务费用,专款专用,并接受企业的监督

（二）以"事事有道"青少年成长系列活动为例谈双方的权责

C企业与"青年地带"的权责分工如表4-8所示。

表4-8 C企业与"青年地带"的权责分工

	C企业	"青年地带"
职责	为项目运行提供充足的资金支持	选派专人跟进负责整个项目的策划以及统筹协调
	参与项目策划,为项目设计的完善提供建议	指导6所民办学校的驻校社工负责项目的实施与跟进
	招募有爱心的企业志愿者,参与"事事有道"项目	招募大学生志愿者,参与带领青少年活动
	组织企业志愿者带领流动青少年活动以及分享个人经验	全面负责企业志愿者培训以及大学生志愿者培训
	协助"青年地带"联系企业资源	定期向C企业反馈项目实施情况,并就项目调整进行讨论

四　思考

要实现社工组织与企业的持续合作和关系发展,有以下几点需要关注。

（1）找准自身的需求与企业期望的共通点,作为非营利机构的社工组织的宗旨与企业并不相同,但这不代表社会工作无法与企业进行合作。社工应当找准社工组织与企业文化的共同关注点

（通常是社会问题的解决、企业员工团队建设等），建立共同的目标，这样才会建立合作的基础。

（2）契约意识保证双赢结果。只要有合作，就涉及权责的问题，权责不清会导致双方在合作过程中的角色混乱。因而明确双方的权责和界限，交互资源清单会使双方在合作中既能保持自己社工或者企业员工的角色定位，又能在合作过程中游刃有余。[1]

（3）清晰的成果与质量反馈巩固合作。C企业跟进此项目的成员在访谈中提到"青年地带"工作质量的反馈就是对他们的资源输出最大的回馈，因而合作后的反馈十分重要。这不但有利于双方清晰项目的成果和问题，推动项目的深化，并且能够让合作方看到社工在他们关注的议题中的作为，也有利于合作的持续推进。

（4）及时探索合作主题，C企业的成员表示，期待未来能与"青年地带"在更多的群体（如外来人员中的儿童、妇女）服务中达成合作，而且只要"青年地带"有可操作性强并且有新意的想法，他们不排除会有更多的投入。

如此一来，双方的合作关系就会变得稳固而不容易瓦解或被动摇，社工组织与企业也成为长期的合作伙伴。

第五节 社工+基金会

一 背景

近年来，"政府购买服务"的模式被应用于各个政府部门，这大力推动了我国社工组织的发展壮大，同时由于社工组织资金来源与人才的单一性，社工组织需要寻求各方力量以解决自身资源不足的问题。而寻找的方向，除了企业，就是基金会。

---

[1] 黄少宽、蔡仲姬:《社会工作组织与企业的资源协作研究——以广州市北京街家庭服务中心为例》，《社会工作》2014年第5期，第98~102页。

基金会作为一种基本的社会组织和制度形态，不同于政府、企业，也有别于一般的非营利组织，由于它的基金信托性，往往能筹到高于其他非营利机构的资金，这使得现代基金会具有适应新的社会需要和时代变化的可持续发展能力；由于它的非政府性，其自治性与民主性更强。正是这种资金的充足性与管理的自治性使得越来越多的社工组织寻求基金会的资助。

就基金会而言，大多数基金会的最终愿景都是要实现社会的可持续发展与和谐发展，这与社工组织的价值观无疑是统一的，因而基金会在发展的过程中也会寻求同社工组织的合作，二者共同为实现最终的目标而努力。

因此，"社工+基金会"的合作模式，起始于二者目标的一致，也必达到双赢的效果。

二 合作机制

本节合作机制首先就社工组织与基金会合作的一般过程（见图4-10）来介绍，再通过一个案例来具体介绍"青年地带"与D基金会合作的过程。

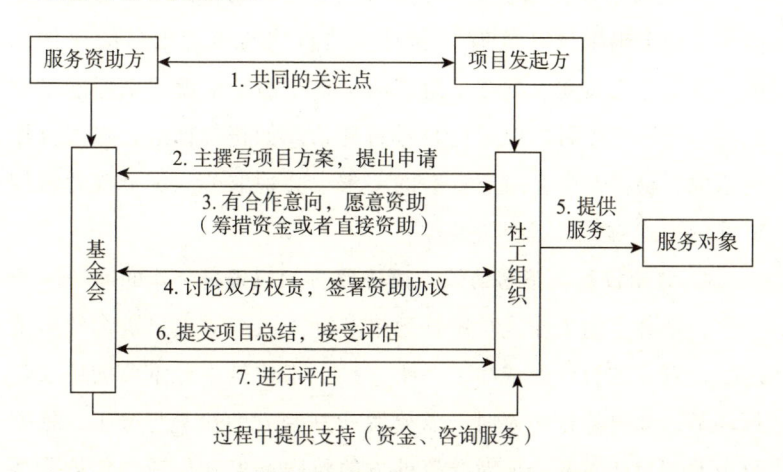

图4-10 社工组织与基金会合作的一般机制

（一）一般合作机制

1. 共同的关注点：基金会成立宗旨以及对特定群体的关注

基金会作为以从事公益事业为目的的非营利组织，会有自己明确的宗旨与关注的特定领域。而每一个社工组织也会有其组织的宗旨与关注的特定领域，基金会与社工组织关注的领域很容易出现重合，这部分重合的点，就是社工组织与基金会合作的机会所在。

2. 主动寻求合作：基金会开放的资金环境与灵活的工作要求是社工组织主动寻求合作的动力

大多数基金会内部会设置多样的资助基金项目来资助特定的服务项目，社工组织在其资助的项目范围内找到自己的服务领域之后，便要开始筹划自己的服务项目，或者用社工组织内部已经十分成熟、长期开展的服务项目去申请相应的基金，以期为服务项目的扩展提供机会。一般情况下，社工组织需要根据基金会的相关申请要求提交申请材料，等待基金会的回复。

3. 达成合作：基金会评估标准对能否达成合作起着重要作用

基金会内部往往会有一套对申请机构与申请项目的评估标准，其工作人员在收到社工组织的申请之后，会就评估标准来对此机构与服务项目的申请材料进行评估。如符合标准，双方合作便达成，根据基金会对于资助的要求，会采取公募资金或者直接资助的形式对项目进行资助。

4. 讨论权责，签署协议：遵守双方的权责是合作的准则

当基金会的工作人员审核通过了社工组织对项目资金的申请之后，双方的合作便成功了一半。接下来便是十分重要的协议签订环节，双方签订协议时，需要明确好两方的权责与分工，社工组织尤其要注意基金会对受资助方的特殊要求（如项目传播的要求），以避免社工组织因对权责的不清晰而导致资助金无法全额到账的情况出现。

5. 服务提供

在社工组织与基金会的合作中,社工组织单方向服务对象提供服务,在此过程中,社工组织有较大的自由度。而基金会则是充当一个监管方,某些基金会也会开放咨询服务给合作的社工组织。

6. 服务反馈

社工组织应主动向基金会反馈活动的开展情况以及成效,从而为项目的优化提供参考,为下一次合作提出期待与意见。

(二) 案例分析

1. 项目简介

"漫途海珠安全行"流动青少年社区安全行计划是在海珠区内流动青少年高度聚集地区,发动青少年以"交通安全黑点和性侵黑点"为主题走访城中村,寻找出行安全的隐患,寻找自我保护方法。项目会通过引导流动青少年设计并制作具有社区安全指引的明信片,设计针对不同人群的社区安全教育活动等方式,引导社会大众关注流动青少年的社区出行安全。

2. 合作背景

(1) 双方的合作点

基于珠三角社区面临的生计、教育和环境问题,D基金会动员并联系基层政府、企业、基金会、慈善团体和研究机构等各界力量,持续开展社区服务,共建共享社区资源,打造社区文化,推动社区创新发展、合作与多元治理,进而建设一个公正、关爱和可持续发展的社会。

而海珠区"青年地带"也十分关注流动青少年在2011年2月开始便开展"小雁子外来工子弟服务"项目,一直致力于为流动青少年提供服务。这也为二者的合作奠定了基础。

(2) "Y项目"

"Y项目"是D基金会的品牌项目,它是一场大型的户外公益徒步赛事。倡导"健行公益·人人公益"的理念,旨在将活动打造成为以公众参与为基础的长期公益传播、筹款平台,加强参赛者与公益机构的互动,同时鼓励公益机构拓宽既有的筹资渠道。2016 年,D 基金会联手广东省青少年发展基金会组织开展 Y 项目——公益徒步团队赛,共同打造联合劝募平台,为广州地区的公益组织提供募款渠道。联合劝募平台计划吸纳 10~15 个优秀的公益项目,在"Y 项目"官方网站、Y 项目手机网页版、支持本次活动的媒体及自媒体上进行公益项目展示,供参赛队伍进行指定公益项目捐款的选择。

3. 具体合作的推进

"Y 项目"中 D 基金会与"青年地带"的具体合作历程见图 4-11。

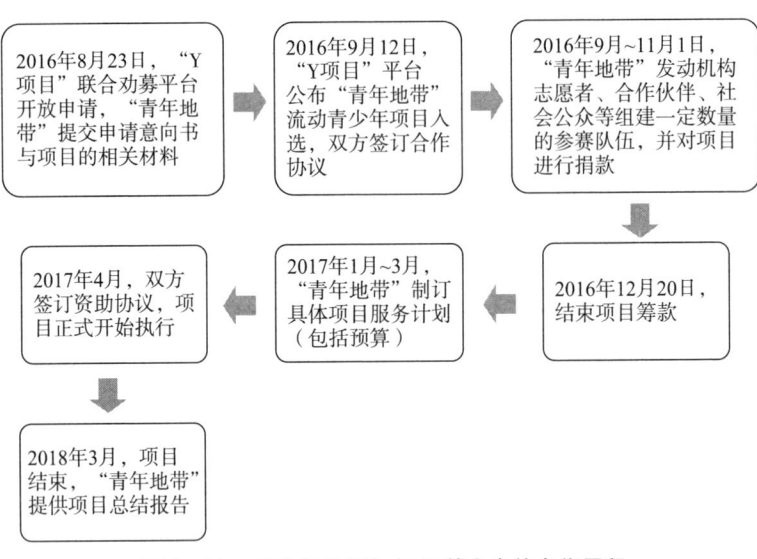

图 4-11 "青年地带"与 D 基金会的合作历程

三 双方的权责

(一) 一般权责

基金会与社工组织的一般权责分工如表 4-9 所示。

第四章 青少年社会工作的"社工+"合作模式

表4-9 基金会与社工组织的一般权责分工

	基金会	社工组织
职责	为社工组织提供资助（公募形式或直接资助）	按照项目计划书与基金会的财务指引开展项目以及制定预算
	为社工组织提供必要的支持（传播技巧等）	将全部项目资助资金用于所申请项目且在预算范围内使用资金，不可随意挪用、转让或移作他用
	定期跟进社工组织的项目实施情况以及资金使用情况	接受基金会定期的评估跟踪与监督，并定期向基金会反馈项目进展与资金使用情况
	依据项目时长开展项目评估	遵照基金会对宣传方面的要求开展宣传工作
	对社工组织在报账以及宣传等各个方面的要求做出详细的指引	如需调整项目活动、预算或者机构出现负责人变动问题，应及时与基金会沟通
	—	项目结束期提交项目总结报告，并接受基金会的评估

（二）以"漫途海珠安全行"流动青少年社区安全行计划为例谈二者的权责

D基金会与"青年地带"的一般权责分工如表4-10所示。

表4-10 D基金会与"青年地带"的一般权责分工

	D基金会	"青年地带"
职责	为"青年地带"提供传播与宣传指引	按照项目计划书与D基金会的财务指引开展项目以及制定预算
	提供项目在联合劝募平台上募集到的所有资金的资助	为项目设置独立账目，单独核算，将全部项目资助资金用于所申请项目且在预算范围内使用资金，不可随意挪用、转让或移作他用

续表

	D 基金会	"青年地带"
职责	跟进、监督及询问"青年地带"项目运作情况及资金使用情况	接受基金会定期的评估跟踪与监督,需定期向基金会提供详细而真实的项目报告、财务报告与项目进展反馈
	定期对"青年地带"进行公正的项目质量评估,并反馈给"青年地带"	遵照《Y项目联合劝募平台资助项目传播指南》开展项目宣传
	项目结束期对项目进行终期评估,包括成效评估与财务评估	保留项目执行过程中的记录(照片、出版物、视频等)
	—	定时向公众公布项目实施情况以及资金使用情况
	—	如需调整项目活动、预算或者机构出现负责人变动问题,应及时与基金会沟通
	—	接受基金会的中期与末期评估

资料来源:2017年D基金会与"青年地带"签订的项目资助协议书。

四 思考

基金会资助社会工作服务有助于公益领域中资金合理有效地流动和资源的优化配置,对于中国非营利领域内部形成优势互补的关系、发挥好各自专长起到了很大的推动作用。在上文所述的良性互动之中,呈现经验的同时也应看到值得反思的地方。

- 社工组织的服务运作过程并未模式化,在社工组织与基金会的合作中,基金会的公益事业推行过程已有一套较为稳定且成熟的模式,如何募捐、如何做宣传推广、如何调动群众参与,特别是如何与政府相关部门洽谈合作等。但社会工作项目的执行则由于实施环境、购买方、服务对象等很多因素的不同而有着不同的推进逻辑。若这个问题不解决,会造成合作中对话空间有越来越大的差异。

- 目前很多社工组织都存在人员流动性大的问题，这使得社工队伍十分不稳定。再加上社会工作的本土化还未完全实现，这些都在很大程度上影响了社工与基金会的合作。如果这些问题无法解决，基金会资助社工服务就只能以服务项目的形式存在，而项目的期限性、时效性等特点决定了社工服务项目只能取得试验性成果，[1] 因而在当下推动社会工作的专业化以及保证人员的稳定性，才能使社会工作服务更具可持续性和发展性。

在现实的青少年社会工作实务中，为了更好地推进服务，青少年社工也时常需要与其他类别的社工（如专门的禁毒服务社工、社矫服务社工）进行沟通；另外，现在越来越多的组织（包括企业、政府部门）在引入社会工作的元素，因而不同类别或部门社工的合作也是实务中必不可少的，"社工+社工"的模式也将成为未来的趋势。

第六节 社工+志愿者组织

一 背景

中国改革开放走向深入，社会建设逐渐受到重视，社会工作与志愿服务涉及的领域越来越广泛，发挥的作用也越来越突出。在受到党政部门、社会机构重视的同时，不同层面的社工与志愿者合作机制逐渐建立起来。国家层面成立的中华志愿者协会，志愿组织领袖、志愿者骨干、社会工作专家、资深社工参与其中，搭建交流合作、共同发展的平台。广东省率先成立"社工与志愿者合作论坛执委会"，从多方面探索合作发展的途径。由于政府评价社会服务的效果，着重看服务的资源整合与受益人群，而不

---

[1] 王硕：《公募基金会资助社会工作服务的模式研究——以"5·12"地震后两个公募基金会的资助行动为例》，硕士学位论文，中国青年政治学院，2010，第38页。

考虑部门、机构、社团利益。这样，不论是社工还是志愿者，为了做好服务项目都会主动寻求相关机构的合作，实现资源使用最大化，服务效益最大化。[①]

本节将对广州市青少年领域的社会工作与志愿者组织的合作模式进行总结和思考。

二 合作机制

本节合作机制首先就社工组织与志愿者组织合作的一般过程（见图4-12）来介绍，再通过一个案例来具体介绍"青年地带"与F志愿者组织合作的过程。

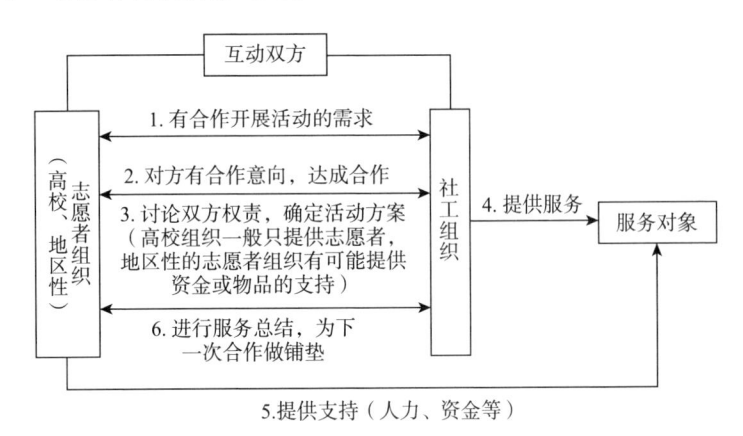

图4-12 社工组织与志愿者组织合作的一般机制

（一）一般合作机制

1. 双方优势互动：社工组织服务的专业性与志愿者组织的资源调动能力是双方合作的基础

社工组织最大的优势在于服务的专业性，而志愿者组织最大的优势在于数量庞大的志愿者与强大的志愿者调动能力。一个社

---

① 谭建光：《中国社工与志愿者合作的模式》，《广东青年干部学院学报》2011年第86期，第13页。

工组织要面向的服务区域较大，服务人群较多，而专业的社工人数有限，又由于其资源的缺乏，需要志愿者的协助。作为专门的志愿者组织，它们也需要广泛地接触需要帮助的居民群体。因而，志愿者组织与社工组织在服务中均有自身的优势，并且彼此填补了对方的不足，是有合作需求的。

2. 寻求合作：双方合作形式多样

由于双方均有合作的需求，因而不论是社工组织还是志愿者组织，均有可能提出与对方合作的需求。其合作的形式包括：社工指导志愿者实践，社工实践与志愿者配合，社工组织与志愿者实施等。

3. 达成合作：满足服务对象的需求是达成合作的前提

与前面几节合作的基础是双方服务计划的契合不同，志愿者组织与社工组织合作的基础通常是考虑满足服务对象，即青少年的需求。在志愿者组织和社工组织其中一方提出合作需求之后，另一方便要从服务对象的需求出发，思考是否有合作的空间。通常与社工组织合作的志愿者组织是不同规模的青年志愿者协会（以下简称"青协"），其中很重要的就是高校内的青协以及地区性的青协。

4. 讨论权责，确定活动方案的同时讨论权责可提高工作效率

社工组织与志愿者组织的合作达成后，便开始设计具体合作的活动方案，方案设计之中要不断核实双方的需求，根据双方的需求调整方案设计。一般而言，志愿者组织十分看重志愿者的个人成长以及团队建设，社工组织在方案设计与实施时也应十分关注这两点。

通常情况下，社工组织的职责是提供培训与指导，志愿者组织的职责是帮助联系资源以及提供志愿者服务，其中高校的志愿者组织一般只提供志愿者服务，地区性的志愿者组织有可能提供资金或物品的支持。

5. 服务总结：良好的服务经验总结能够推动下一次合作的优化

社工组织与志愿者组织的合作体现在各类活动中，而不仅仅局限于某一次活动,因而活动结束后的总结非常重要,双方可以就活动设计以及分工的优化进行沟通,并且表达对未来合作的期待,为下一次的合作奠定良好的基础。

(二) 案例分析——以"创益大赛"为例

1. 项目简介

海珠区"志行 SHOW YOUNG"中学生志愿服务"创益大赛"(以下简称"创益大赛")是海珠区教育局团委及海珠区"青年地带"合作举办的,通过比赛的方式组织学校青少年以团队的形式进行志愿服务项目设计以及实施,以提升青少年的个人素质和自信心,激励青少年积极发声,参与社会发展与改良,同时也让社会各界看到和相信青少年是有能力参与到社区公益中的。其志愿服务设计主要围绕"社区关怀、文化保育、青春护航、和谐校园"四大服务领域进行,经历"方案设计—服务设计—成果分享"三个阶段,并连接志愿者导师、教师、经费、平台等资源落地实施,从而引导中学生关注身边社区的人与事,倡导树立正确的人生观和价值观。

2. 合作背景

2014 年初,"青年地带"的社工设计了"创益大赛"的活动项目,并形成了成文的方案。活动有了 2014 年第一届的基础以后,也得到了 F 志愿者组织的关注,在第二届"创益大赛"举办时,就开始了二者的合作,并且有了明确的职责分工。

3. 合作过程的推进——双方需求的结合

双方就活动思路达成一致后,便会就双方的分工进行讨论。在每一年的项目结束之后,双方都会就当年项目的推进情况以及改善的方向进行讨论。因此项目也在不断地调整和优化。

在项目最初几年的设计中,F 志愿者组织为项目提供经费的支持,并且负责志愿方案的督导工作,以保证志愿方案设计与推行。2018 年是"创益大赛"进行的第五年,为了让比赛结果更加具有科学性，F 志愿者组织有项目同事负责比赛的评审工作，从而更好地发挥 F 志愿者组织的服务指导作用。

4. 服务提供

服务提供中，"青年地带"与 F 志愿者组织都有各自的权责，社工负责比赛的组织，包括志愿者培训与过程的指引等；F 志愿者组织则主要负责行政的处理，包括报销和通讯稿的撰写。

此外，F 志愿者组织还与"青年地带"合作了福袋传城行动①以及暑期公益体验活动，在福袋传城行动中，F 志愿者组织负责联系物质资源，"青年地带"主要负责将福袋派发给有需要的人群；在暑期公益体验活动中，F 志愿者组织负责收集社会组织可提供的暑期体验岗位并招募暑期志愿者，"青年地带"则负责提供暑期体验岗位，并进行志愿者培育的相关工作。

三 双方的权责

（一）一般权责

志愿者组织与社工组织的一般权责分工如表 4-11 所示。

表 4-11 志愿者组织与社工组织的一般权责分工

	志愿者组织	社工组织
职责	为社工组织提供资金或物资的支持（一般是大型志愿者组织，如地区性志愿者组织）	专人负责与志愿者组织对接
	提供志愿者，并做好志愿者团队建设工作	对志愿者进行与服务相关的指导培训
	对志愿者进行基本的培训	协助志愿者组织接触有需要的服务对象

---

① 福袋传城行动是由海珠区团委、海珠区志愿者行动指导中心发起，委托 F 志愿者组织具体实施，在每年 12 月 5 日（国际志愿者日）前后倡议市民群众为困难儿童、贫困独居长者、贫困家庭等有需要人群准备 1 份"私人订制"新年礼物的公益体验活动。

(二) 以"创益大赛"为例谈二者的权责

F志愿者组织与"青年地带"的权责分工如表4-12所示。

表4-12 F志愿者组织与"青年地带"的权责分工

	F志愿者组织	"青年地带"
职责	负责行政工作：报销及通讯稿的撰写	策划大赛活动方案，统筹相关宣传、后勤等工作
	负责比赛的评审工作	专人与"F志愿者组织"进行对接，并及时反馈合作方的建议
	定期与社工沟通志愿者团队的进展与问题	负责志愿导师社工专业知识培训以及参赛队伍培训
	—	制作相关活动材料，负责主要的宣传工作

四 思考

本节社工与志愿者组织的合作，仅是对部分合作形式的梳理，二者的合作并不局限于社工的单方面指导以及共同合作实施服务方案。在社工与志愿者的合作之中，虽有可借鉴的经验，但也有值得思考之处。

- 目前，社工与志愿者组织合作的形式相对单一，内容也较为简单，很难实现大的突破。这跟志愿者的培训不足与志愿服务的持续性不够有较大的关系。因而要实现社工与志愿者组织合作形式与内容的多样化，提高志愿服务质量、保证志愿服务的持续性和永久性十分重要。例如，社工可以为志愿者普及社会工作的基本知识，使他们在真正了解到服务对象的真实需求后，提供针对有效的服务，[1] 也可以通过培训，培养出一批拥有崇高志愿服

---

[1] 杨丽阳等：《浅析志愿服务与社会工作的合作发展机制》，《人力资源开发》2017年第4期，第69页。

务精神的人,从而扩大志愿服务的影响范围。

● 在社工与志愿者的合作中仍然存在不理解对方的现象。很多志愿者虽然与社工有很多互动,但是并不清楚社工是什么,而社工也缺乏对志愿者的科学认知。这就使得双方在合作的过程中由于对对方的不理解而出现沟通的困境或障碍,因而社工和志愿者必须相互充分认识,充分理解,充分信任,这是相互合作从而达成服务目标的关键。[1]

---

[1] 刘宇飞:《社会工作者与志愿者的合作研究——以北京地区为例》,硕士学位论文,中国青年政治学院,2017,第17页。

下 篇

下篇的编排（见下图）主要依据三级预防机制以及海珠区青少年工作对三级预防机制的服务回应，目的在于为青少年社会工作者对青少年人群的分层分类服务提供清晰的指引。本篇主要分为三个章节来叙述，即一般青少年服务、困境青少年服务与重点青少年服务。其中，一般青少年服务对应超前预防机制，包括青春期教育服务、生涯规划服务、能力建设服务、社会参与服务、家长与教师支援服务；困境青少年对应临界预防机制，包括贫困青少年服务、流动青少年服务、服刑人员未成年子女服务、散居孤儿服务、受侵害与受虐青少年服务以及有特殊需求的青少年服务；重点青少年服务对应矫正预防机制，包括"两需"青少年服务、社矫青少年服务、涉案青少年服务与涉毒青少年服务。

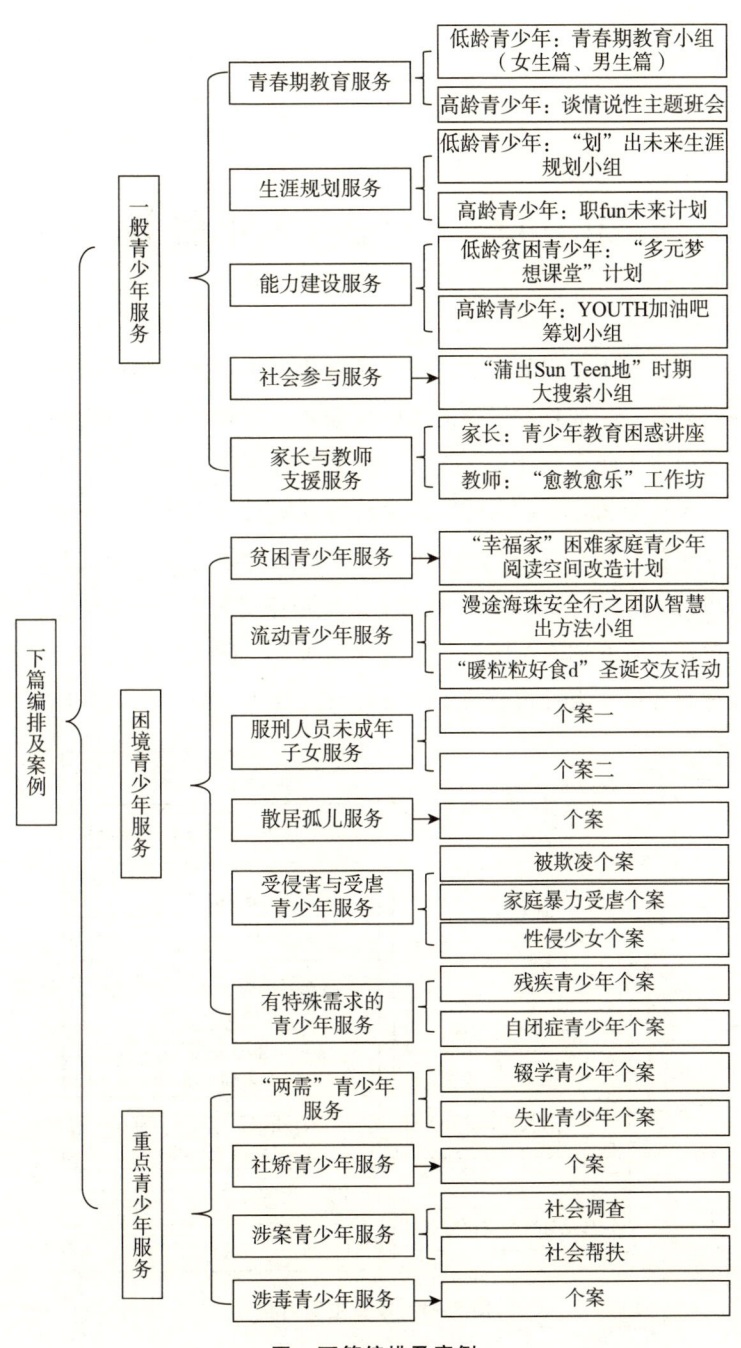

```
下篇编排及案例
├── 一般青少年服务
│   ├── 青春期教育服务
│   │   ├── 低龄青少年：青春期教育小组（女生篇、男生篇）
│   │   └── 高龄青少年：谈情说性主题班会
│   ├── 生涯规划服务
│   │   ├── 低龄青少年："划"出未来生涯规划小组
│   │   └── 高龄青少年：职fun未来计划
│   ├── 能力建设服务
│   │   ├── 低龄贫困青少年："多元梦想课堂"计划
│   │   └── 高龄青少年：YOUTH加油吧筹划小组
│   ├── 社会参与服务
│   │   └── "蒲出Sun Teen地"时期大搜索小组
│   └── 家长与教师支援服务
│       ├── 家长：青少年教育困惑讲座
│       └── 教师："愈教愈乐"工作坊
├── 困境青少年服务
│   ├── 贫困青少年服务 → "幸福家"困难家庭青少年阅读空间改造计划
│   ├── 流动青少年服务
│   │   ├── 漫途海珠安全行之团队智慧出方法小组
│   │   └── "暖粒粒好食d"圣诞交友活动
│   ├── 服刑人员未成年子女服务
│   │   ├── 个案一
│   │   └── 个案二
│   ├── 散居孤儿服务 → 个案
│   ├── 受侵害与受虐青少年服务
│   │   ├── 被欺凌个案
│   │   ├── 家庭暴力受虐个案
│   │   └── 性侵少女个案
│   └── 有特殊需求的青少年服务
│       ├── 残疾青少年个案
│       └── 自闭症青少年个案
└── 重点青少年服务
    ├── "两需"青少年服务
    │   ├── 辍学青少年个案
    │   └── 失业青少年个案
    ├── 社矫青少年服务 → 个案
    ├── 涉案青少年服务
    │   ├── 社会调查
    │   └── 社会帮扶
    └── 涉毒青少年服务 → 个案
```

图　下篇编排及案例

第五章 一般青少年服务

一般青少年服务将对应三级预防机制中的超前预防机制,主要开展青少年成长发展中的预防性服务。本章内容主要依据《关于开展青少年事务社会工作者试点工作的意见》、《关于加强青少年事务社会工作专业人才队伍建设的意见》、《关于做好政府购买青少年社会工作服务的意见》、《中长期青年发展规划(2016—2025年)》以及2017年的教育有关改革中对青少年的关注点,内容包括:青春期教育服务、生涯规划服务、能力建设服务、社会参与服务以及家长与教师支援服务(见图5-1)。每一节都将按

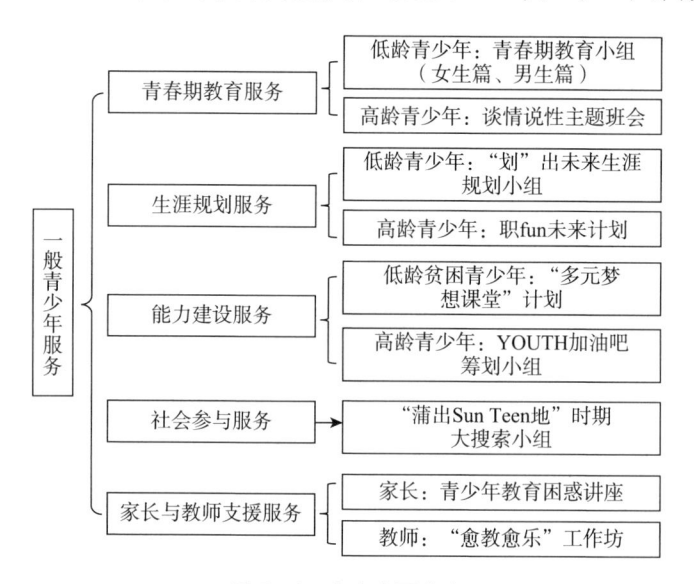

```
                    ┌─ 青春期教育服务 ┬─ 低龄青少年:青春期教育小组(女生篇、男生篇)
                    │                 └─ 高龄青少年:谈情说性主题班会
                    │
                    ├─ 生涯规划服务 ┬─ 低龄青少年:"划"出未来生涯规划小组
                    │               └─ 高龄青少年:职fun未来计划
一般青少年服务 ─────┤
                    ├─ 能力建设服务 ┬─ 低龄贫困青少年:"多元梦想课堂"计划
                    │               └─ 高龄青少年:YOUTH加油吧筹划小组
                    │
                    ├─ 社会参与服务 ─── "蒲出Sun Teen地"时期大搜索小组
                    │
                    └─ 家长与教师支援服务 ┬─ 家长:青少年教育困惑讲座
                                          └─ 教师:"愈教愈乐"工作坊
```

图 5-1 本章主要内容

照概述、分析需求、划分服务对象、选择理论、设定服务目的、设计行动策略、案例分析的逻辑编排，其中概述、分析需求、划分服务对象、选择理论、设定服务目的、设计行动策略是面向该类服务的一般性情况总结，案例分析的资料均来源于广州市启创社会工作服务中心。

第一节　青春期教育服务

一　概述

青春期教育是一个完整系统的工程，以协助青少年解除青春期困扰和塑造健康人格为目的。吴阶平教授对此有过精辟的阐述："青春期教育是针对青少年进入青春期生理和心理的特点进行的，从总体上说是人格教育、人生教育、思想道德教育、爱国主义教育、遵纪守法教育、性知识和性道德教育等方面的综合性教育。"[1] 它的实质是帮助青少年重新认识自我以及与他人的人际关系，包括与父母的关系、与同伴的关系、与社会的关系、性的关系等。[2] 因此，青少年教育中包含对青少年的思想引导服务以及性教育服务，其中思想引导服务主要通过校园开班会以及社区宣传教育等形式开展，本节将主要介绍青春期的性教育。

目前青少年青春期性教育面临不少问题。主要表现在：现有青春期教育多集中于生理发育知识；我国青少年性教育严重滞后，青少年性行为、性越轨、性疾病和性犯罪不断上升；[3] 青少

---

[1] 转引自张洪芹、苗军芙：《关于青春期教育的再研究》，《当代教育科学》2013年第14期，第61页。

[2] 张洪芹、苗军芙：《"青春期教育"概念的实践价值——基于我国文化背景和社会发展阶段的"性教育"实施策略思考》，《齐鲁师范学院学报》2012年第6期，第25页。

[3] 张洪芹、苗军芙：《"青春期教育"概念的实践价值——基于我国文化背景和社会发展阶段的"性教育"实施策略思考》，《齐鲁师范学院学报》2012年第6期，第23页。

年自身性知识匮乏以及性心理调节能力不足；学校青春期性教育资源投入不够；家庭青春期性教育严重缺失。

此部分服务可供参考的法律法规有《中华人民共和国未成年人保护法》、《中华人民共和国义务教育法》、《中华人民共和国预防未成年人犯罪法》、《广东省未成年人保护条例》、《广东省保护妇女儿童合法权益的若干规定》。

二 分析需求

（一）安全的需要

近年来，无论低龄还是高龄青少年，遭受性侵犯或者少女怀孕堕胎的现象越来越多，甚至逐渐倾向于犯罪低龄化。特别是一些父母很少有时间陪伴孩子，也缺乏对孩子的安全保护意识，或者谈性色变，加上性教育的缺失、文化的影响，让青少年遇到性侵犯、意外怀孕有关的事情时，要么感到羞耻而选择隐忍或做出伤害自我生命的举动，要么因为无知而继续给身体造成伤害。因此，如何保护青少年安全成长迫在眉睫。

（二）身心平衡发展的需要

青少年生理发育的提前与个体心理成长的滞后是一种普遍存在的社会现象。伴随着生理上的迅速发育，低龄青少年开始了对性的好奇，性意识和性情感开始萌发，渴望与异性交往，希望了解性知识。但在现实生活中，他们往往因为得不到科学的指导而陷于迷惑、焦虑之中，此时提升其认知及判断能力是主要服务方向。另外，各种性教育由于在价值观和对性权利上的差异，高龄青少年即使认知能力、判断和控制能力有所提高，但在无正确道德及法律法规指引的情况下普遍容易采取自以为是的处理方式，甚至出现偏离行为。因此，适时、适度的以预防犯罪为目的的性教育是非常有必要的。

(三) 情感自主发展的需要

高龄青少年希望脱离父母的管束，逐步实现主体独立，并发展除亲子关系之外的异性同伴亲密关系。社工为他们提供的有助于处理亲密关系的性教育，能帮助他们探索、了解自己，建立自我感，发展平衡的人际关系，找到认同和接纳，达到身心健康发展。

(四) 改善家庭、学校及社会环境的需要

青少年在青春期所主要接触的环境——家庭、学校、社区对青春期性教育的解读常常过于狭窄，因而社会工作在改善环境角度下的介入空间依然很大。家庭青春期性教育观念滞后，对性教育的认知和知识皆不足。例如，一部分家长错误地认为性知识是不需要教育的，随着青少年慢慢长大会逐渐无师自通，一些家长虽然知道重要，但因为传统观念影响或者知识储备不足从而不知道如何进行；学校缺乏全人教育理念，且学校青春期教育资源匮乏；大众媒体信息良莠不齐，充满色情的游戏、网络小说等容易给高龄青少年造成错误的引导。

三 划分服务对象

青春期教育服务以性教育为主要代表性服务。因为青春期青少年年龄、性别不同导致不同的需求，实际服务中社工会将服务对象进行细分，针对不同的服务对象开展不同类型、不同内容的服务。青春期教育服务对象分类见图 5-2。

```
┌─────────────────────────────────────────────────────────────────┐
│                      从年龄角度分类                               │
│  ┌──────────────┐  ┌──────────────┐  ┌──────────────┐          │
│  │  低龄青少年   │  │  高龄青少年   │  │    家长      │          │
│  │这里特指初中阶段│  │这里特指高(职)│  │在青春期阶段,青│          │
│  │的青少年。处于 │  │中阶段的青少年。│  │少年要经历生理 │          │
│  │这个阶段的青少 │  │处于这一阶段的 │  │和心理的急剧变 │          │
│  │年第二性征开始 │  │青少年性征发育 │  │化,在这一时期 │          │
│  │发育,他们会对自│  │逐渐趋于成熟, │  │他们会有许多问 │          │
│  │身及异性的性征 │  │恋爱现象发生较 │  │题希望得到解答、│          │
│  │变化产生极大的 │  │为普遍,也更容 │  │指导和帮助。家 │          │
│  │好奇和关注,会对│  │易过早地发生性 │  │庭教育是引导孩 │          │
│  │异性产生朦胧的 │  │行为,产生不良 │  │子正确掌握性知 │          │
│  │情感,渴望建立亲│  │后果。性教育的 │  │识的重要渠道和 │          │
│  │密关系,也很容易│  │缺位使得高龄青 │  │方式,家长掌握 │          │
│  │产生亲密行为。 │  │少年普遍缺乏正 │  │正面谈"性"的方 │          │
│  │这可能对青少年 │  │确的避孕知识及 │  │法,给予孩子良 │          │
│  │的学习、生活带 │  │两性交往的方法 │  │好的家庭性教育,│          │
│  │来不良影响    │  │              │  │能极大地减少青 │          │
│  │              │  │              │  │少年盲目了解并 │          │
│  │              │  │              │  │获得片面甚至负 │          │
│  │              │  │              │  │面认知和行为的 │          │
│  │              │  │              │  │情况          │          │
│  └──────────────┘  └──────────────┘  └──────────────┘          │
└─────────────────────────────────────────────────────────────────┘

┌─────────────────────────────────────────────────────────────────┐
│                      从性别角度分类                               │
│  ┌──────────────────────┐  ┌──────────────────────┐            │
│  │        男生           │  │        女生           │            │
│  │大部分男生在青春期渴望了│  │青春期的女生开始讲究打 │            │
│  │解女生,但是内心会比较封│  │扮自己,而且会开始渴望 │            │
│  │闭,不愿和父母朋友讨论此│  │得到关注,对异性充满好 │            │
│  │类话题。在此阶段,他们智│  │奇,但也容易对自己的身 │            │
│  │力发展活跃,情绪变化快,│  │体发育感到羞耻或尴尬, │            │
│  │有些叛逆,自尊心很强,比│  │情绪容易不稳定。这个阶 │            │
│  │较好面子,而且注重义气。│  │段的女生很多会通过小 │            │
│  │遇到不开心的事,很少找人│  │说、影视作品等渠道获取 │            │
│  │倾诉,更喜欢自己去化解,│  │有关的性知识,因此很容 │            │
│  │自我调节能力强,而且男生│  │易被误导,造成不良后果。│            │
│  │很少把情绪写在脸上,会掩│  │在开展服务时应该更加注 │            │
│  │饰自己的内心情绪。因此,│  │意澄清错误的性知识,鼓 │            │
│  │在开展服务的时候应该更加│  │励女生欣赏和接纳自己并 │            │
│  │侧重引导其正确地看待及处│  │学会保护自己          │            │
│  │理情感问题            │  │                      │            │
│  └──────────────────────┘  └──────────────────────┘            │
└─────────────────────────────────────────────────────────────────┘
```

图 5-2　青春期教育服务对象分类

四　选择理论

青春期教育服务的常用理论见表 5-1。

表 5-1 青春期教育服务的常用理论

名称	主要内容	对青少年服务的指导
人格发展阶段理论	弗洛伊德的人格发展阶段理论将人的发展过程分为口唇期、肛门期、生殖器期、潜伏期以及生殖期五个阶段，每个阶段都对应着一个主要功能。青春期是人格发展的生殖器期，第二性征的发育，使得青少年对自身的性征变化以及异性的性征变化都产生了极大的兴趣和关注	在此阶段，由于对异性的好奇以及渴望建立亲密关系，青少年很容易有亲密接触行为，但是如果把握不好尺度就很容易越界，产生不良后果。因此在服务中需要重点关注青少年在青春期的生理心理变化及其所带来的影响和潜在危险，对处于不同年龄阶段的青少年进行有针对性的性教育，引导青少年树立正确的性别观念并接纳自我
心理社会发展理论	埃里克森的心理社会发展理论将人的成长划分为八个阶段，青少年处于认同和角色混淆的阶段。一方面，青少年本能冲动的高涨会带来问题；另一方面，更重要的是，青少年面临新的社会要求和社会冲突而感到困扰和混乱。所以，青少年期的主要任务是建立一个新的同一感或自己在别人眼中的形象，以及自身在社会集体中所占的情感位置，埃里克森把同一性危机理论用于解释青少年对社会不满和犯罪等社会问题上	青少年在应对青春期变化时，需要加以引导，才能顺利、平稳度过青春期。相关服务的开展应包括协助青少年了解青春期相关知识，学习如何面对青春期恋爱问题，以及推动朋辈互动，协助青少年相互解决困扰
社会支持理论	社会支持网络是一组个人之间的接触，通过这些接触个人得以维持社会身份并且获得情绪支持、物质援助、服务、信息与新的社会接触。社会支持理论认为一个人所拥有的社会支持网络越强大，就能够越好地应对各种来自环境的挑战。个人所拥有的资源可以分为个人资源和社会资源。个人资源包括个人的自我功能和应对能力，社会资源是指个人社会网络中的广度和网络中的人所能提供的社会支持程度	在开展青春期教育服务的过程中，通过青春期小组、主题班会、家长工作坊等服务形式增加学生之间、家长之间的互动交流，促进经验分享和相互支持，从而拓宽学生及家长的社会支持网络，使其学会利用个人网络资源和案例经验提高应对青春期阶段可能会出现的问题与挑战的能力

续表

名称	主要内容	对青少年服务的指导
社会互动理论	社会互动理论是指社会上个人与个人、个人与群体、群体与群体之间通过信息的传播而发生的社会交往活动，社会互动对互动双方及他们之间的关系产生一定的影响	通过讲授课件、播放青春期教育视频等资料，让青少年在这一过程中加深对青春期的认识。青少年与社工、与朋辈群体之间的交谈互动可以有效加强社工与青少年、青少年群体之间信息的传播，加强青少年对青春期教育内涵及价值观的认同

五　设定服务目的

针对青少年青春期的生理、心理特点以及环境需求，青春期教育活动的开展主要包括以下几个目标。

（一）面向青少年

（1）青少年能够科学地认识、接受并适应在青春期中的生理、心理变化，更好地接纳自我以及建立自信。

（2）青少年能够建立健康、正确的性别意识及恋爱观，在两性交往中学会互相尊重及自我保护。

（3）青少年能够正确认识青春期性行为，学会自我保护及懂得拒绝，树立正确的性爱观（主要针对处于高龄青少年阶段的学生群体）。

（二）面向家长

（1）家长能够认识性教育的主要内容及其重要性，了解青少年对性的好奇和期望，掌握正面与孩子谈"性"及在不同情况下谈"性"的方法和技巧。

（2）家长能够认识恋爱教育的主要内容及其重要性，掌握正面处理不同恋爱阶段的方法，培养孩子正确的恋爱观。

六 设计行动策略

(一) 面向青少年

青春期教育服务面向青少年的行动策略见图 5-3。

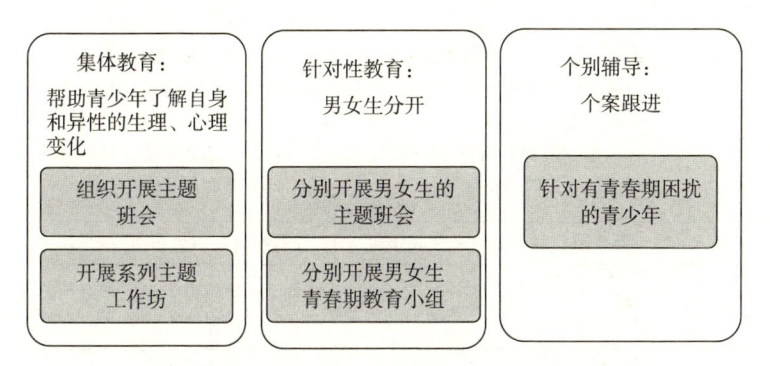

集体教育:
帮助青少年了解自身和异性的生理、心理变化
- 组织开展主题班会
- 开展系列主题工作坊

针对性教育:
男女生分开
- 分别开展男女生的主题班会
- 分别开展男女生青春期教育小组

个别辅导:
个案跟进
- 针对有青春期困扰的青少年

图 5-3 青春期教育服务面向青少年的行动策略

(二) 面向家长

青春期教育服务面向家长的行动策略见图 5-4。

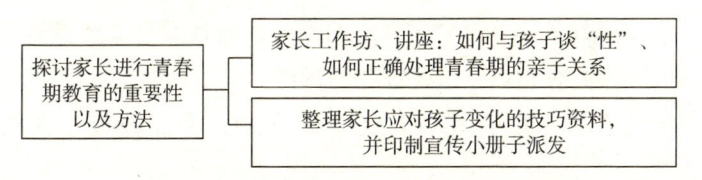

探讨家长进行青春期教育的重要性以及方法
- 家长工作坊、讲座：如何与孩子谈"性"、如何正确处理青春期的亲子关系
- 整理家长应对孩子变化的技巧资料，并印制宣传小册子派发

图 5-4 青春期教育服务面向家长的行动策略

七 案例分析

(一) 低龄青少年：青春期教育小组[①]

1. 不同性别的青少年的服务介入点

由于青春期男生与女生的发展特点和需求有所不同，而且他

---

① 资料来源：广州市启创社会工作服务中心。

们在与异性交往过程中会呈现不同的特点，因而"青年地带"的社工针对不同性别青少年的服务介入点会有所不同（见表5-2）。

表5-2 针对不同性别青少年的服务介入点

性别	女生	男生
发展特点	开始讲究打扮自己，而且开始渴望得到关注，对异性充满好奇感，但也容易对自己的身体发育感到羞耻或尴尬，情绪容易不稳定。容易被小说和影视作品中的性知识误导，造成不良后果	渴望了解女生，但是内心会比较封闭，不愿和父母朋友讨论此类话题。遇到不开心的事，很少找人倾诉，更喜欢自己去化解，自我调节能力强，而且男生很少把情绪写在脸上，会掩饰自己的内心情绪
小组名称	"女生晴心室"青春期成长小组	"青春物语"男生小组
介入点	侧重实现自我接纳并建立自信，学会自我保护	侧重于正确认识和看待青春期恋爱问题，学会把握界限

2. 青春期教育小组（女生篇）

（1）活动概况

①目的：

- 所有组员能够认识青春期的生理、心理变化。
- 小组成员能够建立起互助的模式，而且所有成员能够积极通过互助模式分担以及解决彼此的困惑。
- 所有组员能合理看待青春期萌动，树立健康正向的恋爱观。

②对象：初中女生。

③时长：45分钟/节，共6节。

④地点：社工站。

（2）活动流程

"女生晴心室"青春期成长小组活动流程见表5-3。

表5-3 "女生晴心室"青春期成长小组活动流程

节数	时长	主题	内容	物资
第一节	45分钟	组员初识	• 热身游戏：拼图、欢乐颂 • 工作员引出小组目标和主要内容 • 填写前测问卷 • 订立小组契约	白纸、拼图、笔、前测问卷、照相机
第二节	45分钟	悦纳自己	• 热身游戏：萝卜蹲 • 脱敏游戏：逐渐让组员放松，抚摸自己的身体 • 圈男圈女：圈出属于男生或女生或共同有的青春期生理变化 • 结合PPT及测试纸与组员们一一分享青春期阶段女生的发育特点，引导大家掌握一定的女生生理卫生常识	PPT、电脑、工作纸、圆珠笔、小礼物
第三节	45分钟	恋恋物语	• 热身游戏：排排坐 • 恋爱大猜想：谈对恋爱的想象 • 议一议：对青春期恋爱的态度 • 辨一辨：喜欢与爱情 • 选一选：理想伴侣特质 • 爱情面面观：如何树立正向的爱情观	工作纸、便利贴、圆珠笔
第四节	45分钟	亲密有间	• 男女有别：男女相处之间有界限 • 女生身体小秘密：哪些是不能让别人碰的部位 • 情到浓时的抉择：案例分享，小组讨论 • 如何保证自己的安全 • 健康知识传授	工作纸、圆珠笔等
第五节	45分钟	友情天地	• 热身游戏：解手链 • 最佳好友：讨论好朋友应该/不应该具备的条件 • 友情的烦恼：如何解决友情中遇到的烦恼 • 介绍和解与交友的小技巧	便利贴、圆珠笔等
第六节	45分钟	总结	• 热身游戏：拜土地公 • 以时间轴的方向回顾小组的内容 • 小组分享会：分享参与感受与收获 • 总结，处理组员的离别情绪	球、反馈表、卡片、圆珠笔等

3. 青春期教育小组（男生篇）

（1）活动概况

①目的：
- 所有组员能够认识青春期对异性萌动的原因、恋爱的意义；
- 所有组员能够辨析喜欢与爱情、把握与异性交往的界限；
- 所有组员能够形成正确的爱情观。

②对象：初中男生。

③时长：45分钟/节，共6节。

④地点：社工站。

（2）活动流程

"青春物语"男生小组活动流程见表5-4。

表5-4 "青春物语"男生小组活动流程

节数	时长	主题	内容	物资
第一节	45分钟	组员初识	• 工作员介绍小组目标和主要内容 • 游戏：排排坐 • 了解组员对小组的期待 • 订立小组契约	音乐、签到表、圆珠笔、大白纸、大头笔
第二节	45分钟	我的恋爱观	• 热身游戏：真心话大冒险 • 恋爱是什么：分类别整理恋爱的特点 • 视频欣赏《两只小猪的爱情》，并分享感受 • 音乐欣赏《花千树》，引导组员学会等待	大白纸、便利贴、音乐
第三节	45分钟	爱情是什么	• 友情爱情相对论 • 了解恋爱的不同阶段	友情工作纸、爱情工作纸、笔、PPT
第四节	45分钟	了解恋爱的真义	• 区别喜欢和爱：利用量表 • 理想伴侣的特质 • 引导组员思考要多久才能认识到对方的特质，哪些不可改变以及对恋爱的重要性	喜欢与爱的测试量表、游戏道具等

续表

节数	时长	主题	内容	物资
第五节	45分钟	学习把握界限	• 了解"真爱三角",详细解释"激情、亲密、承诺"三项元素 • "拍拖"三级制,学会把握与异性交往的界限 • 介绍交往小贴士	PPT、工作纸
第六节	45分钟	性、爱与生命	• 播放《不要惊动爱情》香港艺人见证分享及音乐影片,并邀请1~2名组员结合"真爱三角"理论分享感受 • 讲解何谓性行为以及生命是如何诞生的,引导组员科学规划自己的恋爱与婚姻之路 • 回顾小组历程 • 总结,处理组员的离别情绪	视频、反馈表、明信片、照相机等

4. 服务小贴士

(1) 如何让女生在小组中突破心理障碍,了解自己的身体?

• 通过脱敏的游戏设计:组员围圈而坐,闭上眼,深呼吸放松。听从工作员指令,工作员会轻柔说出下列身体部位,组员跟着口令逐一抚摸自己的身体部位:头、前额、眉毛、眼皮、鼻子、脸颊、嘴唇、下巴、脖子、乳房、胃、手、手指、腰部、生殖器、屁股、腿、膝盖、脚。

• 通过这种方式让组员脱敏,破除尴尬,创造轻松氛围。结束后引导大家回顾过程中的感受和反应,鼓励大家接纳自己的身体,懂得欣赏自己。

(2) 在有关个人情感状况的分享环节中如何应对组员不愿分享的情况?

• 带领组员回顾小组契约,引导组员之间做到互相保密及理解,并自由发表个人意见。

• 对于没有恋爱经验的组员应多加鼓励,引导其在小组中寻找并发现自己的需求,提高参与积极性。

- 工作员要注意运用倾听、解释、鼓励及共情等技巧帮助组员梳理想法，引导和带动组员互相交流并敢于分享。

（3）如何促进组员之间的交流互动？

- 在招募及小组开展过程中打破班级限制，尽量让组员来自不同班级，或在活动时让同一班级的组员分散坐，并且设计相关环节增加不同班级的组员间的交流与分享。

（4）如何避免单纯讲述性教育知识带来的组员参与不积极？

- 选择适合主题的视频资料。
- 通过情景模拟的形式，让青少年通过角色的扮演更加真实地感受当下的情景，从而对问题有更清晰的认识和理解。

（二）高龄青少年：谈情说性主题班会[①]

1. 活动概述

（1）目的：

- 青少年能够正确认识青春期性行为；
- 青少年能够学习到自我保护及拒绝的方式；
- 青少年能够树立正确的性爱观。

（2）对象：高（职）中生。

（3）时长：45分钟/节。

（4）地点：教室。

2. 活动流程

谈情说性主题班会流程见表5-5。

表5-5 谈情说性主题班会流程

时间	目的	内容	物资
5分钟	活跃气氛，引出班会课主题	①社工自我介绍 ②澄清活动目标 ③订立课堂契约	PPT、小话筒

---

① 资料来源：广州市启创社会工作服务中心。

续表

时间	目的	内容	物资
5分钟	了解恋爱的基本发展	**有奖问答** 过渡：什么阶段容易发生性行为？	小礼品
10分钟	认识对于青春期性行为的态度	**头脑风暴** 派发工作纸，让学生小组讨论写下看到"性"字会联想到什么？ ①社工引导：除了性行为，还有性别角色、性别认同等，而且性行为并不是单单指性交，其实拥抱、接吻、爱抚等行为也是。 ②社工总结：每个人都有自己的看法，每个人都可以有自己的选择，但每个人都应该对自己的行为负责任！我们倡导健康的性态度，那什么是健康的性态度呢？ ③社工传授：介绍健康性态度的几个参考标准	工作纸、小礼品、视频
10分钟	了解在性行为中自我保护的方法（课程重点）	过渡：情到浓时难自控，或者你觉得已经做好准备了，那么你就要多了解一些关于安全性行为的方法了。 ①不科学避孕措施 • 可先提问再观看相关视频，再进行分析 ②相对有效的避孕方法 • 男生如何避孕 • 女生如何避孕	PPT、视频
5分钟	懂得尊重自己以及他人的身体	过渡：没有100%的避孕方法，所以大家在发生性关系时要做好心理准备，万一怀孕了，怎么办？ ①社工引导：其实怀孕就意味着一个新生命的诞生，我们每个人都是这样来的，但是如果它在不恰当的时间出现，其实是会给人们的身心带来较为沉重的负担。 ②介绍不当怀孕的处理方法	PPT
5分钟	活动总结	简单总结整节课的内容	PPT
5分钟	反馈及求助途径	①留下联系方式和求助途径 ②填写反馈问卷 ③派发"性教育"宣传手册	反馈问卷、性主题宣传手册

3. 服务小贴士

（1）如何避免内容空乏、学生参与热情不高的情况？

• 班会准备的PPT内容要尽量生动有趣，适当结合时下学生感兴趣的话题作为引入，在讲述相关知识的时候结合具体案例进行说明。

• 通过鼓励班级积极分子的参与调动班会气氛，社工也应多走下讲台与同学们进行互动。

（2）如何让学生尽量避免尴尬，表达自己的真实想法？

• 在发表看法时可采取第三人称的方法而不是直接让学生假设发生在自己身上的情况，例如，假如你的好朋友发生了这种情况，你会给出什么意见或建议。

• 在进入主题前先做好班级热身，通过小游戏或者观看视频等方法调动班级氛围，为后面的环节做好铺垫，让学生从健康、正确的角度去讨论问题，并与学生做好保密约定。

（3）社工自身应该注意的地方。

社工本身应树立正确的性价值观，以及专业价值观中的价值中立与是非评判，需要把握的是要让学生明晰各种价值观和选择的后果。

第二节 生涯规划服务

一 概述

生涯规划是一种人生发展的规划。职业生涯规划是指个人根据对自身的主观因素和客观因素的分析，确立自己的职业生涯发展目标，选择实现这一目标的职业通道，据此制定相应的学习、工作、训练和教育计划，并按照一定的时间进行合理安排，采取必要的行动来实现自己职业生涯目标的过程。其主要内容包括：设立阶段性和长期性的职业目标；确定适合自己发展道路的方式、方法；明确将要进行的调整和各项准备等。职业生涯规划的目的就是让每个人认真考虑自己一生的生计，做出自身的选择，以便自己的潜力和精力得以充分发挥，拥有一份满意的、富有挑战性的和能够自我实现的事业，为社会也为自己创造最大的价值。①

青少年正处于生涯探索、确定和进行职业选择的关键时期，是进行生涯发展规划的重要和最佳时期。② 因为青少年处于世界观、人生观、价值观形成的关键时期，他们所处的年龄阶段和具备的文化水平，在一定程度上决定了他们以自己独特的视角来关注外界事物和社会的发展。但由于自身生活阅历的限制，他们在思考、谈论和评价社会事情以及做决定时，具有一定的制约性。在充满机遇和挑战的社会环境中，既要兼顾个体的个性、实现个体的人生价值，又要满足社会发展对人的综合素质的要求，生涯规划辅导可以为他们提供强有力的帮助。

此部分服务可供参考的法律法规有《中华人民共和国未成年人保护法》、《中华人民共和国义务教育法》、《广东省未成年人保护条例》、《广东省保护妇女儿童合法权益的若干规定》。

二　分析需求

（一）　自我价值感确立的需要

青少年自我价值感的生成过程，也是通过个体对自身身份确认及定位、角色扮演及识别、核心信念的确立与影响、基本规则的生成与控制、自动化思维方式的运作与调节、心理能量的积聚与发动、心理行为的实施与矫正体现出来的。它也是个

---

① 陈晓欢：《美国大学生职业生涯规划辅导研究——以田纳西科技大学为例》，硕士学位论文，沈阳师范大学，2011，第3页。
② 孟四清：《青少年生涯教育的目标与途径》，《天津教育》2010年第6期，第42页。

体逐渐脱离对成人的依赖,走向成熟和独立、形成自尊和自信心的过程。①

青少年自我价值感能否确立与统合,关系到其心理状态的性质与心理健康的水平,关系到他们是否能够适应现代社会的生活节奏与氛围,关系到他们能否真正体验到自身的价值与力量。特别是对正处于青少年时期的中学生而言,对自我价值感的认同、赋义、投入、定位、激活、归属、统合与模塑,不仅可以避免个人方向感的迷失与自我意义感的丧失,而且还可以缓解个人心理焦虑紧张度,提升自我在社会生活中的角色感、意义感、目标感、自尊感、归属感、统合感和成就感。②

(二) 自主发展的需要

青少年在中学阶段本是身心全方位发展与成长、逐步为进入社会做准备的过程,需要更多时间来认识自己,探索自己的兴趣、特长、性格、价值观以及社会的方方面面,但是应试教育让他们必须把全部精力用在努力学习上。在选择学校和专业乃至职业上,我国的社会价值观和父母都起着重要的决定作用,青少年较少能清楚自己需要什么,适合做什么,自己难以做出选择,容易在残酷的社会竞争中迷失自我。协助青少年不断独立探寻自我、实现自我,有助于他们未来过上适合自身特点的美好生活。

(三) 就业和生活指导的需要

青少年不但是一个自然人成长的重要阶段,也是一个社会人成长的关键时期,个人成长发展不仅是生理上的成熟,还包含个体所充当的社会角色的成熟。就业是高龄青少年重要的社会任

---

① 高云峰:《青春期自我价值感的校正》,http://www.szjky.edu.cn/jgsz_show.aspx? id=10825。
② 高云峰:《青春期自我价值感的校正》,http://www.szjky.edu.cn/jgsz_show.aspx? id=10825。

务,是青少年从家庭、学校走向社会,从心理成熟走向社会成熟的重要标志。部分青少年迫于生计压力希望找到收入相对较高的工作,有的频繁更换职业只为找到让自己感到开心的工作,但目前全国就业形势严峻,高龄青少年面临巨大的就业压力,加上现在学校人才培养与市场人才需求脱节,青少年因为没有充足的自我和社会认知以及就业准备,往往容易在就业时碰壁,难以找到较为理想的职业,从而影响他们社会功能的发挥。

低龄青少年和高龄青少年由于年龄关系,其社会性发展任务不同,因此,在进行生涯规划辅导时,低龄青少年更加侧重于对自我认识的探索,高龄青少年更加侧重于如何找到适合自己的职业道路和相关职业能力提升。

三 划分服务对象

生涯规划服务对象分类见图 5-5。

从年龄角度划分(以初中毕业为界)

低龄青少年
这个阶段的青少年主要是初中生,初一、初二的学生逐渐熟悉初中的学习生活,但由于未到初三,暂时没有中考临近的紧张感,对于自己毕业之后的走向是迷茫的,而且也普遍缺乏意识去思考这方面的问题。而初三的学生处于紧张的备考阶段,在中考后也需要根据自己的状况对未来发展进行选择,有些学生会因为对自己毕业后的走向模糊不清而倍感困惑,也有一些学生会对自己的实际状况期望过高或过低,从而为自己制定并不适合的规划。

高龄青少年
在这个阶段的青少年,有很多学历偏低,多为职中或者初中毕业,甚至中途辍学。这部分青少年缺乏求职技巧及专业能力,在社会上的就业竞争力很低。他们多数处于失业或半失业状态,做一些不稳定的兼职,如派传单等。一方面,他们的家庭多数都是贫困家庭,如今自己又不能改善家庭的状况,反而增加家庭的负担,循环往复,形成一个恶性循环,贫困的家庭愈加贫困。另一方面,这些青少年如果没有稳定的就业,容易铤而走险,走上违法犯罪的道路。

图 5-5 生涯规划服务对象分类

四 选择理论

生涯规划服务的常用理论见表 5-6。

表 5-6 生涯规划服务的常用理论

理论名称	主要内容	对服务的指导
生涯规划与辅导理论	详见第一章第三节理论八	初中时期的青少年正处于成长与探索的阶段，成长阶段主要任务是认同并建立起自我概念，对职业好奇占主导地位，并逐步有意识地培养职业能力；而探索阶段主要任务是通过学校学习进行自我考察、角色鉴定和职业探索，完成择业及初步就业。在开展生涯规划服务时可以通过系列班会协助学生自我探索，了解外界环境，分析自我和未来职业的联系，引导学生明确人生方向，设定具体的行动计划，对未来做出合理规划。
体验学习法及历奇为本辅导	详见第一章第三节理论九	让青少年在体验式互动活动中，建立起个人积极正向的人际支持环境，提升主动融入所在城市的信心和能力，参与社区发展，实现自我。同时，结合外出活动的体验，积极总结出体验活动中的个人感受，结合原生活经验总结出有效的促发自身成长经验，并设想未来对该经验的运用，以此推动青少年"对环境的认识及认同"、"团队合作"、"人际交流技能"、"自信心提升"以及"抗逆力提升"等五方面能力的提升。

五 设定服务目的

根据青少年的年龄及其所处的生涯发展阶段，开展生涯发展规划服务时主要包括以下几个目标。

（一）低龄青少年（6~15岁）

（1）青少年能够多角度、全面地认识自己的个性和特质，了解生涯规划的基本内容。

（2）青少年能够明白生涯规划的重要性并能够独立地进行生涯规划。

（3）青少年在接受服务之后能够学会确立合适、理性的目标，并建立朋辈支持网络，同时更好地应对挑战，做好生涯规划。

（4）（针对初三学生）青少年可以了解高中生活与初中生活的区别，获得对高中生活的初步认知，并认识到明确目标的重要性，为升学目标做出更加具体明确的规划。

（5）（针对外来务工子女）青少年能够提升对自我和外部环境的认识，学会团队合作、人际交流的技能，提升青少年对所在城市的认同感及归属感，增强面对困境的自信心。

（二）高龄青少年（职中青少年）

（1）青少年能够了解职场中部分职业岗位的要求及责任，树立正向的生涯规划理念，提升就业动机。

（2）青少年能够对自我有较为全面的认识，了解自己的职业倾向，初步建立自己的生涯规划方向并培养积极正向的工作态度。

（3）青少年能够掌握撰写简历及面试等求职技巧，为求职做好准备。

六　设计行动策略[①]

生涯规划服务行动策略见图 5-6。

海珠区青少年服务在生涯规划服务中，建立了自己的程序套。在这个程序套的指导下，社工会根据服务对象的需求选择可以开展的服务，并且制定详细的服务计划。其生涯规划服务计划的思路与介入点如图 5-7 所示。

（1）开展的形式：小组、工作坊/培训、班会、企业参访等。

[①] 此处参考广州市启创社会工作服务中心于 2015 年 6 月印发的《伴我飞翔——外来工子女生涯规划服务社工读本》中的总结。

个人层面
- 协助青少年更系统地认识自身的兴趣、能力、优劣势等，鼓励更积极地完善自我，激发对未来的想象和探寻发展目标
- 协助青少年提升和掌握信息搜集与分析、时间管理、目标订立与计划等技巧，增强应对困难的能力
- 提升青少年自尊自信，增强对未来发展的信心

家庭/学校层面
- 为家长及学校教师提供青少年生涯规划相关资讯
- 协助家长及学校教师理解青少年不同成长与发展阶段中的特点，鼓励积极与青少年共同探寻个人成长与发展道路
- 提升家长及学校教师与青少年沟通的能力，改善关系

社区/社会层面
- 联络及调动社区的高校、企业、不同行业人士等资源，协助青少年了解不同发展途径及所需准备，提升生涯规划积极性
- 建立社区生涯规划资源网络，增强社会对青少年生涯规划服务的关注和支持

图 5-6 生涯规划服务行动策略

认识自我	认识外界环境	增强生涯规划能力	订立并执行目标
• 认识和培养不同的兴趣爱好 • 从自己和他人身上发掘优势 • 拥有良好的自我认同感	• 认识不同的求学阶段及影响 • 认识工作世界及要求 • 认识社会发展态势 • 感受到自我与社会的关系	• 解难能力 • 时间管理能力 • 情绪管理能力 • 团队合作能力	• 拥有梦想 • 订立目标并修订

图 5-7 生涯规划服务的思路与介入点

（2）不同年龄的侧重。

• 初一、初二年级：以认识自我与了解生涯规划重要性服务内容为主。

• 初三年级：围绕如何制定生涯规划与提供咨询服务展开。

• 职中阶段：增加青少年对部分职业岗位的了解，并提供简历撰写及求职技巧的相关培训，提升就业竞争力。

七 案例分析

(一) 低龄青少年:"划"出未来生涯规划小组①

1. 活动概况

(1) 目的:

• 知识层面:青少年可以掌握制定适宜目标的 SMART 原则与时间管理方法。

• 行为层面:青少年能够根据 SMART 原则订立目标或者未来规划。

• 价值观层面:青少年能够意识到规划自我的重要性,包括自我认识、时间管理、目标订立等。

(2) 对象:初三学生。

(3) 时长:40 分钟/节,共 6 节。

(4) 地点:社工站。

2. 活动流程

"划"出未来生涯规划小组活动流程见表 5-7。

表 5-7 "划"出未来生涯规划小组活动流程

节数	时长	主题	内容	物资
第一节	40 分钟	认识小组	• 热身游戏:音乐传球 • 九宫格介绍自己 • 了解组员参与小组的动机与对小组的期待 • 澄清小组的目的与内容并订立小组契约	球、卡片、工作纸、圆珠笔、小蜜蜂等

---

① 资料来源:广州市启创社会工作服务中心。

续表

节数	时长	主题	内容	物资
第二节	40 分钟	畅想十年后	• 热身游戏：一拍即合 • 畅想十年后的我，并画出来 • 画出自己的中学生涯规划图 • 了解并学习制定目标的 SMART 原则 • 站上梦想岛：派发梦想卡片，让组员写下自己的梦想与近期的目标。并且邀请组员将自己的梦想卡片粘贴在梦想大树上	A4 白纸、彩色笔、圆珠笔、铅笔、工作纸、便笺纸等
第三节	40 分钟	自我认识	• 热身游戏：打电话 • 我看我自己：分享对自己的认识 • 了解并学习 SWOT 工具 内部环境 优势（S）　劣势（W） 依靠内部优势　依靠外部机会 利用外部机会　克服内部劣势 发展与机会　SO战略　WO战略 （O） 外部环境　威胁和挑战（T）　ST战略　WT战略 利用内部优势　减少内部劣势 回避外部威胁　回避外部威胁 • 性格测试，并思考自己的发展方向 • 总结	数字贴纸、工作纸、圆珠笔、A 字板、白板笔等
第四节	40 分钟	时间管理	• 热身游戏：小组之最 • 绘制时间 Pizza：引导组员根据自身情况将自己一天的时间进行划分，并分享感受 • 时间消费馆狂购会：引导组员思考时间花费的去向 • 分享时间管理的方法 1）时间管理四象法 2）日计划/周计划/月计划	工作纸、圆珠笔等
第五节	40 分钟	高中 or 职中？	• 热身游戏：指手画脚 • 引导组员思考未来的选择 • 介绍高中生活 • 介绍职中生涯	2016 中考指南、词组游戏

续表

节数	时长	主题	内容	物资
第六节	40 分钟	总结	• 热身游戏：拜土地公 • 以互动的方式回顾小组的内容 • 小组分享会，分享参与感受与收获 • 青春纪念册（8 分钟） 　工作员派发之前自己写下的"近期目标"，重新审视回顾自己是否做到 • 总结，处理组员的离别情绪	球、反馈表、卡片、圆珠笔等

3. 服务小贴士

如何应对部分组员发言较少、小组气氛比较沉闷的情况？

• 工作员在过程中应该发挥好引导者的角色，在气氛陷入沉闷的时候可以通过自我揭露的方法带动其他组员进行分享，并给予积极发言的组员一定的奖励。

• 工作员应该多给机会让发言少的组员分享自己的看法，给予他们支持和鼓励，同时也可以通过组内与其较为熟悉的组员带动其参与积极性。

• 通过游戏活动消除组员之间的隔阂，工作员在小组外也可以通过个别辅导提高与个别组员的熟悉程度，鼓励其在小组中积极发言。

（二）高龄青少年：职 fun 未来计划[①]

1. 活动概况

（1）目的：青少年能够提升自我认识，培养积极正向的工作态度，并建立自己的生涯规划方向。

（2）对象：主要为 16~25 岁贫困、散居孤儿、服刑人员未成年子女等有就业需求的困境青少年以及 16~25 岁有生涯规划需求的青少年。

---

① 资料来源：广州市启创社会工作服务中心。

（3）时长：2017年1月至2018年4月。

（4）地点：社工站。

2. 服务流程

职fun未来计划服务流程见图5-8。

生涯规划	• 开展生涯规划小组，为活动助理提供系统生涯规划服务，包括自我认识、了解性格、兴趣对职业的影响，订立职业发展目标
工作培训	• 包括日常工作培训（前台值班、行政协助等）、活动协助培训以及财务工作协助培训
职业体验	• 为困境青少年提供半年项目助理兼职体验岗位，实景学习职场态度礼仪及基本办公室技能 • 组织花市小组短期经营体验活动，提供短期经营体验平台 • 提供企业参观、跟岗实习、兼职体验等机会
求职准备	• 开展求职达人工作坊，协助青少年掌握简历撰写技巧、掌握面试技巧并进行模拟面试 • 邀请街道劳动部门同事分享求职及职场中的法律知识
就业跟进	• 组织开展求职达人分享会，协助参加者总结工作中的正向经验，提升职场适应能力
活动助理团队建设	• 站点助理计划启动仪式：为活动助理进行入职培训，并颁发聘书 • 站点助理中期分享会：组织活动助理进行中期分享，获得同伴支持并反思工作表现，为下一阶段工作做准备 • 站点助理毕业典礼：通过团建活动及对活动助理的嘉许，协助他们总结正向经验

图5-8 职fun未来计划服务流程

3. 服务小贴士

（1）未能招到符合条件的服务对象？

活动开始前多联系各街道及学校进行活动宣传，了解并收集符合条件的服务对象信息，主动联系服务对象。

（2）如何应对与企业进行沟通合作可能遇到的困难？

主动多与企业进行沟通，了解企业的需求，积极配合，与企业共同寻找最合适的合作方法，达成双赢。

（3）进行企业参观等户外活动及培训时应注意的问题：

• 集中时间应相对提前，并且做好交通指引，让参加者尽量避免迟到。

• 提前准备好适合在室外进行的小游戏，在等待过程中可以组织参加者进行游戏,促进相互熟悉。

● 活动前协助参加者准备好简历,在活动中鼓励、引导参加者提出自己对于求职的疑问,提高参与积极性。

第三节 能力建设服务

一 概述

青少年能力建设是我国素质教育中的重要内容,不同领域、不同学科的青少年工作者都对此格外关注。但由于各个领域和学科工作的特殊性,它们对于青少年能力建设的关注点也有所不同。例如,教育领域较关注青少年的学习能力、创新能力,心理学领域较关注青少年的情绪管理能力。

在社会工作实务领域,青少年社会工作者多从青少年的实际需求出发进行青少年能力建设的相关服务,如生活能力建设、社会适应能力建设、情绪管理能力建设、多元智能能力建设等。[①]其中,生活能力建设主要包括生活自理能力建设(如做饭、洗衣等),以及自主安排和计划生活的能力建设。社会适应能力建设主要包括通过服务提升青少年的学习适应能力、工作适应能力、人际交往能力、社会生活适应能力等,从而促使青少年更好地融入社会,并与社会达到和谐状态。情绪管理能力建设主要是帮助和引导青少年识别和管理自己的情绪,从而提升情感觉察、情感表达和情感调控的能力。多元智能能力建设一般指通过特定的服务形式提升青少年的语言、逻辑、音乐、动觉等方面的能力。

此部分服务可供参考的法律法规有《中华人民共和国未成年人保护法》、《中华人民共和国义务教育法》、《中华人民共和国预防未成年人犯罪法》、《广东省未成年人保护条例》、《广东省保护

---

① 根据广州市启创社会工作服务中心青少年社会工作的实务经验整理。

妇女儿童合法权益的若干规定》。

二 分析需求

（一）全面发展的需要

青少年从"自然人"成长为"社会人"，需要在自我发展和适应社会方面做出努力，具体包括个性、情感、思维、知识、技能、行为能力等方面的发展要求。①

（二）归属和社交的需要

人际交往是青少年的重要发展任务，尤其是朋辈的社交，有利于青少年找到归属感。此外，人际交往对青少年自我认知的发展、应对学业和生活的各种压力、身心健康、正面生活态度的建立和社会技能的发展都有着非常重要的影响。

在能力发展方面，低龄青少年因为个人发展的可塑性非常大而常常不确定自己的方向，因此，主要是通过多种多样的兴趣爱好发展活动探索和发展自己。高龄青少年喜欢有挑战性的事物，并且心智等各方面进一步发展，他们更加关注对事物背后内容的思考，以培养分析和批判能力。另外，他们对于异性人际关系发展的渴望以及乐于展现自己，使他们倾向于社会参与类的服务。

三 划分服务对象

能力建设这部分服务的代表性成效主要集中在困境青少年群体上，适用于因环境导致的暂时性困境，例如，因病致贫青少年，处于学习或领袖力困境的在校青少年及青少年志愿者，以及突然失业的在职青年等。以下以低龄的贫困儿童与 18 岁以上的在职青年为例。

---

① 孙杰远：《论学生的社会性发展》，《教育研究》2003 年第 7 期。

（一）低龄青少年（主要为贫困儿童）

对于低龄青少年而言，兴趣的培养与学习机会的提供十分重要。然而对于低龄贫困青少年而言，由于家庭经济情况的原因，父母忙于工作，仅有生存需要和安全需要得到满足，较高一层的情感和归属需要、受尊重需要、自我实现需要难以得到满足，同时也缺乏良好的学习环境和课余的兴趣爱好培养机会。因而对于低龄贫困青少年的能力建设服务的介入点在于培养其兴趣，弥补家庭培养的不足。

（二）高龄青少年（主要为18岁以上的在校生、在职青少年）

这一青少年群体由于人生经验少、能力不足等原因，被置于社会的弱势群体位置，尤其在社会参与层面，容易对社会发展产生疏离感和无奈感。另外，在此阶段，青少年（尤其是在职青少年）主要任务为婚姻、事业的确立及发展、人际范围的扩大与加深。然而在现实生活中，总会有很多青年因为各种理由处于单身状态，缺乏交友平台，他们往往会因此被误解或被逼迫。

四 选择理论

能力建设服务的常用理论见表5-8。

表5-8 能力建设服务的常用理论

名称	主要内容	对服务的指导
多元智能理论	哈佛大学认知心理学家加德纳提出多元智能理论，定义智能是人在特定情景中解决问题并有所创造的能力。他认为我们每个人都拥有八种主要智能：语言智能、逻辑-数理智能、空间智能、运动智能、音乐智能、人际交往智能、内省智能、自然观察智能	开展青少年成长服务的时候，应该利用多元智能理论发掘青少年的潜能，为他们提供适合的发展机会，并帮助他们寻找更适合自身的学习方法，联系各种社会资源培养青少年多元智能

续表

名称	主要内容	对服务的指导
赋权理论	详见第一章第三节理论五	在赋权理论的指导下，运用社工专业手法，通过青年论坛、社区倡议及志愿活动等一系列服务，促进青少年权利意识的觉醒，提升青少年的个人素质、自信心及能力，发挥青少年的力量，使其发声、参与社会发展与改良。在开展服务时可以开展一些适合青年志愿者参加的活动，让他们感受到：青年是有能力和有机会做好适合他们参与的社会事务的
心理社会发展理论	埃里克森的心理社会发展理论将人的成长划分为八个阶段，每个阶段人都要经历特定的冲突和危机，对于每一阶段的危机，人会有积极或消极两种反应，每个阶段危机的顺利解决，有助于形成一个稳定、成熟的自我	高龄青少年的主要任务为婚姻、事业的确立及发展、人际范围的扩大与加深。基于此，在开展服务时可以给当代工作繁忙的青年提供一个平台，使他们在获得职业技能的同时扩大交友范围，分享各自对爱情的感悟，鼓励他们正向积极地面对单身、享受单身。同时在此平台上渗入公益理念，鼓励青年多回归社区、关怀身边的人

五　设定服务目的

（一）针对低龄贫困青少年

（1）青少年的多元智能能够得到开发与发展，自我认知度与自信心能够得到提升。

（2）青少年能够与社工一起建立更广阔的朋辈支持网络。

（3）青少年能够主动思考和订立个人的规划，对个人成长发展有更清晰的目标。

（二）针对高龄青少年

（1）青少年能够在价值观上认同作为一个青年需要用自己的

力量去服务社会，同时也能在其中得到成就感，形成感恩、回馈社区的意识。

（2）单身青年、在职青年能够利用机构提供的平台进行交流与互动，并能够学会以正向积极的视角看待自己。

六　设计行动策略

能力建设服务行动策略见表 5-9。

表 5-9　能力建设服务行动策略

服务对象	行动策略
低龄贫困青少年	● 兴趣班课程/兴趣类小组：音乐、运动、人际交往 ● 联系社会资源：企业参访
高龄青少年	● 小组：人际交往、认识自我、技能学习（烘焙、园艺等） ● 社区参与：志愿者活动

七　案例分析

（一）低龄贫困青少年："多元梦想课堂"计划[1]

1. 活动概况

（1）目的：青少年能够利用平台建立更广阔的朋辈网络，加强朋辈支持，提升自信心。

（2）对象：低龄贫困青少年。

（3）时长：为期 1 个月。

（4）地点：社工站。

2. 服务流程

"多元梦想课堂"计划服务流程见表 5-10。

---

[1] 资料来源：广州市启创社会工作服务中心。

表 5-10 "多元梦想课堂"计划服务流程

计划名称	时间	内容
"Ucool"音乐智能培养计划	2016 年 7~8 月	邀请 Ukulele 和吉他导师教学,学习乐器的基础课程,在社区活动上表演展示
"阳光 teen 使"运动智能培养计划	2016 年 7~8 月	邀请导师开展羽毛球兴趣班、咏春拳兴趣班基础课程,锻炼动手能力
"梦想旅途"交流计划	2016 年 7~8 月	了解儿童的需要,组织到企业交流参观活动,发展儿童的人际智能和内省智能

3. 服务小贴士

在教学过程中应注意的问题如下。

● 在课程期间工作员应注意青少年对于课程的反馈及感受,与教学导师保持密切的联系,互相进行信息交流及反馈,根据青少年的学习情况适当地调整教学进度。

● 在课堂上注意引导青少年互相帮助、鼓励,逐步建立起互助友爱的朋辈支持系统,并鼓励青少年学会寻找朋辈的支持来帮助自己解决困难。

(二)高龄青少年:YOUTH 加油吧筹划小组[①]

1. 活动概况

(1)目的:青少年能够认识到自己在社区中的能力以及重要性,同时能够倡导更多青年去用属于青年的力量促进社区的进步、青少年的成长。

(2)对象:高龄青少年志愿者,主要为大学、大专以上的学生或在职青年。

(3)时长:60~90 分钟/节,共 9 节。

(4)地点:社工站。

2. 服务流程

YOUTH 加油吧筹划小组服务流程见表 5-11。

---

① 资料来源:广州市启创社会工作服务中心。

表 5-11 YOUTH 加油吧筹划小组服务流程

节数	时长	主题	内容	物资
第一节	60 分钟	认识小组	• 分享我是谁，为什么来参加筹划小组：利用四角纸进行自我介绍。 • 介绍小组主题与内容 • 感受 DFC*，观看视频，介绍小组的内容和成果。 • 制定小组契约	签到表、笔、名字贴、大白板、大白纸、照相机、DFC 视频
第二节	60 分钟	设计方案	• 等人小游戏：起钉游戏、铅笔除写字的 50 种用法 • 重温契约（2 分钟）：将大白纸重挂出来，邀请个别组员说出，看看大家是否记得 • 利用头脑风暴，想象更多的方式去了解青年的需求并实行 • 邀请组员总结成果，分享感受	大白纸、照相机、钉、笔、问卷
第三节	60 分钟	设计问卷	• 游戏：解手绳 • 重温上节的内容，并引出本节设计问卷的内容 • 通过社工站已有的问卷，让组员感受问卷的特点，并讲出填写问卷时觉得不好的地方 • 小组讨论修改自己需要的青年需求调查问卷 • 想象适合推送的言语	手绳、问卷、笔
第四节	90 分钟	体验派发问卷	• 小游戏：明日环 • 介绍本节的内容：到太古仓派发问卷做调查，了解青年的需求 • 讲解做调查的小技巧和其中应注意的事项 • 分组行动做调查	明日环、"青年地带"宣传单、白纸、问卷
第五节	60 分钟	设计服务主题	• 工作员提前准备好问卷的分析结果 • 根据问卷的分析结果和观察法观察到的需求，设计适合青年的服务，确定活动的主题	问卷的分析结果、纸、笔

续表

节数	时长	主题	内容	物资
第六节	60 分钟	讨论服务框架	● 通过"普通策划书"的模板来让小组组员一起讨论完成小组的大概框架	纸、笔等
第七节	60 分钟	形成最终方案	● 小游戏：锤子之谜 ● 梳理已经有的活动内容，并形成完整策划 ● 做好困难预计并商量解决办法	纸、笔等
第八节	60 分钟	执行方案	● 组员以工作员的身份执行方案	活动物资
第九节	90 分钟	总结分享	● 组员在社工站煮饭，一起分享晚餐 ● "K 歌"放松 ● 工作员引导小组组员分享总结小组的收获。 1）当初参加小组的目标是否已达成？ 2）你在小组三个月时间里的情绪变化？ 3）在小组里收获了什么？ 4）你会怎样运用这些收获？ ● 工作员给组员明信片，让组员之间相互鼓励和支持。 ● 处理分离情绪：派发感谢棒棒糖	食材、棒棒糖

注：* DFC（Design For Change）是全球最大的孩童创意行动挑战，目的是让孩子发挥自己的想象力，通过自己的实际行动改变和影响身边的事情，让世界变得更美好。

3. 服务小贴士

（1）在小组活动中工作员应该注意的事项：

● 该小组是活动筹划小组，组员需要共同进行调查、策划及组织开展活动，因此，团队合作及凝聚力尤为重要，在过程中组员会出现意见不一致的情况，工作员应注意协助组员进行良好的沟通协调，在每次小组开始时的热身环节也可以侧重加强组员之间的熟悉程度，形成良好关系，学会互相包容。

（2）如何最大限度地调动外出调查时组员的积极性？

● 一般来说组员在外出调查方面的经验甚少，会有某些组员不敢主动与行人交流，因此工作员在开始调查前应向组员介绍一些实用的开场白或搭讪技巧，并在组内先进行模拟练习，调查过程中要注意安抚组员的情绪，主动示范。

第四节　社会参与服务

一　概述

青少年在成长阶段面临独特的发展性任务，分别是建立朋辈关系、确立价值观和争取独立自主等，他们正处于探索自我和树立形象的阶段，是培养日后价值观及处世态度的关键时期。[①] 社会参与有利于他们这一阶段任务的完成。

青少年的社会参与是指培养公民意识，增加他们对社会及社区的认识及关心，使他们成为成熟、有责任感、有贡献的社会公民。但在目前阶段，由于社会竞争激烈和社会主流价值观的影响，以及我国家庭、学校对青少年的期望和要求普遍聚焦于学习成绩上，现行教育体制的要求和青少年的发展需要不一致，忽略了他们与人的交往及其社会性的获得，导致青少年对社会事务关注度不高，社会参与意识不强，进而阻碍其社会性发展进程。激发青少年的社会参与意识和社会责任感，需要从各个方面创造条件，才能保障他们社会参与的有效性。

此部分服务可供参考的法律法规有《中华人民共和国未成年人保护法》、《中华人民共和国义务教育法》、《广东省未成年人保护条例》、《广东省保护妇女儿童合法权益的若干规定》。

二　分析需求

（一）社会性发展的需要

社会性发展是青少年发展的重要内容之一，社会性是作为社

---

① 关锐煊、陈永昌：《社会工作综合服务珠玑集——经验与展望》，香港仔街坊福利会社会服务中心，1997，第189页。

会成员的个体为了自我发展和适应社会生活所应具备和表现出来的个性、知识、思维、能力等方面的综合社会特征。① 社区是青少年重要的活动场所，也是促进青少年全面发展的可行且重要的承载系统。社会参与对青少年智力、技能、自我调节能力、社会交往能力等的开发具有积极作用。但由于学校和家长普遍关注成绩，青少年社会参与活动基本上与课程学习有很强的相关性，繁重的学习负担和压力使他们参与社会实践的意愿非常强烈。

（二）社交的需要

青少年的人际交往重心开始由父母转向同龄人，在与朋辈群体交往方面，广度和深度也有所增加。在这一时期，他们不仅继续与儿童期的朋友交往，也会结交新的性情相投的朋友，交友范围扩展到不同的年级，由校内扩展到校外。低年龄青少年交往的动机更多的是基于融入同龄群体的愿望，且重情重义；高年龄青少年除了情感上的动机，如认识异性、寻找志趣相投的朋友等外，还会有物质、利益等功利性的动机。社区、社会是青少年社交的重要环境，青少年通过丰富多彩的社会参与活动，可以与不同职业、层次的人紧密地联系，发展新的人际关系。

（三）社会价值实现和责任感的需要

青少年期是青少年社会责任感形成的重要时期。青少年希望可以在社会参与中发展出各方面的能力，获得肯定，建立对自己的信心，同时培养出社会责任感。在一些社会层面的青少年参与项目中，这种责任感的培育还同时配合着对身边环境的归属感和安全感的建立。青少年在身体力行的各类参与活动中，了解从社区到国家的社会环境，明白个体在社会中的价值所在。

---

① 王玉香：《青少年社会工作》，山东人民出版社，2012，第52页。

三 划分服务对象

由于社会参与服务对于各个年龄阶段的青少年都会开展,此处便不再对服务对象进行详细的划分。

四 选择理论

社会参与服务的常用理论见表 5-12。

表 5-12 社会参与服务的常用理论

名称	主要内容	对服务的指导
赋权理论	详见第一章第三节理论五	在青少年服务中应相信青少年有自己改变自己的能力,他们有能力增加自己的优势并由此为社会的整体利益做贡献。通过让青少年参与志愿活动、协助志愿活动的开展,进而提升青少年的能力及自信心,促进青少年的健康全面发展
社会学习理论	班杜拉认为个体的学习行为有三种机制,即联结、强化和观察学习。而观察学习可以在没有任何其他外在强化的情况下进行,人们仅通过观察他人或模仿榜样,就可以学习某种社会态度和行为	在开展志愿者活动的过程中,青少年可以通过观察学习了解志愿者服务是如何开展的,并从有经验的旧成员那里学习到人际交往能力、沟通协作能力
互助小组模式理论	这一模式强调人与人的交互反应关系,强调成员的互相帮助,强调个人必须从群体生活中学习。小组互动有助于个人形成良好的自我与发展健康的人格。小组成员相互依赖并分担相互帮助的责任,有助于满足小组成员娱乐、交往与感情交流的需要,也有助于面临共同问题的人进行信息交流,获得心理支持,学习正确的态度与行为,从而缓解个人的危机和问题	工作员是案主与小组或小组与机构间的居间协调人,利用机构内外的资源,促进小组成员的互动及调动小组成员的积极性与参与性

五 设定服务目的

（1）青少年社会参与的动机和意识得以提升。

（2）青少年的志愿服务能力与公益实践能力得到提升。

（3）青少年能够从社会参与的分工中探索和发现自我，培养独立思考能力和批判能力，建立自己的价值观。

六 设计行动策略

社会参与服务行动策略见图5-9。

个人层面：志愿服务活动——学习志愿服务的知识及技巧
- 开展爱心义卖
- 禁毒宣传
- 环保行动

群体层面：小组——鼓励青少年实践
- 设计服务方案
- 学习服务技能

社会层面：比赛——鼓励青少年参与公益社会实践
- 举办青少年志愿服务创益大赛，让青少年进行方案设计、服务实践及成果分享，推动青少年志愿服务工作发展

图5-9 社会参与服务行动策略

七 案例分析："蒲出Sun Teen地"暑期大搜索小组[①]

1. 活动概况

（1）目的：

- 青少年对蒲点高危情境的识别能力得到提升。
- 青少年能够习得高危情境的应对方式。
- 青少年自我保护的能力得以提升。

（2）对象：初中阶段的青少年，尤其是重点青少年群体：社区矫正（社矫）青少年、涉案青少年、涉毒青少年、"两需"青

---

① 资料来源：广州市启创社会工作服务中心。

少年。

（3）时长：60～90分钟/节，共6节。

（4）地点：社工站及社区中。

2. 服务流程

"蒲出 Sun Teen 地"暑期大搜索小组服务流程见表 5-13。

表 5-13　"蒲出 Sun Teen 地"暑期大搜索小组服务流程

节数	时长	主题	内容	物资
第一节	60 分钟	认识小组	• 介绍小组主题与内容 • 互动游戏：抛鸭子 • 加深认识：海贼王的宝藏：展示个人的特色（有利于团队的优点） • 为自己制定小组目标 • 家庭作业：每个人寻找 2 个所属街道的青少年蒲点	PPT、投影、鸭子、彩纸、彩色笔
第二节	60 分钟	我的设计	• 我的蒲点路线： 1）选出"我"喜欢的 3 个蒲点并介绍喜欢的原因 2）归纳小组所认同的筛选青少年蒲点的要素 • 根据收集的资料，设计蒲点路线 • 根据蒲点表格，设计观察和访问提纲 • 预演访问环节	彩纸、彩色笔、蒲点表格
第三节	90 分钟（分两次）	走访蒲点	• 外出前： 1）说明走访蒲点的任务 2）人员分工：记录、拍照、访谈、安全（时间）提醒、财务等 3）说明安全事项 • 外出走访蒲点并做好记录，填写蒲点表格 • 引导分享：根据 4F 原则	蒲点表格、照相机、笔
第四节	60 分钟	整理访谈资料	• 小游戏：捉虫虫、扑克牌排序 • 整理访谈资料：以蒲点表格为基础，结合 1 个高危情境和应对方法制作一个呖咕漫画	蒲点表格、笔、制作呖咕漫画的手机或 iPad、大扑克牌

续表

节数	时长	主题	内容	物资
第五节	90 分钟	展示成果	• 组员以工作员的身份一起带领其他青年去开展关注"社区文化"主题的定向越野活动("厨渣联盟"),完成设计与带领的任务	问卷的分析结果、纸、笔
第六节	60 分钟	回顾总结	• 以提问的方式引导组员回顾本次小组历程 • 进步贴纸:每个人都有 9 张便利贴,每一张便利贴写上同伴在这段时间令你欣赏的地方,贴在专属人的卡纸上 • 庆祝活动:赞扬组员的成长 • 组员分享:对比之前的目标,分享自我的收获	纸、笔等

3. 服务小贴士

(1) 如何让组员尽快融入小组团队中?

在破冰及暖场游戏的设计上可以注意除了自我介绍外加入一些能进一步加深组员间了解的环节,例如,让组员在纸上写出自己具备的有利于团队合作的优势,并把这些优势贴出来,再观察有哪些组员具备同样的优势,进而增强组员之间的认同和了解程度,鼓励组员充分发挥自己的优势,增加团队活力;也可以设计一些需要团队合作的游戏,让组员在游戏过程中提升团队凝聚力及认同感,学会合理分工,从而发挥团队的最大作用。

(2) 在设计走访线路时应注意的问题:

• 进行蒲点筛选时应注意让组员关注社区内重点青少年组群通常聚集的地方,这些地方往往是高危情境易发的场所。

• 在设计出走访线路及访谈提纲后应组织组员在组内通过情景模拟等方式进行访谈预演,熟知可能出现的意外情况及应对方式。

第五节 家长与教师支援服务

一 概述

家庭是绝大部分人第一个生活及接受教育的环境，也是青少年期仍然占据主要位置的生活场所，家庭教育在人的成长过程中起着特殊的、极为重要的作用。随着社会的发展，人们对家庭教育寄予的期望值越来越高。一个健康、和谐的家庭以及恰当的教养方式对于青少年健康成长起着潜移默化的影响。但当青少年追求自我独立的成长期遇上家长的中年危机、管教方式的一贯性时，彼此之间难免出现矛盾，家长常会忧心和倍感压力。若家长清楚青少年这个时期的特点，以及运用恰当的方式去处理，既可减少家长的困惑，也可更好地帮助青少年走过矛盾的青春期。

学校则是青少年主要的学习生活场所。老师的态度、状态、为人处世等都对青少年的成长发展有着重要的影响，因此，职业道德对教师有着较高的要求，教师所承担的社会期待也偏高，再加上教学任务和升学率的要求、各种青少年问题频出、支持网络不足等，使得老师也面临着巨大的压力，有些教师甚至出现不同程度的职业倦怠，但他们又没有有效的办法去缓解。教师的职业满意度和教学状态高低不仅关乎自身的身心健康，也对教育质量和青少年支持有着重要的影响。

鉴于以上所述，以及"家-校-社"青少年发展支持体系的要求，在开展青少年服务时，家长和教师的支援工作也不可忽略。

此部分服务可供参考的法律法规有《中华人民共和国未成年人保护法》、《中华人民共和国义务教育法》、《中华人民共和国预防未成年人犯罪法》、《广东省未成年人保护条例》等。

二 分析需求

（一）家长对良好亲子关系的渴求

随着孩子进入青少年期，许多家长便进入摸不着头脑的状态。一方面，许多家长总想关心子女，了解子女的想法、心情和状态，可与子女的沟通却变得异常困难，令家长感到失落、焦虑和难受；另一方面，家长被生活、人际或工作俘虏，于是不自觉地将青少年的问题当成一个个需要尽快解决的任务，由于缺乏耐心和处理技巧，与孩子的亲密感骤降。这些情况严重影响家庭成员之间的关系和家庭氛围，家长迫切希望解决。

（二）教师减压的需要

在社会各界对教师促进青少年全面发展尤其是学生成绩提升、人身安全和心理健康方面高期待的情况下，教师除了教学工作外，常常需要进行情绪或情感劳动，也容易面临道德绑架的情况，精神上常常高度紧张，他们渴望有人可以关注教师群体的高压力状况，提供心理调适。

（三）教师对家长在教育方面合作的需求

教师尤其班主任在教学中经常需要处理青少年的行为、情绪、心理健康等问题，这些问题仅靠学校单方面对学生进行教育是难以奏效的。因为很多问题的根源在家庭，教师希望与家长有更好的合作，但家长不愿意、没有时间、因为孩子表现不佳或不敢面对权威害怕面见教师；而且许多家长和教师在青少年教育理念和方法上有较大差异，难以就青少年的教育进行有效沟通，教师和家长皆为此感到困扰而有心无力。双方都希望可以友好合作，共同参与到青少年的教育中。

三 划分服务对象

（一）家长

青春期青少年的情绪变化大，且容易有极端独立反叛情绪，不愿与家长沟通。家长时常也会不知道如何主动与孩子沟通，了解青少年学习生活现状。因此产生家庭矛盾。

（二）教师

随着融合教育政策的推行，普通中小学中有了越来越多随班就读的有特殊需求的青少年。许多教师在管理这些青少年的过程中有困难，也会存在较大的压力，因而需要社工的介入。

四 选择理论

家长与教师支援服务常用理论见表 5-14。

表 5-14 家长与教师支援服务常用理论

名称	主要内容	对服务的指导
社会支持理论	社会支持网络指的是一组个人之间的接触，通过这些接触，个人得以维持社会身份并且获得情绪支持、物质援助、服务、信息与新的社会接触。依据社会支持理论的观点，一个人所拥有的社会支持网络越强大，就能够越好地应对各种来自环境的挑战	社工联系专家或其他社会资源，让家长有机会学习及提升孩子管教能力，让教师能够感受到自己在教育学生的过程中并非孤立无援，从而为孩子成长提供更有效的支持
体验学习法及历奇为本辅导	详见第一章第三节理论九	通过真实的体验加深教师与家长对团辅技巧的了解，并通过引导分享来巩固活动的收获

五　设定服务目的

（一）面向家长

（1）家长能够掌握更多亲子正面管教的技巧。

（2）家长能够了解并掌握情绪舒缓的渠道，获得更多情感支持。

（二）面向教师

（1）联动教师：教师能够与社工一起搭建更有效的沟通及合作平台。

（2）服务教师：教师的管理能力及信心能够得到提升。

六　设计行动策略[①]

家长与教师支援服务行动策略见图5-10。

家长支援服务

- 主题宣讲会/工作坊：
  小升初适应、如何管教下一代、萨提亚模式沟通技巧等
- 亲子活动：亲子运动会、亲子志愿活动
- 家访、家长咨询：为困难家庭链接政府和社会补助资源；为有困扰的家长提供咨询及个案服务

教师支援服务

- 主要通过开展工作坊、提供咨询的形式提供以下服务：
  教师压力管理；与家长沟通技巧；班级经营；读写障碍学生教育

图5-10　家长与教师支援服务行动策略

---

① 资料来源：广州市启创社会工作服务中心印刷的《海珠区"青年地带"学校服务》小册子，2017。

七 案例分析

(一) 家长：青少年教育困惑讲座[①]

1. 活动概况

(1) 目的：家长能够学习及掌握当代青少年管教的方法，营造和谐家庭氛围。

(2) 对象：对教育孩子有困惑的家长。

(3) 时长：100分钟。

(4) 地点：学校接待处。

2. 服务流程

青少年教育困惑讲座服务流程见表5-15。

表5-15 青少年教育困惑讲座服务流程

时间	主题	内容	物资
5分钟	介绍嘉宾	●社工自我介绍，介绍嘉宾 ●简述讲座内容	PPT、话筒
70分钟	嘉宾讲座	●认识孩子难管教的原因，掌握良好的管教方式； ●能在生活中主动营造和谐家庭氛围，丰富家庭生活； ●意识到把握住管教黄金机会的重要性	投影、PPT
10分钟	解答家长疑惑	家长可就嘉宾讲的内容或者自己生活中教育孩子的困惑对嘉宾进行提问	PPT、话筒
10分钟	总结	感谢嘉宾，总结活动，填写反馈表	PPT、反馈表
5分钟	巩固服务成果	预告后续线上家长服务，邀请家长加入QQ群	二维码、宣传单等

3. 服务小贴士

如何巩固活动的成效？

[①] 资料来源：广州市启创社会工作服务中心。

社工在讲座结束之后将通过线上家长群收集家长们的疑惑和需要,给予支持和解答,同时后续也会定期在线上群分享亲子管教方面的资讯。

(二) 教师:"愈教愈乐" 工作坊①

1. 活动概况

(1) 目的:
- 教师能够掌握带领学生团辅的技巧,团辅能力得到提升;
- 教师能够提升与家长沟通的技巧;
- 不同学校老师能够进行经验学习和交流,提升自助能力。

(2) 对象:教师。

(3) 时长:180 分钟。

(4) 地点:社工站。

2. 服务流程

"愈教愈乐" 工作坊服务流程见表 5 - 16。

表 5 - 16 "愈教愈乐" 工作坊服务流程

时间	主题	内容	物资
80 分钟	促进教师之间的相互认识,形成团队,并学习团辅技巧	• 活动介绍 • 团辅游戏环节:抛鸭子游戏、扑克牌游戏 • 总结分享:就团辅的热身环节、团队催化环节进行总结,并引出相对应的技巧 • 团辅游戏环节:合作运送核废料 • 小组讨论: 1) 你的小组是如何找到一个可行的方法的? 2) 当大家都有自己的意见和观点时,如何表达不同的意见和观点?当你的意见被接纳或被拒绝时,你有什么感受? 3) 在小组解决问题时,有人带领我们、指挥我们进行吗?小组需要这样的领袖人物吗?你自己担任什么角色呢? 4) 被蒙上眼睛的操作者有何感受呢?	70 个鸭子道具、6 副扑克牌、眼罩 60 个、装水塑料器皿 6 个、24 条橡皮筋、60 条棉绳、6

---

① 资料来源:广州市启创社会工作服务中心。

续表

时间	主题	内容	物资
30分钟	促进教师之间的相互认识,形成团队,并学习团辅技巧	● 总结分享: 1)社工引导4F原则(即动态引导反思法,包括四个提问重点:Facts,事实;Feelings,感受与体会;Findings,发现;Future Use,未来的运用)分享技巧 2)教师总结分享,模拟4F原则技巧	个一次性纸杯、宣传小手册
10分钟	让老师们放松,为下一阶段的工作坊做准备	教师茶歇时间,茶歇完并移步至工作坊场地	—
50分钟	与老师分享家校沟通主题的方法与技巧	工作坊:如何与家长有效沟通 ● 小组讨论、分享教师如何面对与家长沟通的几种情形: 1)如何与家长谈学生在校出现的问题 2)如何面对兴师问罪的家长 3)如何加强家长对教师目标的配合 ● 社工分享:学习如何建立与家长良性沟通、避免误解的方法 ● 答疑 ● 总结回顾活动内容,邀请教师进行交流与分享	PPT、话筒
10分钟	—	合照、填写反馈表	反馈表、笔、照相机

3. 服务小贴士

(1)如何让教师很快融入工作坊的环境?

设计有意义并且有逻辑的游戏环节,通过引导性的提问让教师们思考。在本工作坊前半场中,首先是通过游戏的方式让参与者之间相互熟悉,再通过团队催化游戏和团队深化游戏增强各个小组团队的凝聚力。最后通过总结分享的形式让参与者反馈活动中的体验,社工在引导分享后抛出4F原则,让大家回顾整个团辅过程中的各环节游戏,结合社工的引领技巧做出解析,为教师在后续教学中做团辅时如何带领、设计、组织提供了知识参考。在此过程中也让参与者既得到了精神上的放松,又实现了技巧的学习。

第六章 困境青少年服务

困境青少年服务将对应三级预防机制中的临界预防机制,主要是避免青少年已经出现的问题导致不良的结果产生。本章根据政策和服务的一般性经验,分为以下六节:贫困青少年服务、流动青少年服务、服刑人员未成年子女服务、散居孤儿服务、受侵害与受虐青少年服务以及有特殊需求的青少年服务,见图6-1。每一节都将按照概述、分析需求、选择理论、设定服务目的、设

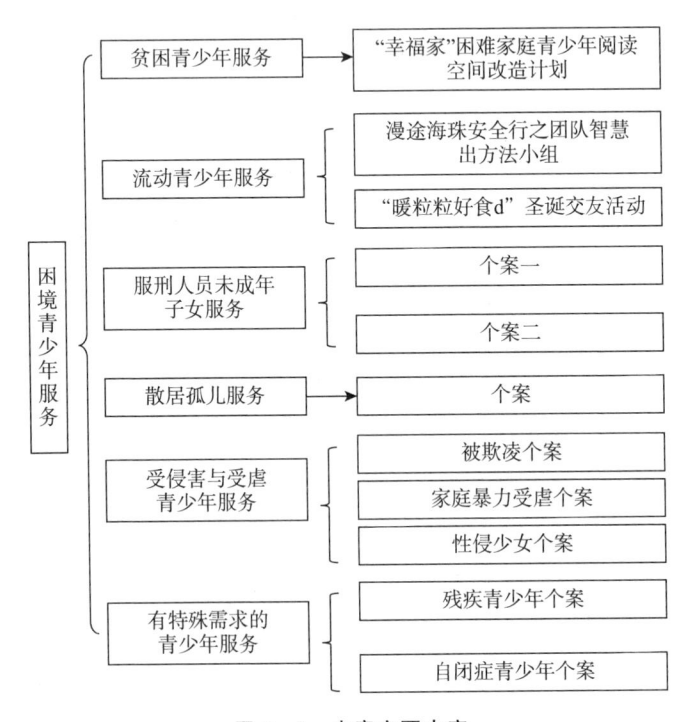

```
困境青少年服务
├─ 贫困青少年服务 ──→ "幸福家"困难家庭青少年阅读空间改造计划
├─ 流动青少年服务 ┬─ 漫途海珠安全行之团队智慧出方法小组
│               └─ "暖粒粒好食d"圣诞交友活动
├─ 服刑人员未成年子女服务 ┬─ 个案一
│                      └─ 个案二
├─ 散居孤儿服务 ──→ 个案
├─ 受侵害与受虐青少年服务 ┬─ 被欺凌个案
│                     ├─ 家庭暴力受虐个案
│                     └─ 性侵少女个案
└─ 有特殊需求的青少年服务 ┬─ 残疾青少年个案
                      └─ 自闭症青少年个案
```

图 6-1 本章主要内容

计行动策略、参考工作模式和案例分析的逻辑编排，其中案例分析中的案例来源于广州市启创社会工作服务中心以及广州粤穗社会工作事务所的青少年领域服务，供读者参考。

第一节 贫困青少年服务

一 概述

贫困包括物质生活贫困和心理或精神贫困。贫困给青少年带来多种影响：一是贫困给青少年的身体、心理带来负面影响，特别是心理方面，贫困导致青少年出现各种心理问题，如自卑、封闭等。二是家庭的经济压力使得亲子关系趋于淡化、冷漠。三是青少年在受教育上的问题，辍学率高，受教育质量不高。四是家境的贫困使得青少年的社会交往受到排斥。五是物质贫困有可能导致青少年的精神贫困。

造成贫困的原因是多方面的，例如，社会资源分布不均、信息不对称、消费主义、疾病、低收入社群被病态化或偏见文化、个人及家庭原因等，但更重要的是我们要看到他们在面对贫困时所产生的抗逆力和拥有的环境资源。因此，在提供服务时，我们要注意放下专家的身份，与服务对象一起协作，注重"个体主动"和"外力推动"相结合，从不同层面协助青少年更好地面对贫困。

此部分服务可供参考的法律法规有《中华人民共和国未成年人保护法》、《中华人民共和国义务教育法》、《广东省未成年人保护条例》、《广东省保护妇女儿童合法权益的若干规定》、《广东省社会救助条例》等。

二 分析需求

（一）生理正常发育的需要

青少年正处于生理成长的黄金阶段，除了遗传因素外，外在因素对青少年生长发育的速度和程度的影响是十分明显的,其中家庭的经济物质条件有重要的影响。青少年生理发育需要大量的营养物质,经济条件较差的家庭不能很好地满足他们的营养需求,进而阻碍其发育。

(二) 健康的需要

贫困青少年所在的家庭由于受经济条件的限制,往往租住或居住在设施简陋、拥挤或卫生环境较差的房子内。由于居住环境不佳、卫生习惯不良及出于经济考虑而出现不接受自费疫苗接种和不购买医疗保险、一般病痛不就医或不及时就医等诸多因素,贫困青少年的健康情况容易出现危机,更严重的是可能会带来身体上不可恢复的伤害或者因病使得家庭更加贫困。

(三) 爱和情感交流的需要

贫困家庭成员疲于应对生计问题,另外,家长对贫困青少年寄予厚望,希望他们不要重复自己的命运,因此他们对贫困青少年的关注点主要放在学业上,较少放在与孩子的相处及沟通、家庭氛围营造、亲子关系改善等方面。家庭贫困促使家长对孩子教育投入的精力和耐心减少,参与性也相对较差,甚至由于生活压力处理不当形成冷漠或冲突的家庭关系,对待青少年更容易使用不恰当的、拒绝的惩罚方式,并且很难保持管教方式的一贯性,使得青少年变得易怒或胆怯,甚至有些会出现怨恨父母的情绪。

(四) 社交的需要

社交是作为一个社会人最基本的活动。贫困青少年常常因贫困而受到朋辈及社会的歧视和排斥,过早地体会到社会不公和世态炎凉,容易产生自卑、不公,对自身和未来缺乏信心。由于家庭经济条件、心理方面的顾虑,甚至冷漠或冲突的家庭关系,贫困青少年有社交退缩的行为。还有一些青少年因为要过早地承担协助家长照顾家庭的事务,而无暇顾及社交娱乐需要。

(五) 教育的需要

青少年期是个体人生观、价值观、世界观开始形成并逐步稳定的时期，教育是促进人生观、世界观、价值观树立的重要的途径。享受教育也是青少年的法定权利，而且在我国的社会大环境下，对于贫困家庭而言，青少年接受良好的教育是其家庭唯一向上流动的机会，在教育上的投入对于贫困青少年来说是人力资本的提升，对于其脱离贫困起到重要作用。但随着社会的竞争越来越激烈，对人才的要求也越来越高，贫困青少年除了接受学校内的课程知识教育外，还面临着素质教育的需要，但受经济及资源的限制，他们无法获得多元的教育。

(六) 就业的需要

因为家庭负担或学业困难等原因，部分青少年过早结束学业而进入到社会打工，但由于文凭和技能过低，他们往往只能从事收入不高的体力劳动或者服务业，过早就业并没有很大程度地帮助他们改善生活。青少年阶段是接受学习和培训以提升自己能力的最佳时期，掌握职业技能，及时掌握就业资讯，找到收入相对高的工作，减轻家庭经济压力，是他们关心的问题。

三 选择理论

贫困青少年服务的常用理论见表 6-1。

表 6-1 贫困青少年服务的常用理论

名称	主要内容	对服务的指导
增权理论	根据增权理论，经济或社会上的弱势者缺乏资源，因为他们缺乏权力。这种无权不但指他们缺乏能力或资源，同时也指他们会通过一种内化过程，形成一种无权感，正是由于这种无权感，他们指责和贬低自己，进而陷入无权的恶性循环	我们在介入贫困青少年服务时，可以把增权作为介入的途径。增权的目标可以是增加个人、人际或政治权力，以便个人、家庭或社区可以采取行动改善他们的处境

续表

名称	主要内容	对服务的指导
生涯规划与辅导理论	详见第一章第三节理论八	在此理论的指导下，开展青年就业培养计划，针对16~25岁青少年提供站点兼职、技能培训、外出体验活动及个案辅导等服务，协助他们做好生涯规划，增强职场软实力，在服务中逐步提升能力感

四 设定服务目的

（1）青少年能够重新评价自己，发掘自己的潜能。

（2）青少年在生活与学习中的困惑能够得到解决。

（3）青少年所面临的经济困难能够得到解决。

（4）青少年能够发现自身及社会资源、积极建构社会支持系统，发现新的改变力量去改善处境。

（5）搭建青少年就业支持网络。

五 设计行动策略

贫困青少年服务行动策略见图6-2。

个人层面
- 个案定期跟进：形成积极的自我认同、发现并运用资源改善生活情况
- 小组：生涯规划主题、技能培训、爱好培育、自信心建立

家庭/学校层面
- 协助贫困青少年家庭发现自身及社会资源、积极建构社会支持系统
- 家长工作坊：科学管教、沟通技巧
- 推动学校师生增加对贫困青少年的接纳和支持

社区/社会层面
- 资源链接：动员企业、社区居民为贫困青少年及其家庭提供物质支援、生活照顾、课业辅导等服务
- 政策倡导：如生活保障政策、教育贷款政策等，改善贫困青少年教育及其家庭的生活水平

图6-2 贫困青少年服务行动策略

六　参考工作模式

"青年地带"项目的贫困青少年服务按照图6-3的参考工作模式开展。社工首先根据街道、居委会提供的贫困青少年名单，对贫困家庭青少年群体分层分类；其次对每一户贫困青少年进行逐一的排查与评估，通过对他们个别需求的掌握，来决定每个贫困青少年的跟进计划；最后针对不同需求的贫困青少年制定不同的服务计划，其中包括兴趣能力培育计划、助学计划、就业辅导计划、阅读空间改造计划以及定期探访。

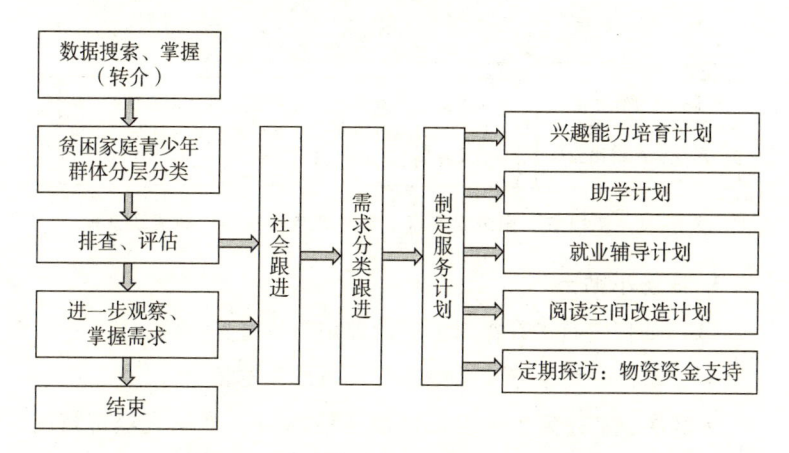

图6-3　贫困青少年服务的参考工作模式

七　案例分析

（一）"幸福家"困难家庭青少年阅读空间改造计划[①]

1. 活动概述

（1）目的：

● 经济困难家庭的家居环境得以改造，能够为贫困青少年创造健康成长的良好居家环境。

---

① 资料来源：广州市启创社会工作服务中心。

- 妈妈"为儿童创造适宜居住环境"的意识和技巧得以提升。

（2）对象：6~18岁，有学习空间改造需求的困难家庭。

（3）时长：2016年5月至2017年12月。

（4）地点：困难家庭、社工站。

2. 活动流程

"幸福家"困难家庭青少年阅读空间改造计划活动流程见图6-4。

第一阶段	第二阶段	第三阶段
●排查潜在需求家庭 ●筹集社会资源，搭建资源输出流程	●跟进家庭个案辅导 ●制定家庭改造前期需求计划	●继续跟进家庭个案辅导 ●进行家庭阅读空间改造

图6-4 "幸福家"困难家庭青少年阅读空间改造计划活动流程

3. 服务小贴士

（1）如何进行潜在需求家庭的评估与排查？

- 首先，收集参与"幸福家"项目的家庭信息。
- 其次，通过筹备会议，讨论评估的内容（家庭经济情况、青少年学习情况等）。
- 再次，上门家访，实地了解家庭情况以及布局。
- 最后，筛选（迫切性、可行性），确定参与家庭名单。

（2）我们可以筹集哪些社会资源，应当如何筹集？

- 联系社会资源，包括基金会、设计公司、建筑公司、物料公司等，通过无偿或低偿的方式参与"幸福家"项目，给予物质或技术层面的支持。
- 联络相关媒体，对项目实行跟踪报道。

（3）家庭个案辅导跟进包括哪些方面？

- 青少年学习动机带动。
- 家庭成员互动关系辅导。

（4）家庭改造前期的需求计划应如何制定？

- 实地考察改造场地及家庭成员的需求。
- 结合需求拟定改造方案。
- 反复商议后再落实改造计划。

（5）如何落实家庭阅读空间的改造过程？

- 确定改造方案及施工行程。

☞设计师与施工方上门为参与家庭进行实地评估，做初步方案设计。

☞与参与家庭进行最终方案确认并签订改造协议。

☞与施工方确定改造行程并购买相关物料。

- 入户改造。

☞施工方对参与改造家庭进行学习空间改造，工作员对青少年个体及其家庭进行全程跟进，并及时反馈。

- 跟踪反馈。

☞定期回访参与家庭关于学习空间的使用状况，跟踪家庭的变化，给予适时介入与反馈。

- 项目总结。

☞项目筹备小组进行项目总结。

☞与合作方进行项目总结。

备注：关于媒体跟踪报道，需提前确定愿意参与改造并愿意接受媒体跟踪报道的家庭，从改造前、改造中、改造后等不同阶段进行跟踪报道，以凸显该项目参加者家中的变化。

第二节　流动青少年服务

一　概述

流动青少年基本上包括两类人群：一是跟随外出务工的父母离开户籍所在地，在流入地生活学习的青少年；二是为了完成自身的生命发展任务而产生流动的青少年，比如异地就学或就业以及由于婚姻造成的人口迁移和流动。[①] 本节的流动青少年服务主要是指针对上述第一类流动青少年的服务。

发生流动的原因，主要是流入地往往有吸引其家庭或个人生存和发展需要的经济收入、公共资源和发展机会等。但流动也给青少年带来了另外一些影响，例如，外地人的身份以及周围人对他们来源地的刻板印象，使他们容易在生活的社区、学校等遭到歧视；父母的打骂或忽视他们精神、心理层面的需要等；父母无暇照顾的真空期带来的安全隐患；因为与本地人或社会精英有对比，又或者在城市里经常碰壁但又不能回家乡，可能有更强烈的无能感和对生活的无希望感等。

此部分服务可供参考的法律法规有《中华人民共和国未成年人保护法》、《中华人民共和国义务教育法》、《广东省未成年人保护条例》、《广东省保护妇女儿童合法权益的若干规定》、《广东省社会救助条例》、《广东省流动人口服务管理条例》等。

二 分析需求

（一）人身安全的需要

流动青少年一般随父母居住在条件较差的聚集五湖四海人口的城中村，社区治安、生活卫生环境相对较差，设施陈旧老化，住处拥挤，杂物多，除了有用电用火安全之外，由于父母平时工作到较晚时间，周末也常要加班，青少年在放学后及假期中处于管教的真空状态，面临被伤害、侵犯的危险或感到缺乏安全感。

（二）多元发展的需要

流动青少年多就读于外来务工子弟学校，教育资源相对缺

[①] 王玉香：《青少年社会工作》，山东人民出版社，2012，第251页。

乏，师资力量相对较弱，难以享受高质量、多元化的教育。另外，家庭经济基本上难以满足他们学校学习之外的发展需要。

（三）朋辈社交的需要

流动青少年由于语言、生活习惯、家庭条件、穿着打扮、学业成绩等被同伴所排斥、孤立，加上父母可能随着工作变换而经常变动住所，青少年难以有良好、稳定的同伴人际关系，而在青少年期，恰恰同伴关系的发展对于他们来说是非常重要的内容。

（四）权益保障的需要

就学的流动青少年主要是遭遇教育权益保护的问题，一方面，有些父母因为孩子众多、重男轻女的思想、家庭负担重等原因剥夺子女继续受教育的权利；另一方面，流动青少年由于流入地种种条件限制，绝大多数只能进入民办的外来务工子弟学校，而这些学校在教学理念、资源、质量等方面都相对较弱，从而影响流动青少年的发展。就业的流动青少年由于缺乏权益保护意识和对相关法律法规及社会政策的了解，在就业时会遇到诸如生产没有安全保障措施、没有签订劳动合同、企业不购买社保等情况，一旦他们遇到劳动纠纷，又因为不知道如何寻求帮助而不了了之，导致利益受损。

三 选择理论

流动青少年服务的常用理论见表6-2。

表6-2 流动青少年服务的常用理论

名称	主要内容	对服务的指导
赋权理论	详见第一章第三节理论五	在赋权理念的指导下，运用社工专业手法，通过青年论坛、校园走访和倡议等一系列服务，促进

续表

名称	主要内容	对服务的指导
赋权理论	详见第一章第三节理论五	青少年权力意识的觉醒，提升青少年的个人素质、自信心及能力，发挥青少年的力量，供其发声、参与社会发展与改良，从而促进流动青少年融入社区生活
角色理论	社会角色是在社会系统中与一定社会位置相关联的符合社会要求的一套个人行为模式，也可以理解为个体在社会群体中被赋予的身份及该身份应发挥的功能。换言之，每个角色都代表着一系列有关行为的社会标准，这些标准决定了个体在社会中应有的责任与行为	社区内的流动青少年也有其在社会群体中的一套行为模式和标准，在开展服务中应协助青少年深入认识这些标准和规范，为流动青少年的个人发展提供机会及平台，满足他们的需求，引导青少年进行社区参与及承担在社会中的责任

四　设定服务目的

（1）流动青少年能够建立对自己的正向认知，激发正向成长的动机。

（2）流动青少年的求职技能与人际交往技能能够得到提升。

（3）丰富流动青少年的空闲生活，培养兴趣爱好。

（4）强化青少年的同伴支持、家庭支持与社区支持。

（5）提升流动青少年的主体性与积极性，能够积极融入社区。

五　设计行动策略

流动青少年服务的行动策略见图6-5。

个人层面
- 个案辅导：协助他们发掘自身优势，运用身边资源解决生活、学习或发展问题
- 小组：生涯规划、技能培训、爱好培育、自信心建立

家庭/学校层面
- 提供政策资讯，协助其家庭得到更好的资源支持
- 家长工作坊：科学管教、沟通技巧
- 协助教师认识到流动青少年的生存状况及需求特点，倡导学校提供支持性服务

社区/社会层面
- 小组活动：志愿者服务
- 促进政策对其生活、学习、就业的支持

图 6-5 流动青少年服务的行动策略

六 参考工作模式

流动青少年参考工作模式[①]见图 6-6。

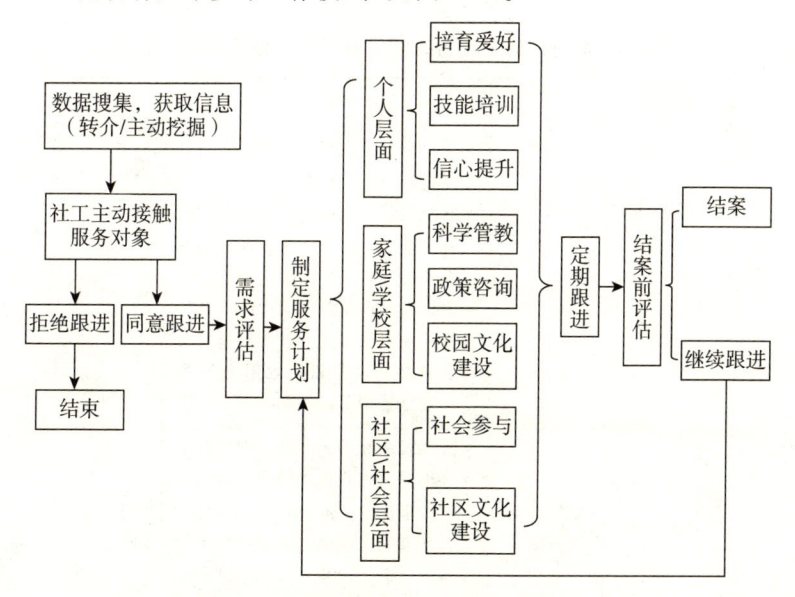

图 6-6 流动青少年参考工作模式

---

① 根据广州市启创社会工作服务中心的流动青少年服务总结。

七 案例分析

（一）漫途海珠安全行之团队智慧出方法小组[①]

此小组服务属于流动青少年的个人层面与社区层面的介入，它通过社区参与的形式提升流动青少年自我保护的能力。

1. 活动概况

（1）目的：青少年增强在城中村出行安全隐患的认识，提升出行安全的自我保护能力，能够关注社区、服务社区。

（2）对象：低龄流动青少年及本地青少年。

（3）时长：60分钟/节，共6节。

（4）地点：社工站、社区。

2. 活动流程

漫途海珠安全行之团队智慧出方法小组活动流程见表6-3。

表6-3 漫途海珠安全行之团队智慧出方法小组活动流程

节数	时长	主题	内容	物资
第一节	60分钟	组建"同伴安全队"	●介绍小组的内容及目标，组员间互相认识并建立关系。 ●回顾之前找到的交通安全及性侵高危地点，以及影响社区安全的因素。 ●结合案例向组员介绍DFC，让组员相信自己有能力改变社区，并引导组员思考如何运用DFC制作安全地图及游戏棋	白板笔、2个DFC故事视频、大白纸、双头油性笔、社区安全评估表
第二节	60分钟	制定行动方案	●破冰及互相熟悉游戏：对对碰。 ●分组讨论安全地图路线。针对组员的想法，一起列出未来具体的行动方案，明确若制定社区安全地图，需要收集什么信息，用什么方式收集等	白板笔、2个DFC故事视频、

---

① 资料来源：广州市启创社会工作服务中心。

续表

节数	时长	主题	内容	物资
第二节	60分钟	制定行动方案	●分享：每组介绍各自的行动方案。 ●布置家庭作业：收集家人及朋友对社区安全的看法，并在下次小组活动中进行分享	大白纸、双头油性笔、对对碰游戏表
第三节	60分钟	实地走访	●分享：收集到的家人、朋友对社区安全的看法。 ●介绍本次小组的安排，强调外出走访的注意事项（以团队为单位行动，安全第一、熟记工作员的联系方式等），进行分组并明确组内分工。 ●组员运用DFC方法，分组走访社区并确认之前社区走访得到的资料，汇总社区居民的意见，标出存在的安全出行隐患。 ●结束走访后各组将走访结果进行分享	横幅、白板、白板笔、出游保险、大白纸、双头油性笔
第四节	60分钟	制作地图	●破冰游戏：金字塔or屋顶。 ●团队游戏：默契大考验。 ●制作一幅社区安全地图。地图中说明可能存在安全隐患的环境，以及讨论对应的建议和策略（地图外围要求是街道区域轮廓）。分成3组共同制作一幅安全地图	横幅、白板、白板笔、大白纸、双头油性笔
第五节	60分钟	制作游戏册	●破冰及团队游戏：谁是卧底。 ●分3组设计出每个地点的介绍文字稿和预防安全隐患的方法与改善建议，设计成3个趣味小游戏。 ●分享：每组介绍所完成的游戏册内容	横幅、白板、白板笔、大白纸、游戏纸
第六节	60分钟	总结	●组员根据初步设计的社区安全地图，完成并进一步完善安全游戏棋。 ●引导组员回顾这个小组的历程，包括学习DFC、设计行动方案、设计地图和游戏棋，并填写小组反馈问卷	横幅、白板、白板笔、大白纸、反馈表

3. 服务小贴士

(1) 在小组中如何尽快消除组员间的隔阂,促进组员间的交流?

在游戏环节的设计及进行过程中,工作员应该注意挖掘组员间的相同兴趣,挖掘小组领袖,利用小组领袖带动组内成员的参与积极性,鼓励组员多多交流。

(2) 在外出走访时需要注意的安全问题:

走访前应让组员熟悉之前收集到的交通安全及受性侵害高危地点的资料,向组员强调要以团队为单位行动,一切以安全第一为准则,让组员提前认识到走访过程有可能会出现的安全问题及应对措施,并熟记工作员的联系电话。

(二)"暖粒粒好食 d"圣诞交友活动[①]

1. 活动概述

(1) 目的:社区内的在职流动青年们能够拥有一个合适的交友平台,增进彼此间的沟通,并意识到安全的重要性,掌握安全知识,提升自我保护意识和能力。

(2) 对象:在职流动青少年。

(3) 时长:150 分钟/节,1 节。

(4) 地点:社工站。

2. 活动流程

"暖粒粒好食 d"圣诞交友活动流程见表 6-4。

表 6-4 "暖粒粒好食 d"圣诞交友活动流程

时间	目的	内容	物资
10 分钟	开场	开场白:主持人进行自我介绍;介绍活动背景、活动目的以及活动流程	主持稿、话筒、音响

---

① 资料来源:广州市启创社会工作服务中心。

续表

时间	目的	内容	物资
20 分钟	参与者分组	• 活动现场分为 5 组：活动参与者到场后随机抽取卡片，凭"飞机票"到达指定"地点"位置，需要全组成员集合完毕后使用其中一名组员的手机进行自拍。 • 破冰游戏：一元五角。 • 由一位组员向各组介绍"小组与地点"（"飞机票"为随机准备的餐饮店卡片，到场组员签到后进行随机分组；组员们对于自己所抽取到的餐饮店进行食品安全主题的讨论，并做介绍）	飞机票工作纸、A4 纸 10 张、签字笔 10 支、地点水牌
20 分钟	玩游戏领食材	按照活动前的分组通过玩游戏（你画我猜、奇形怪状拍拍拍）领取材料制作杯子蛋糕坯	游戏道具、蛋糕材料
40 分钟	制作杯子蛋糕坯	• 组内成员们自行分工制作杯子蛋糕坯 • 知识竞猜：主持人现场问 5 道关于食品安全类的问题（可通过小册子宣传单寻找到答案），活动成员抢答，回答正确者可以获得一份小礼物 • 通过 PPT 简单介绍制作流程，引导活动成员们留意食品包装日期等日常食品安全注意事项	蛋糕模具、烤箱、PPT、知识竞猜问题、小礼品（巧克力）
30 分钟	加深活动参与者之间的相互了解和认识	"趣谈职场" • 话题：工作中的趣事或难忘的事情 • 每个人把自己的职业以及职场中印象最为深刻的一件事写在工作纸上。 • 然后大家有 10 分钟的时间，与你想要告诉或倾听的人一起去分享自己所写的内容，不局限于自己组内成员，可以在场地内任意走动。 • 个人分享完后，由主持人邀请三名参加者进行分享，分享后赠送小礼品	趣谈职场工作纸、签字笔、小礼品（巧克力）
20 分钟	杯子蛋糕的设计以及表达自己的心意	• 装饰自己的杯子蛋糕； • "缘来系你"：向欣赏或想继续了解的活动成员表达自己的心意。将"玫瑰花"送给最欣赏或最想继续了解的人	PPT
10 分钟	总结	鼓励活动成员们分享此次活动的感受，并带出食品安全的重要性	反馈表

3. 服务小贴士

（1）如何提高知识性主题活动的吸引力及趣味性？

在开展知识性主题活动的时候可以选择在临近的节日举行，将节日与主题活动结合起来或举行户外体验活动。知识性活动与庆祝节日结合，既能让服务对象在节日中得到关怀，增强与社区居民的互动交流，又能让知识性的活动更加具有趣味性，服务对象也更容易接受和学习相关的生活知识。

（2）在活动中应注意的问题：

- 在活动成员中可能会有某些成员是第一次参加或是独自参加的，不免会出现参与度不高的情况，工作人员在活动过程中应多加观察，发现这类成员后应向其说明活动的其中一个主要目的就是让大家认识新的朋友，拓宽交友范围，鼓励其参与游戏环节，通过游戏更快地融入活动中，但注意适当劝说即可。

- 在活动开始前注意活动场所的选址，并为参与活动的成员说清楚活动场所的具体位置，若位置较为隐秘，应提前做好路线指引。

- 在开展主题式交友活动时可以适当增加成员间的互动和交流环节，并尝试更多不同的主题，改善参与者的体验，增加趣味性。

第三节 服刑人员未成年子女服务

一 概述

本文的服刑人员未成年子女是指父母双方或一方正在监狱服刑、在社区服刑（社区矫正）或者被判处死刑的6周岁（含）以上18周岁（不含）以下未成年人。[①] 近年来，服刑人员子女这一

---

① 资料来源：《青年地带全新启航——广州市预防青少年违法犯罪服务站宣传册》，2015。

群体受到越来越多人的关注。面对家长服刑的情况，青少年首先在心理上难以接受，对服刑父母产生怨恨，担心周围人的看法，加上缺乏自我应对和调节的能力，比较容易以情绪发泄、敌视、攻击或退缩行为来自我防御。服刑导致家长无法照顾家庭和陪伴、管教青少年，青少年的亲子关系、生活质量受到影响。学校老师和同学有可能对其存在歧视现象，使其感到自卑，积累了很多不良的心理问题。社会大众对其可能不接纳，法律法规和社会政策也缺乏相关保障措施，生活无望之时，服刑人员子女容易出现不良行为表现。

随着服刑人员人数的增长，他们子女的问题也成为社会需要关注的问题。目前我国对服刑人员子女的救助力度不够和救助程序缓慢，影响他们各方面的发展，严重者甚至走上人生歧途。

此部分服务可供参考的法律法规以及政策有《中华人民共和国未成年人保护法》、《中华人民共和国义务教育法》、《中华人民共和国预防未成年人犯罪法》、《广东省未成年人保护条例》、《广东省保护妇女儿童合法权益的若干规定》、《广东省社会救助条例》以及《关于做好服刑人员未成年子女救助工作的通知》。

二　分析需求

（一）基本生活保障和维持学业的需要

服刑人员子女由于父母一方或者双方服刑，家庭经济受到影响，特别是原本生活就比较贫困的家庭，可能会面对饥饿、住所安全隐患、失学等的威胁。

（二）心理支持的需要

服刑人员子女不仅要面对父母犯罪的阴影，还要面对生活窘迫的现实以及缺乏正常家庭教育的问题。单独生活的服刑人员青春期子女，因为需要独自面对生活中很多的事情，加上青春期身心的巨大变化，常常会出现矛盾、孤独等负面情绪，但自我调节能力有限，也缺乏他人的正确引导。跟随父母一方生活，特别是跟随祖辈生活的则因为隔代原因，心理状态容易被忽视，情感发展受到影响。寄养在父辈亲属家的服刑人员子女，由于较难融入另一个家庭，常有寄人篱下的感觉，难以形成安全的依恋关系。此外，由于对服刑父母产生怨恨、不公或思念等情绪，加上周围人的歧视，他们渴望有人理解和关怀。

（三）社交的需要

服刑人员子女因为处于亲情缺失、经济困难、受歧视等困境中，出现社交认知偏差，常有心理包袱，导致害怕或者拒绝与人社交，甚至以攻击性的方式处理事情，进而影响他们的学习生活，但他们内心又渴望与人交流，特别是发展朋辈人际关系，获得接纳。

三 选择理论

服刑人员子女服务常用理论见表 6-5。

表 6-5 服刑人员子女服务常用理论

名称	主要内容	对服务的指导
认知行为治疗法	详见第一章第三节理论六	服刑人员子女的身份，对于青少年来说是非常沉重的，他们可能会因此产生很多负面的认知，觉得自己是不可爱的、没有价值的、没人在意自己等，这些负面的认知会影响他们的情绪和行为。因而社工要注意改变他们的不合理认知
正向青年发展	详见第一章第三节理论三	强调青少年自身的优点和潜质，以积极的态度认识青少年的发展，并试图深入挖掘、培养和发展青少年身上的优良潜质，指导、教育和鼓励青少年参加有意义的活动，以塑造青少年的积极情绪体验、健全的人格特征和优良的人性品质，并最终获得正面的幸福感

四 设定服务目的

（1）青少年能够认识遵守法律法规的重要性，提高辨别是非的能力。

（2）青少年能够建立对自己的正确认知，增强自我认同感。

（3）青少年能够建立与社会的正向联结。

（4）社会能够为青少年营造关爱的环境氛围，构建社会支持网络。

五 设计行动策略

服刑人员未成年子女服务行动策略见图6-7。

```
┌─ 个人层面 ──────────────────────────────┐
│ • 个案辅导跟进，协助服务对象的个人成长      │
│ • 定期探访，排查服务对象身边的危机因素      │
└────────────────────────────────────────┘

┌─ 家庭及朋辈层面 ────────────────────────────┐
│ • 家庭：派发和宣传沟通及亲子管教模式宣传资料    │
│ • 朋辈：鼓励服务对象参加社工站的活动，增强朋辈支持 │
└──────────────────────────────────────────┘

┌─ 社会层面 ──────────────────────────────────┐
│ • 协助服务对象或其家庭了解申请社区内及周边可享受的福利政策 │
│ • 链接社区的相关活动供其参与                      │
│ • 普法宣传，增强服务对象的法律意识                  │
└──────────────────────────────────────────┘
```

图6-7 服刑人员未成年子女服务行动策略

六 参考工作模式

对服刑人员未成年子女的服务通常通过个案管理的模式开展，小组、社区服务会配合个案辅导，其主要参考工作模式如图6-8所示。

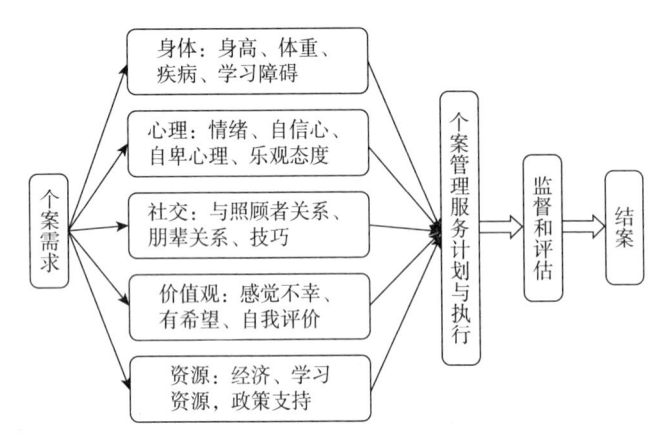

图 6-8 服刑人员未成年子女服务参考工作模式

资料来源：广州市启创社会工作服务中心的社工对服刑人员未成年子女服务的总结。

七 案例分析

(一) 个案一[①]

本个案主要从案主的个人层面和家庭层面进行介入，个人层面的介入重点为情绪疏导、调整自我认知以及提供学业辅导，家庭层面的介入重点在于协助家庭共融。

1. 背景介绍

黄某某，男，12岁，属于服刑人员子女个案类型。母亲因贩毒被抓，父亲过世，与奶奶、伯父关系较好。街道各职能部门非常关心案主的情况，学校校长和班主任都对案主的情况有所了解，同时街道动员街道内不同的社工机构工作员跟进案主的情况。

2. 预估分析

（1）情绪问题：案主从小与母亲一起生活，生活里已经习惯了有母亲的存在，母亲的突然离开，对案主造成很大的影响，出现一些负面情绪。

---

① 资料来源：广州市启创社会工作服务中心。

（2）新家庭适应问题：案主需要到新的家庭去生活，在过程中会出现不适应的情况，需要协助案主一同度过。

（3）学业情况：案主学习认真，成绩较好，并且担任班干部，比较擅长数学，但英语较弱。

（4）认知情况：因为成长的经历和家庭环境，案主会有自己是不可爱的、没有价值和没人在意这样的负面自我评价。

3. 理论支持

（1）人本主义理论：社工与服务对象接触，以人本主义为策略，社工对案主保持真诚、接纳、积极关注以及开放不批判的态度，能够让案主感受到被关怀、被接纳和安全。当服务对象能够感觉到有人真心地对待自己时，可能就能够自我成长。同时保持与案主的监护人接触，了解案主在家中的情况，并且反馈社工跟进案主的情况，促进双方的了解。

（2）认知行为理论：与案主探讨其生活，了解是否在过程中形成了一些不合理的理念，了解形成这些理念的经历，与案主就这些经历进行讨论，扩大案主的视野，用"柏拉图式的提问"与案主寻找一些例外情况，让案主对过往的经验进行重整，改变案主的不合理认知。

（3）社会支持理论：提供学业支持，联系志愿者资源为案主提供英语辅导，既能满足案主的需求，同时还能增加案主与其他人的联系，扩大案主的支持网络。

4. 目标制定

（1）个人层面：

- 案主能够顺利过渡，缓解对母亲的思念之情。
- 案主觉得自己不可爱、没有价值和不被重视的负面信念得以改变。
- 联系志愿者资源为案主提供英语辅导。

（2）家庭层面：

- 家人能够正确认识案主的需要。

- 促进案主与新家庭的共融。

5. 服务实施

（1）情绪疏导与支持。

案主因母亲被捕而被迫与母亲分离，对于母亲的情况会有很多的担心，并感到不知所措。社工需要评估案主对于母亲被捕事件的知晓和接纳程度，体会案主的感受，并且通过"假如母亲在案主面前，案主希望和母亲说什么话？"这样的话题来鼓励及引导案主抒发对母亲强烈的思念之情，与案主共同探讨如何处理这样的情况。同时答应案主会向街道了解其母亲的情况，看看是否允许案主进行探望，以解案主的思念和担忧之情。虽然最后案主未能探望母亲，但是在过程中案主对母亲的思念之情得到了缓解。

（2）改善不合理认知。

社工与案主约定初期每周见面一次，社工会到案主学校接案主放学，然后与案主进行交谈，在此过程中社工与案主建立了良好的工作关系，案主慢慢愿意倾诉自己的心事，会表达自己在伯父家中适应不良，觉得自己始终是一个外人，并且没有价值等想法。社工表达自己对案主的理解，同时也表达了对案主的关心，提供一个安全、接纳、不批判的环境给案主，让案主能够尽情宣泄自己的负面心情，并且用"柏拉图式提问"改变案主的负面认知。先了解案主为何会出现这样的认知，接着社工让案主思考除了母亲，身边是否没有其他人关心自己呢？案主表示奶奶也是关心并且在意自己的，最后社工反问案主结论是什么？案主明白了其实自己并不是没有价值的，伯父和奶奶也并不是不疼爱自己的，社工也非常关心和关爱案主。

（3）协助家人正确认识案主需要和促进融入。

社工联系案主的伯父，及时向其反映案主的情况，并且向伯父了解案主在家中的情况，增强社工与家人之间的联系与沟通。同时鼓励案主伯父与案主有更多的交流与沟通，了解案主内心的想法，促进案主在新家庭的融入。经过多次的沟通之后，案主与伯父相处比较融洽。

（4）学业支持。

案主的英语学习情况相对其他科目来说是比较弱的。社工咨询案主的意见，表示可以招募志愿者对案主进行功课辅导，为案主提供一定的学业支持，案主对社工这一建议表示接受。于是社工根据项目现有的大学生志愿者资源，为案主招募合适的辅导老师，同时在辅导初期会与志愿者沟通案主的一些情况，提醒志愿者在辅导过程中需要注意的情况，并且与志愿者签订保密协议，保障案主的隐私权。在每一次辅导结束后，也会了解双方的感受，及时了解辅导的情况并且根据需要进行介入，确保服务的顺利开展。

6. 成效评估

目标全部达成。

（1）个人层面：

通过跟服务对象及其家人的接触，了解到目前案主的学业情况比较稳定，成绩名列前茅，并没有出现倒退的现象；同时让案主转变角色，成为志愿者，替年龄更小的服务对象进行课业辅导，提升案主的自我效能感并且更多地与其他人联系。

（2）家庭层面：

在生活方面，案主比之前更加适应新生活，并且与监护人相处较融洽，关系好转。将持续跟进案主的情况，关注母亲回归社区后案主与母亲的相处。

7. 专业反思

（1）让案主能够更好地适应新家庭的环境，除了社工要与案主及其家人进行面谈外，还需要制造更多的机会让案主与家人一起活动，让他们能够通过活动增进对彼此的了解，形成更强的关系联结。

（2）社工需要给予案主更多的关心和爱护，但是要时刻注意是否会在跟进过程中形成移情与反移情的情况。

（二）个案二[①]

本个案对案主的介入主要从个人层面和社区层面展开，个人层面的介入点为加强对毒品、法律法规的认识以及丰富其生活；社区层面的介入点为跨界合作、搭建社区支持网络。

1. 背景介绍

大雄（化名），男，11岁，小学四年级，因家庭原因，晚了两年读书。个子较高，皮肤黝黑，比同龄孩子乖巧、懂事。大雄母亲是广州本地人，父亲是外省人，两夫妻当初没有办理婚姻登记。现在一家住在外公留下的房子里。母亲因患有残疾行走不便，极少出门，父亲曾因偷窃被抓，现结束服刑后无业在家。大雄和母亲靠低保生活。另外，大雄的父母至今都有吸毒的行为，母亲已有20多年的吸毒史。而且家里还收留一男性吸毒者，该男性是大雄妈妈的好朋友，而且跟大雄的妈妈同住一房间。

社工在协助大雄申请"幸福家"学习空间改造计划时，接触到大雄，得知大雄的家庭环境后，从预防青少年违法犯罪的角度出发，希望对其成长环境进行介入。

2. 预估分析

（1）家庭方面：父母都有吸毒行为，另外在社工初次的家访，以及平时多次的电访中，发现大雄空余时间都不在家里，而大雄妈妈对孩子平时的去向也并不知情。可见，在大雄的家庭环境中，缺乏正向的引导，并存在家庭照顾不足的问题。

（2）行为方面：大雄在暑假期间自己在外"流荡"了三个星期，通过踩单车或逃票坐地铁的方式去不同地方，晚上会在肯德基过夜，并会相信热心的陌生人，吃陌生人请他吃的东西。社工发现大雄在缺少父母管教的情况下，学会了离家出走，游离浪荡，并开始出现不遵守规则的行为。

[①] 资料来源：广州市启创社会工作服务中心。

（3）认知方面：大雄对于逃票这样的违反纪律的行为已习惯性地存在侥幸心理，因为在一次社工邀请其参与"看电影"的活动时，大雄很得意地说"电影院吗，我都可以直接溜进去的"。一次谈及手机话题时，大雄又兴致勃勃地跟社工分享自己曾经在维修站"捡"过一个手机。

（4）社会方面：因大雄的爸爸曾经被抓，"消失"过一段时间，大雄的同学、邻居对其爸爸有过各种评论。在学校，有的同学不愿意跟大雄玩，大雄有预防被欺凌的需要。

3. 理论支持

正向青年发展：在案主的家庭环境里缺乏正面的家庭管教，社工通过毒品知识的普及和思想引导，预防青少年从亲人那里受到毒品的诱惑，更好地发挥青少年辨别是非的能力。另外，健全人格的形成会受到环境因素的影响，故而，社工通过联系社会资源，为案主营造正向的关爱环境，以促进案主发展健全的人格。通过鼓励案主参与有意义的活动，协助其发掘自我的潜能，以增强自信心。

4. 目标制定

（1）个人层面：

- 案主加强对毒品及其危害的认识，并学会拒绝毒品诱惑的方法。
- 提高案主辨别是非的能力，避免其对不良行为存在侥幸心理。
- 增进案主与社会建立正向的联系。

（2）社区层面：

- 搭建社会支援网络，营造关爱的环境氛围。

5. 服务实施

（1）建立良好关系，获取信息。

初次家访时，因案主妈妈有吸毒行为，故其对社工有一定的警惕性，因此，社工在家访时，以困境青少年的学习空间改造计划为切入点,让案主妈妈知道我们是重点关注青少年的需要。另外,通过联系热心企业捐赠的月饼资源,通过多次家访和慰问,打破案主妈妈的防卫,取得案主及其一家的信任。

社工除了家访外,还会从家综、禁毒办、学校对大雄的情况进行核查,多渠道获取大雄的信息,一方面保证信息的真实性,另一方面了解大雄一家所拥有的资源。

(2)预防工作的介入。

协助案主学习毒品知识,掌握拒绝毒品的方法。社工利用图片、视频及案主能理解的讲解方式,带领案主学习毒品知识,引导其认识毒品的危害。在此过程中,社工发现案主对毒品知识很感兴趣,学习能力很强。进一步,让案主能掌握拒绝毒品的方法,抵制诱惑。社工通过情景模拟,对案主进行试探,在问答互动的过程中,案主能回应一些方法:如在家里看到父母用的吸毒工具,其表示不会去触碰。案主还会向社工提出:断绝父母与外面人的联系,把卖毒品给案主父母的人抓走。案主也很希望父母能戒掉毒品。社工称赞案主懂事,并在表扬案主记忆力很好时,发现案主偷偷地笑了。

(3)联系资源,定期给予关心。

在与案主的接触中,了解到案主的学习成绩下降,尤其在英语和数学方面较落后,因此,社工针对其学习情况的需要,为其申请"一帮一"的义教,协助其提高学习成绩。在每周的辅导中,社工与志愿者进行沟通,及时关注案主的情况。例如,案主有时会在辅导时发困,容易走神,因此,社工及时了解其情况,并与其家长沟通,让案主每次来辅导前得到足够的休息。经过两个月的辅导,案主告知社工,其在一次数学小测中,能达到及格以上的分数了。

(4)寓教于乐。

每次案主在社工站接受完辅导,都会留在社工站玩,社工表扬其能大胆地与其他小伙伴一起玩,并还会有礼貌地礼让对方。

另外，针对案主之前对不良行为存在侥幸心理，社工利用案主每次在社工站玩桌游的时间，与案主建立游戏规则，并从中引导案主认识到生活中要遵守法律法规的重要性。

(5) 跨界合作。

社工在跟进案主的过程中，会不定期地从案主那里了解其父母每次吸毒的情况，向禁毒办反馈并提供信息，然后由派出所民警上门摸查。一次，禁毒工作人员告知社工，民警把其家里那个男性朋友抓了。

6. 成效评估

通过访谈法和观察法评估目标的达成情况。

(1) 个人层面：案主加强对毒品及其危害的认识。

案主不仅主动认真向社工学习毒品知识，还多次在社工站拿取禁毒的资料回家给父母看；并且认识到遵守法律法规的重要性，避免对不良行为存在侥幸心理。社工引导案主回应对法律法规的遵守问题时，案主会表示说："知道不能这样做。"在问答题的测试中，案主能正面回答出对于不遵守规则的行为要承担的后果。可见，社工通过知识层面开展预防工作，使得案主在意识层面已初步达成目标。

(2) 社区层面：搭建社会支援网络。

已成功为案主联系辅导资源，并不定期给予其热心企业的物资援助，以满足案主家庭生活的物资需要。在提供辅导资源的过程中，每次社工及志愿者给予案主关心时，案主都能向社工表示感谢。

7. 专业反思

(1) 个案辅导的前期阶段：社工会注重关系的建立，对案主及其家庭的情况给予关心和倾听；在获取信息的过程中，会适当地引导案主回答和反思，而不会一味地提出问题去获取资料。

(2) 辅导进行阶段：一方面，会先考虑到案主的生活环境，容易受最亲的人的影响，故从预防犯罪的角度开展预防层面的工作，如知识的普及、方法的掌握。另一方面，会结合项目拥有的资源，对案主的需求进行匹配，给予社会支持。

（3）在正向青年发展理念的指引下，本个案在预防工作过程中，更注重的是对案主给予人文关怀，促进其与社会形成正向联系，以弥补其复杂家庭环境中缺少的正向引导，促使其培养及发展健全的人格特质。

个案跟进中，家庭辅导方面的工作较难开展，针对案主父母对案主的正面管教，及双方的沟通方式，社工需要进一步介入。

第四节　散居孤儿服务

一　概述

孤儿是指生父母不在或查找不到生父母的未满 18 周岁的未成年人。散居孤儿是未进入福利机构的在社会散居生活的孤儿。根据我国民政部的数据统计，截至 2015 年底，全国共有孤儿 50.2 万人，其中集中供养孤儿 9.2 万人，社会散居孤儿 41 万人。2016 年出台的《关于加强困境儿童保障工作的意见》，正式将事实无人抚养儿童纳入保障体系，进一步细化落实、分类施策、精准帮扶。近年来，社会散居孤儿在国家政策和社会力量的帮扶下，生活状况得到明显改善，但就学、就业、心理、融入社会等问题仍然较为严峻，因此，要多管齐下为散居孤儿提供帮扶服务。

此部分服务可供参考的法律法规以及政策有《中华人民共和国未成年人保护法》、《中华人民共和国义务教育法》、《中华人民共和国预防未成年人犯罪法》、《广东省未成年人保护条例》、《广东省保护妇女儿童合法权益的若干规定》、《广东省社会救助条例》、《广东省孤儿救助工作实施意见》以及《民政部关于规范生父母有特殊困难无力抚养的子女和社会散居孤儿收养工作的意见》、《国务院办公厅关于加强孤儿保障工作的意见》、《关于依法处理监护人侵害未成年人权益行为若干问题的意见》等。

二 分析需求

（一）良好居住环境及健康的需求

有部分散居孤儿的居家生活环境非常简陋，卫生条件差，严重影响到他们的日常休息、学习及健康。由于照顾不周、生活卫生环境差、经济条件差等问题，散居孤儿出现疾病的概率较高，且往往不能及时处理，影响身体健康。

（二）心理支持的需要

散居孤儿因为有失去父母的经历，他们常常感到不如别人，感到让人瞧不起，甚至认为自己是多余的人，认为命运对自己不公平，致使他们不信任别人，也不相信自己，容易陷入自闭的状态。

（三）社会融入的需要

散居孤儿没有父母，经常遭遇歧视及各种形式和程度的欺负，心里会产生被抛弃感，变得比较敏感、自卑、封闭。这些心理状态反过来又会影响他们不敢打开心扉与他人交流、发展社交关系，从而导致他们的社会化发展受到阻碍，影响社会功能的发挥。

三 选择理论

散居孤儿服务常用理论见表6-6。

表6-6 散居孤儿服务常用理论

名称	主要内容	对服务的指导
社会支持理论	社会支持网络指的是一组个人之间的接触，通过这些接触，个人得以维持社会身份并且获得情绪支持、物质援	活化更多有利于服务对象的成长资源，如企业捐助、福利政策等，构建一个为其联

续表

名称	主要内容	对服务的指导
社会支持理论	助、服务、信息与新的社会接触。依据社会支持理论的观点,一个人所拥有的社会支持网络越强大,就能够越好地应对各种来自环境的挑战	系到生存和发展所需的基本资源的支持性平台,使社会更关注散居孤儿的身心发展
正向心理学	详见第一章第三节理论一	关注服务对象个体的成长,协助其建立正向情绪,发挥美德和优点,培养自信和希望

四 设定服务目的

（1）青少年的自信心以及情绪管理能力得到提升。

（2）青少年能够培养良好的学习习惯。

（3）青少年的家庭能够营造适合案主成长的环境。

（4）青少年能够掌握一定的人际交往能力并构建一个相互支持的朋辈网络。

五 设计行动策略

散居孤儿服务行动策略见图6-9。

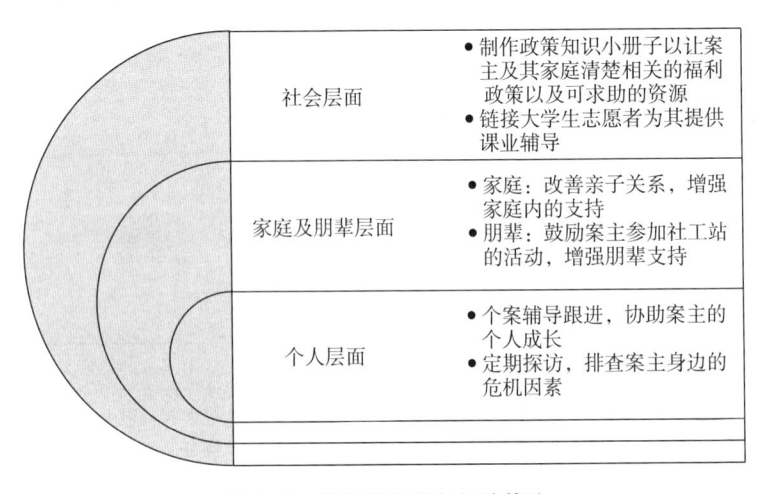

社会层面	● 制作政策知识小册子以让案主及其家庭清楚相关的福利政策以及可求助的资源 ● 链接大学生志愿者为其提供课业辅导
家庭及朋辈层面	● 家庭：改善亲子关系，增强家庭内的支持 ● 朋辈：鼓励案主参加社工站的活动，增强朋辈支持
个人层面	● 个案辅导跟进，协助案主的个人成长 ● 定期探访，排查案主身边的危机因素

图6-9 散居孤儿服务行动策略

六 参考工作模式

由于散居孤儿在个人层面、朋辈层面、社会层面存在不同的需求,因此建议运用个案管理作为服务参考工作模式(见图 6-10)为案主提供服务。

个案管理是介于社会工作直接工作技巧与间接服务之间的一种整合性服务方法,它是由专业社会工作者评估服务对象及其家庭的需求,并安排、协调、监督、评估和倡导一套包含多种项目的服务,以满足特定服务对象的复杂需求。

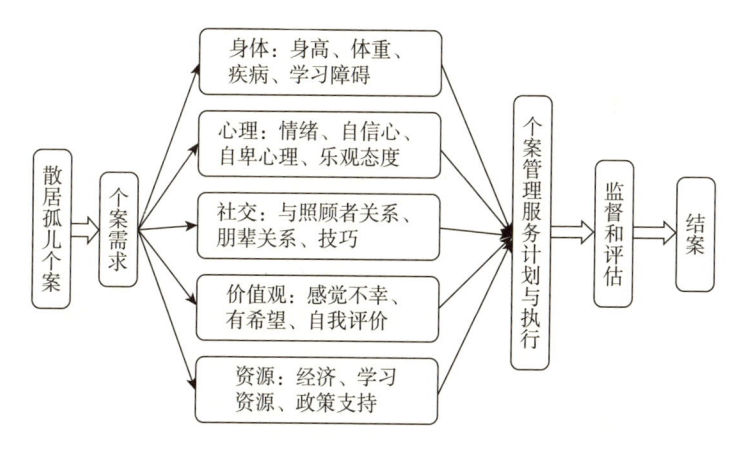

图 6-10 散居孤儿服务个案参考工作模式

资料来源:《守护阳光——"阳光伴你行"海珠区散居孤儿服务分享》,2015。

七 案例分析

(一)个案[①]

本个案的预估分析完全参照服务参考工作模式中的 5 个方面:身体、心理、社交、价值观以及资源,在介入时也分别从个

---

① 资料来源:广州市启创社会工作服务中心。

人层面、家庭层面、朋辈层面和社会层面进行。

1. 背景介绍

案主婷婷（化名），女，9 岁，就读三年级；属于散居孤儿，由爷爷奶奶照顾。婷婷 3 岁左右时，其父母及弟弟因溺水死亡，成为孤儿。爷爷 75 岁，奶奶 68 岁，均已退休，身体状况欠佳，爷爷患有高血压、风湿病。一家三口主要靠每月 6000 元退休金维持生计。第一次家访时，社工了解到婷婷自小性格比较孤僻自卑，脾气比较暴躁，爷爷奶奶平常教育婷婷的方式以打骂为主，缺乏正向教育。另外，由于隔代教育的原因，对于婷婷在成长过程中遇到的成长困惑，爷爷奶奶坦言不知道怎样给予引导和支持，如学业困惑、人际交往、良好习惯的培养等。

2. 预估分析

（1）身体状况评估：服务开始时婷婷 7 岁，准备升二年级，身高与年龄相符；身体健康，喜欢运动，参与学校的游泳课堂；智力正常。

（2）心理状况评估：由于家庭结构的原因，婷婷性格较为内向，情绪不稳定，比较容易发脾气，尤其是经常对奶奶发脾气。缺乏自信心，总希望通过一些表现获得别人的肯定。自我防御比较强，难打开心扉，与生人相处较长一段时间才能慢慢建立关系。

（3）社交状况评估：婷婷与爷爷奶奶一起生活，生活起居由爷爷奶奶照顾，奶奶非常重视孙女，视为掌中宝。爷爷奶奶的教育方式以打骂为主，觉得这样是为婷婷好。婷婷觉得奶奶唠叨，当有不顺心的事情会突然对奶奶发脾气，跟爷爷关系相对好一点。寒暑假会回到乡下跟外公外婆居住一段时间。婷婷表示喜欢乡下的环境和那里容易相处的小伙伴。虽然就读的学校在家附近，但由于婷婷居住在 8 楼，爷爷奶奶腿脚患有风湿病，行动不便，因此很少陪其下楼玩，也不放心让其一人外出，周末只能待在家写作业或者看电视，缺乏朋辈支持，人际交往圈狭窄。

（4）价值观状况评估：婷婷时常想起爸爸妈妈和弟弟，睡觉的时候会做噩梦,并且开着灯才能入睡。对于自己是孤儿的身份持半接纳态度,当在学校看到同学的爸爸妈妈来接送或者开家长会时会表现失落。偶尔也会觉得孤单,觉得没有朋友陪伴,周末只能自己一个人玩。有值得自己骄傲的特长,喜欢画画和制作布娃娃,第一次家访展现给社工看的时候,表现得很满足很自豪。

(5)资源状况评估:经济上,爷爷奶奶的退休金一个月约共有6000元,基本可以维持三人的日常生活,但爷爷奶奶身体欠佳,医药费成为负担。爷爷奶奶育有一女,家庭情况一般,且奶奶与女儿的关系不好,甚少来往。两老身体每况愈下,婷婷日后的抚养,女儿不太愿意承担。政策上,广州市对于散居孤儿的关注度较高,对于孤儿的生活保障每月有补助。

3. 理论应用

(1)社会支持理论:帮助婷婷重建自己的社会支持网络,尤其关注家庭和朋辈群体对她的影响,从而促进其正向发展。

(2)正向心理学:关注服务对象个体的成长,协助其建立正向情绪。

4. 服务目标

(1)个人层面:提升案主的自信心以及情绪管理能力;养成良好的学习习惯;能够正向发展。

(2)家庭层面:爷爷奶奶掌握正面管教的方式,营造适合案主成长的环境。

(3)朋辈层面:案主的人际交往圈得以扩展,形成可支持的朋辈网络。

(4)社会层面:提升案主与社会的联系,扩大其社会支持网络。

5. 服务实施

社工第一次家访之后,多次打电话关心爷爷奶奶的身体情况,同时关心婷婷的学习、生活情况等,与婷婷一家建立了良好的关系。爷爷奶奶觉得社工非常热心,与婷婷相处得来,婷婷身边也缺少一个能够引导其成长的人，因此很乐意接受社工对婷婷的个案跟进。在一年多时间里，社工针对婷婷的情况，在四个层面展开了以下服务。

（1）协助其培养良好的学习习惯，获得舒适的学习环境，协助其提升情绪管理能力。

通过在家访时对婷婷家中评估，社工发现，婷婷没有自己独立的学习空间，社工给爷爷奶奶分析了学习环境的重要性，希望爷爷和奶奶能够腾出茶几的位置，给婷婷做功课。另外，也建议爷爷奶奶在婷婷做功课期间能够营造一个安静的环境，如不听粤剧，不大声说话等。社工向婷婷了解想法，若一个星期五天，可以有多少天能够自觉完成作业而且不用爷爷督促。婷婷给自己定了一个星期有三天能够自己完成作业的目标，社工让案主在本子上画上一个月的日历，若当天能够自觉完成作业就给自己打一个"√"，若一个月平均每周有三天可以达成目标，社工即奖励其一颗星星，希望婷婷每周能够获得一颗星星。婷婷表示自己可以努力完成目标，社工也给予肯定，相信其可以达成目标。并与婷婷约定，每个月会家访一次，打电话1次了解目标达成情况。

第二个月，社工到户家访，观察到，茶几的杂物已经收拾整齐，婷婷能够在一个干净宽敞的位置写功课了。了解婷婷在一个月期间是否按照约定的计划去做，社工发现婷婷不诚实，29日、30日两天还没有到，婷婷已经往日历格子上打了"√"，社工直接指出这种情况，告知婷婷这样做是不对的，也了解了婷婷为什么要这样做。婷婷告知社工，因为自己想得到社工的肯定和鼓励，不想因为自己做得不好社工就不喜欢自己。得知原因后，社工告知婷婷，社工不会因为婷婷做得不好而不喜欢婷婷，同时告知婷婷诚实是每一个小朋友应该做到的，大家都会喜欢诚实的小朋友。没有达成目标没关系，可以继续努力，每一次有进步就可以。获得社工的谅解之后，婷婷觉得抱歉，并答应社工之后不会这样做。

经过四个月的督促，婷婷已经养成了自觉完成功课的习惯，也有意识地收拾整理自己的学习空间。2017年3月,社工结合案主的学习需要,协助其申请加入"幸福家"贫困家庭青少年学习空间改造计划,希望为婷婷营造舒适的学习环境。婷婷很开心地跟社工分享自己若有了书桌书柜会如何使用。

婷婷脾气比较暴躁,容易有情绪,奶奶多次向社工投诉婷婷经常因为小事而闹情绪、发脾气,甚至推撞奶奶。社工向婷婷了解在哪些情况下自己会有情绪、发脾气。婷婷提到,回家乡时,奶奶忘记拿长裤子,自己会生气骂奶奶不长记性,婷婷觉得奶奶不喜欢自己,故意忘记的。社工得知,运用合理情绪疗法让婷婷知道,奶奶年纪大了,有时候会健忘,并不是不喜欢婷婷。此外,社工通过情景模拟,让婷婷再现与奶奶相处时发脾气的情景,让其扮演奶奶的角色,社工扮演婷婷的角色,让婷婷换位思考,体谅奶奶。婷婷表示奶奶听到自己骂她肯定不开心,社工同时以婷婷的立场表达婷婷当时也很不开心,同理婷婷的感受。之后,社工与婷婷约定,当有情绪时,或想发泄情绪时该怎样做,也邀请爷爷奶奶配合。目前,婷婷发脾气的次数少了,自我情绪控制能力相比之前有提升。

(2)与爷爷奶奶沟通,在正向管教方面给予建议,协同爷爷奶奶营造适合案主成长的环境。

在取得爷爷奶奶信任之后,社工就管教方式约见爷爷奶奶一起面谈。奶奶开始哭诉自己的难处,两个老人家带大个孙女不容易,有时候过于生气会打骂婷婷,但打者爱也,心里痛只有自己知。社工安抚奶奶的情绪,能够理解奶奶过于疼爱孙女而爱的方式不正确。待奶奶情绪缓和之后,社工与爷爷奶奶一起梳理了以往对婷婷管教的方式,让爷爷奶奶举出相应的例子。爷爷奶奶的管教方式是严厉与骄纵并存的,社工通过例子分析了两种管教方式的弊端。接着,在正向管教方面给予建议,通过分析有效管教的四个标准给爷爷奶奶作为引导:a. 是否和善与坚定并行?(对孩子尊重和鼓励)b. 是否有助于孩子感受到归属感和价值感?

c. 是否长期有效？（惩罚在短期有效，长期负面）d. 是否能教给孩子有价值的社会技能和生活技巧，培养良好品格？（尊重他人、关心他人、善于解决问题、敢于承担、乐于贡献）面谈之后，爷爷奶奶表示愿意尝试此方式进行管教。此外，社工让爷爷奶奶知道一个正向的家庭环境对婷婷的成长非常重要，情绪是会相互传递影响的，希望爷爷奶奶保持乐观正向的心态，不要在婷婷的面前发生吵架、埋怨等行为，为婷婷的成长营造良好的家庭氛围。

除了面谈，社工也会定期打电话向爷爷奶奶了解与婷婷的相处情况，了解爷爷奶奶近期对婷婷的管教是否有改变，奶奶坦言，有时候还是会有打骂的情况出现，情绪到了难以控制，社工表示理解，建议奶奶从简单的做起，对婷婷多一些称赞和肯定。多次引导之后，婷婷一家的家庭氛围发生了转变，婷婷开心地告知社工，爷爷奶奶很少骂她了，有时候写完功课还会奖励她。

（3）扩大案主的人际交往圈，邀请参加外出活动，促进其多与同辈沟通交流，构建一个可支持的朋辈网络。

社工多次邀请婷婷参加社工站的活动，但爷爷奶奶以不放心以及行动不便为由，一直没有参与。直至一次外出机会之后，爷爷奶奶看到婷婷非常开心，并且也观察了社工站的环境，渐渐同意带婷婷参与社工站组织的活动。

至此之后，婷婷参与了社工站的羽毛球兴趣班、尤克里里音乐课程、平安夜尤克里里快闪表演。婷婷通过羽毛球兴趣班认识了一个合得来的小伙伴，成为朋友，两人一起报名了尤克里里音乐课程。在学习尤克里里期间，刚好有机会参与快闪的表演，婷婷努力争取，获得表演的机会。爷爷奶奶虽然腿脚风湿痛，但非常支持婷婷参加表演，两老提前与婷婷到集合地点排练。爷爷奶奶表示，第一次看到婷婷在那么多人面前表演，感到很高兴。婷婷在排练期间表现优秀，获得了奖品，非常珍惜。

（4）为案主联系资源，扩大其社会支持网络，同时提升案主与社会的联系感。

社工在跟进婷婷期间，留意社会资源，如福袋行动、节日探访、企业基金会组织的外出活动等，让婷婷一家获得来自社会人士的关心及支持。在一次福袋行动中，一位与奶奶年龄相仿的志愿者到家中探访，与奶奶很投机，奶奶向志愿者吐出了自己多年的委屈和辛酸，舒畅的聊天经历，让两位老人结为朋友，志愿者定期到婷婷家探访，陪奶奶聊聊天，奶奶在心灵上得到了支持，整个人都放宽心了。志愿者有时也会带着孙女一起到户探访，与婷婷一起画画、分享故事书内容等，让平时较为安静的家庭氛围变得活跃起来。

6. 成效评估

（1）个人层面

社工积极与案主建立关系，获得案主信任之后，协助案主逐渐养成了自觉完成功课的习惯；通过合理情绪疗法，案主消除了不合理的信念，逐渐树立正向积极的心态，理解体谅照顾她的爷爷奶奶，减少了对爷爷奶奶发脾气的次数；另外，社工在每一次家访或面谈中，都会给予案主肯定和鼓励，让其获得满足和成就感。

（2）家庭层面

社工观察到案主的家庭成长环境缺乏正面的影响，主动与爷爷奶奶探讨正向管教的方式，通过引导，爷爷奶奶对案主的管教方式有所改善。虽然爷爷奶奶多年的管教方式未能在短时间内完全改变，但已经有意识为案主营造一个良好的家庭环境了。

（3）社会层面

社工留意社工站的活动预告以及社会资源，定期给案主推荐合适的活动及节日探访等资源。案主不但培养了自己的兴趣爱好，提升个人自信心，并且在活动中认识合得来的小伙伴，在社区中建立个人的朋辈支持。另外，社工联系政府及热心企业资源，定期到户探访，让案主一家获得社会的支持，提升案主与社会的联系感。爷爷奶奶表示，有了社会的关心和支持，相信案主日后遇到的困境都能够逐一击破。

由此可知，案主及其一家的服务目标大部分已实现，但由于案主是散居孤儿，其需求复杂多样，且每一个阶段的需求不同，社工需要持续关注跟进，在其成长中给予支持及协助。因此，对该个案每一年度会做一次跟进总结及目标成效评估，并在新的一年再次评估其需求，结合需求做针对性服务行动计划。

7. 专业反思

（1）本个案案主是一个散居孤儿，照顾者是年老的爷爷奶奶。面对这样的个案，社工需要有敏锐的观察能力及分析能力，为案主及其家庭提供服务。在跟进过程中，社工能够结合"身体、心理、社交、价值观、资源"分析案主的需要，在几个层面积极介入，协助案主及其家人分析目前的困境，建立慢慢改善困境的信心和希望，以积极正向的心态面对生活。针对孤儿的个案类型，社工需要关注案主的现在和将来，为其提供持续的关怀服务。

（2）值得反思的两点：一是社工跟进该个案时，主要以需求视觉为出发点；在未来的工作中需要思考如何以权利视角的出发点展开跟进，清楚作为儿童享有的权利。二是本案主的照顾者年纪较大，其亲友网络比较缺乏，案主日后的监护权去向，需要与照顾者一起梳理。因此，社工在处理该类个案时，需要特别注意协助案主及其照顾者建立亲友网络。

第五节　受侵害与受虐青少年服务

一　概述

当前，青少年遭受侵害或受虐的情况越来越受到社会的关注，这些侵害与受虐包括来自家庭暴力、校园欺凌以及各方面的骚扰或侵害，大家也逐渐认识到这些情况对青少年身心健康发展、家庭关系、人际交往、学业等带来诸多的影响。

家庭暴力，是指家庭成员之间以殴打、捆绑、残害、限制人身自由以及经常性谩骂、恐吓等方式实施的身体、精神等侵害行为。青少年遭受家庭暴力，除了个人和家庭因素之外，我国文化也有一定的影响，如棍棒之下出孝子的传统观念等。目睹家庭暴力或直接遭受家庭暴力对青少年的身心健康均有极大的影响。

校园欺凌是发生在校园内外、学生之间，一方（个体或群体）单次或多次蓄意或恶意通过肢体、语言及网络等手段实施欺负、侮辱，造成另一方（个体或群体）身体伤害、财产损失或精神损害等的事件。长期遭受侵害或虐待的青少年，会导致自卑、沮丧、厌学等不良反应，多次受侵、受虐及反抗无效后，强化了他们的应对模式，使他们变得逆来顺受。多数受害者因为种种原因选择了沉默和忍耐，而当受侵害或受虐严重程度一旦超过受害者的承受能力时，他们可能以暴制暴，以极端的方式进行反抗。如何解决青少年受侵害或受虐问题，促进他们的健康发展及社会稳定已成为社会焦点问题。

此外，侵害、虐待、骚扰具有隐蔽、持续、群体、日常、网络化等特点，其产生的原因是多方面的，有个体自身特质的原因，如性格温和内向；也有家庭照顾和教养方式的影响，如父母不在身边，父母疏忽照顾或管教过严；社会、校园环境、大众传媒也对其产生有着不可忽视的作用。我们在解决青少年受侵害或受虐问题时，需从多方入手采取整合的方法进行。

此部分服务可供参考的法律法规有《中华人民共和国未成年人保护法》、《中华人民共和国义务教育法》、《中华人民共和国民法通则》、《中华人民共和国反家庭暴力法》、《学生伤害事故处理办法》、《广东省未成年人保护条例》、《广东省保护妇女儿童合法权益的若干规定》、《广东省社会救助条例》、《广东省法律援助条例》等。

二 分析需求

（一）人身安全的需要

面对遭受暴力、欺凌或者侵害的危险，青少年首要的是懂得如何保护好自己的人身安全。但是根据调查和相关研究发现,很多青少年不知道如何应对,一味隐忍或者缺乏理性的反击使他们遭到更严重的伤害后果。协助青少年保护人身安全,是首要的任务。

(二) 心理疏导的需要

遭受暴力或欺凌的青少年多数患有恐惧、焦虑、孤独、自卑、厌学厌世、不相信他人等心理障碍,从而表现出强烈的攻击心理或自我放弃,亦相对容易诉诸暴力来解决问题。为他们提供心理辅导,协助他们及时走出心理阴影是迫切的需求。

(三) 权益保护的需要

遭受暴力或者侵害的青少年不仅身体上遭受伤害,心理和精神上也被摧毁,施暴者已经触犯相关法律。但青少年由于不懂得运用法律,被威胁恐吓时害怕会遭到更加严重的报复或者担心名声扫地,而不敢寻求法律和相关人士的帮助来保护自身的权益,让自己一次又一次受到身心伤害,影响学习和生活。

三 选择理论

受侵害与受虐青少年服务常用理论见表6-7。

表6-7 受侵害与受虐青少年服务常用理论

名称	主要内容	对服务的指导
社会学习理论	班杜拉的社会学习理论认为人通过模仿进行社会学习可获得集中效果:抑制或者去抑制效果。"抑制"指观察者发现示范者的某种行为反应获得负的强化结果,观察者自己以后也会减少这种行为反应。"去抑制"则反过来,如果学生做出欺凌行为没有得到应有的惩罚,反而得到酬赏,他们今后做这种负性行为的可能性就会增加	预防校园欺凌,需要让学生了解欺凌行为的危害,激发学生的正义感

续表

名称	主要内容	对服务的指导
认知行为理论	详见第一章第三节理论六	负性认知是情感、行为障碍无法得到解决的重要原因。因此，能否对校园欺凌事件建立正向认知，决定着学生能否正确应对校园欺凌事件的发生
赋权理论	详见第一章第三节理论五	工作员相信青少年有属于自己的技巧、理解和能力，在和谐校园对对碰中，工作员带领志愿者自主策划，通过自己的努力去推动和谐校园的建立，让志愿者们在活动中发挥自己的力量和价值，增强他们的自信心

四 设定服务目的

（1）青少年的情绪得以舒缓，并能够正向地面对和解决事件。

（2）青少年能够重建生活模式。

（3）提升青少年对欺凌、侵害行为的认知，并学习掌握自我保护的方法。

（4）受侵害青少年的家庭能够渡过危机，增强家庭的支援作用。

五 设计行动策略

受侵害与受虐青少年服务行动策略见图6-11。

```
┌─────────────────────────────────────────┐
│ 个人层面                                 │
├─────────────────────────────────────────┤
│ • 处理创伤经历及创伤后应激障碍症状       │
│ • 陪同应对公检法司等流程                 │
│ • 发展优势、建立正向价值观及形成自主能力 │
│ • 获得适当照料及身体治疗                 │
│ • 维持或重建生活模式                     │
└─────────────────────────────────────────┘
┌─────────────────────────────────────────┐
│ 家庭层面                                 │
├─────────────────────────────────────────┤
│ • 制定适合案主的生活照料安排及监护       │
│ • 普及权益受侵应对资讯，提供家庭支援     │
│ • 家庭关系处理与推行正向管教             │
└─────────────────────────────────────────┘
┌─────────────────────────────────────────┐
│ 社区/社会层面                            │
├─────────────────────────────────────────┤
│ • 根据所需定期开展联合会议，提供支援     │
│ • 促进政策对其生活、学习、就业的支持     │
└─────────────────────────────────────────┘
```

图 6-11 受侵害与受虐青少年服务行动策略

六 参考工作模式

受侵害与受虐青少年服务一般会通过个案的形式进行开展。在个案辅导过程中，由于青少年权益受侵害，通常需要联合不同组织，包括学校、医院、公安局、教育界、检察院、司法部门、律师、企业、媒体等，并成立一个危机介入小组，危机介入的具体流程可参考第二章第五节。在此类青少年的具体介入中，个人层面的处理创伤经历及创伤后应激障碍症状十分重要；家庭层面需要普及权益受侵害的应对咨询，提供家庭支援；在社区层面通常需要定期召开联合会议，进行多专业服务成效的反馈总结，共同为青少年渡过危机做出努力。主要参考工作模式见图 6-12。

七 案例分析

（一）被欺凌个案[①]

1. 背景介绍

夏天（化名），女生，就读于初一年级。家庭经济情况富裕，

---

① 资料来源：广州市启创社会工作服务中心。

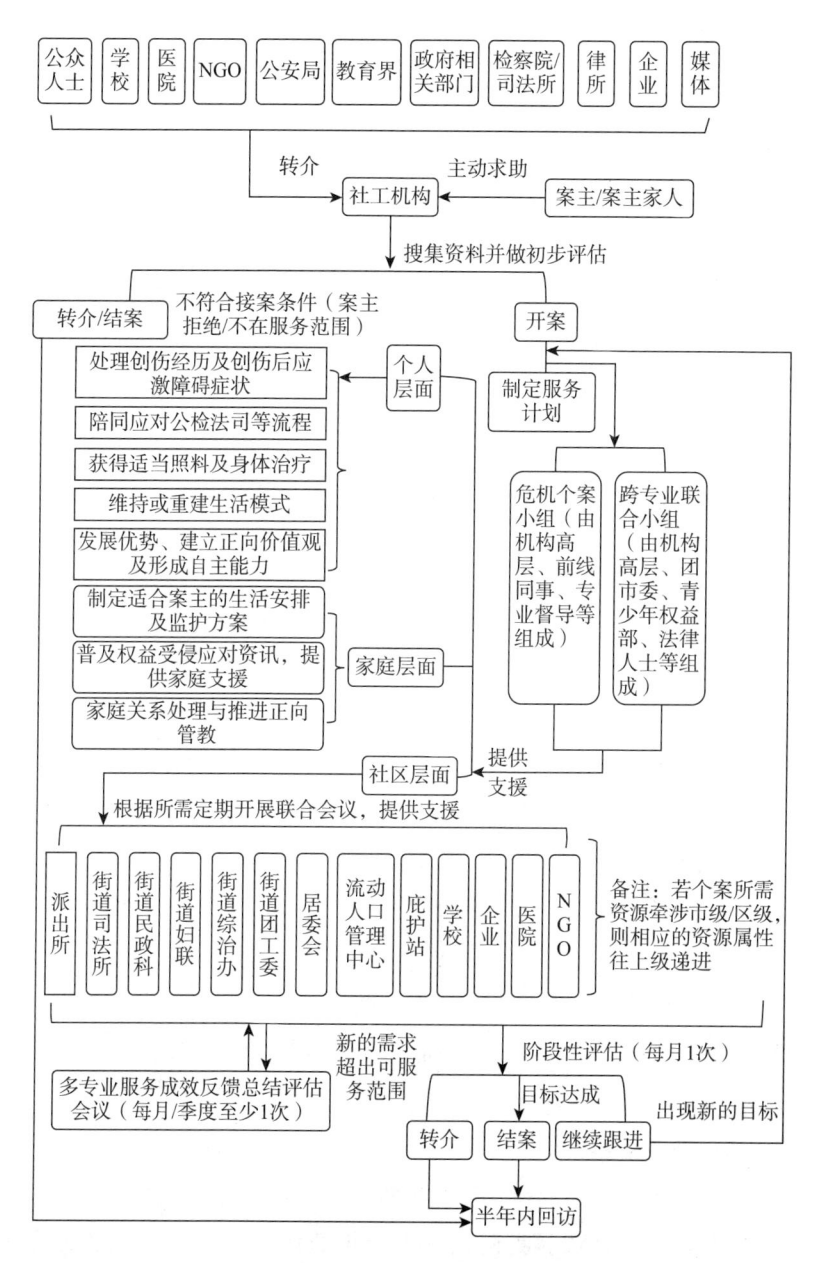

图 6-12　受侵害与受虐青少年个案服务参考工作模式

资料来源：广州市启创社会工作服务中心社工对受侵害与受虐青少年服务的总结。

属于独生女，深受家庭的保护。夏天在校与朋辈的关系一般，朋辈会因其"公主病"而不愿与其过多交往。

在某一天，夏天惊恐地走进社工站，不停地前后张望。见到社工的那一刻，夏天开始小声哭泣。社工将夏天引至个案室，提供安全而舒适的环境，让其发泄自己的情绪。待其情绪得到缓解后，社工引导夏天分享自己遇到的事件。

夏天在上学期间，被梅丽（化名）及其同伙叫到小巷中，其同伙都是社会上的人士，手上都拿着砖头，一开口就要夏天向梅丽道歉，并且要说出自己对梅丽那么拽的原因，凭什么一看到梅丽就甩白眼，连招呼也不打。夏天紧张地说不出话，只是不停地说自己不知道怎么回事。恰巧有人经过，梅丽及其同伙就放话要等夏天放学，让其小心一点，放学后再统一算账。同时，威胁夏天不准告诉学校老师和家长。说完还故意将砖头狠狠地扔在夏天脚边，然后就离开。夏天看着他们离开后，就赶紧跑回学校，来到社工站。

2. 预估分析

（1）遭遇校园欺凌的潜在危机：夏天上学期间遭遇到梅丽及其同伙的围堵，并且威胁其放学后要小心行事。这让夏天感到非常害怕，不敢告诉学校老师和家长，但是又担心自己会被打，不知道如何应对和处理。

（2）人际交往困惑：夏天在与朋辈相处的过程中容易使小性子，或者希望他人以自己为中心，因此让朋辈感到不喜欢，从而影响其人际交往关系。

3. 理论支持

（1）焦点解决治疗：强调与案主的合作，并引领案主积极寻求解决问题的办法。我们认为青少年的成长受到周围系统的影响，但随着系统的变化，青少年亦将获得很多转机。协助青少年面对并解决现存的问题，而且会有一个契机让青少年转变，比如"生命中的重要人物"、重要事件等，我们需要做的则是边陪伴青少年边协助青少年主动寻求这种机遇。夏天主要面临校园欺凌的潜在危机，社工结合焦点解决治疗法，关注夏天本身的人身安全与自我保护。因此，社工与夏天一起面对和解决事件。

（2）认知行为治疗法：认知行为治疗法认为治疗的目标不仅仅针对行为、情绪这些外在表现，而且分析病人的思维活动和应对现实的策略，找出错误的认知加以纠正。夏天与梅丽此次的冲突缘于两人日常的相处，夏天在与朋辈的相处过程中存在需要改善的方面。因此，社工结合此次事件，引导夏天总结和反思自己与人相处的行为习惯，并且思考如何改善自身的行为习惯，制定相应的改善计划，从而提升自己的人际交往能力。

4. 目标制定

（1）夏天能够正向地面对和解决事件，并且学习和掌握应对校园欺凌的方法与技巧。

（2）夏天可以学习和掌握正向的人际交往方法与技巧。

5. 服务实施

（1）引导夏天正向面对和解决校园欺凌事件。

首先，缓解夏天担心害怕的情绪，给予情绪上的支持。社工将夏天带到独立的个案室，给她一杯温水，营造安全舒适的环境。在这个过程中，社工都是坐在夏天的旁边，陪伴着她，鼓励与安慰着她。

其次，了解事情的经过，进行初步的评估，确定初步的介入方法。鼓励夏天说出事情发生的过程，引导其说明欺凌者（梅丽）的特征，包括班级、姓名等。并且与夏天一起思考如何面对欺凌者的威胁。在过程中，社工通过情景模拟的方式，让夏天了解如何面对欺凌者。同时鼓励和引导夏天思考有什么资源可以协助自己应对欺凌，引导案主往家庭和学校方面思考。

再次，联系学校资源以及家庭资源，以保障夏天的安全。在夏天同意后，鼓励以及陪伴其将事件告知班主任以及家长，与他们协商事件的跟进。在事情解决前，班主任需要留意夏天在班上的情况，避免欺凌者到班上威胁或欺凌夏天。而家长需要承担接送的工作，在夏天上下学的过程中进行接送，避免欺凌者的威胁或欺凌。

最后，社工对梅丽也进行个别跟进。在整个过程中，社工保持中立的态度，了解梅丽欺凌夏天的原因，引导其了解和重视欺凌他人的后果，了解其对于解决事情的想法，从而促进事件的解决。

（2）引导夏天学习和掌握正向的人际交往方法与技巧。

首先，社工结合此次事件，引导夏天反思自己与朋辈相处的行为习惯，总结经验，改进自我。夏天通过此次事件，开始慢慢反思自己与朋辈相处的不良习惯，包括自己习惯耍小性子、脾气不好等。同时，夏天决定改变自己与朋辈相处的不良习惯。

其次，社工推荐夏天参与社工站相关的服务，在活动中留意和观察夏天与朋辈的互动情况，并且有意识地促进夏天与朋辈之间的沟通与互动，从而提升其人际交往能力。

最后，社工与夏天一起总结反思人际交往的方法与技巧，并鼓励其运用在日常生活中。

6. 成效评估

社工采取访谈法及观察法评估个案目标的完成情况，具体如下。

（1）及时缓解夏天担心害怕的情绪，让夏天能够正向地面对和解决事件。在社工的鼓励与陪伴下，夏天将事件告知学校老师与家长，寻求更多的资源促进事件的解决。同时，在跟进的过程中，社工引导夏天学习和掌握了应对校园欺凌的方法与技巧，与夏天协商应对各种不同的校园欺凌情景。

（2）在跟进的过程中，社工引导夏天总结反思自己与人相处的行为习惯，反思自己的人际交往方法与技巧。通过社工推荐的相关服务，促进夏天与朋辈的互动与交流，提升其人际交往能力。并且与其一起思考如何改善与朋辈的关系，总结正向的人际交往方法与技巧。最终,夏天能够在班上结交到 2~3 个新的朋友。

7. 专业反思

(1) 关注此时此刻,解决案主最有需求的问题。个案问题的形成可能由多种因素导致,也可能很具复杂性。因此,在跟进个案时需要关注案主的此时此刻,解决案主最有需求的问题。比如,夏天的事件其实是由其日常与梅丽的相处引发的冲突,导致其遭遇校园欺凌事件。然而,在事件中,最为重要也必须最先处理的是校园欺凌的潜在危机,需要陪伴其面对事件的解决,避免受到人身伤害。

(2) 校园欺凌事件介入流程的探索。近年来,校园欺凌事件频发,引起了社会的关注。在校园欺凌事件中,欺凌者常常因为不知道事件的后果而对他人造成很大的人身伤害,甚至使得自己需要承担沉重的后果。而被欺凌者常常不知道如何应对校园欺凌事件,使得自己受到很大的人身及心理伤害。校园欺凌事件的应对,需要借助家校社的资源,共建和谐校园。校园欺凌事件的介入流程,具体如下。

①缓解被欺凌者担心害怕的情绪,给予情绪上的支持。建议社工为被欺凌者提供一个安全舒适的环境,可以坐在被欺凌者的旁边或者对面,让被欺凌者感到有人陪伴自己,必要的时候可以拍拍其肩膀以示安慰。

②了解事情的经过,进行初步的评估,订立初步的介入方法。鼓励被欺凌者说出事情发生的过程,引导其说明欺凌者的特征,包括班级、名字等。与被欺凌者一起思考如何面对欺凌者的威胁,在过程中,社工通过情景模拟的方式,让被欺凌者了解如何面对欺凌者。同时,可以鼓励和引导被欺凌者思考有什么资源可以协助自己应对欺凌,如学校老师或家长等。

③联系学校资源以及家庭资源,以保障被欺凌者的安全。联系学校资源,由学校老师关注被欺凌者在校的情况,留意欺凌者

是否威胁或欺凌被欺凌者。联系家庭资源,由家长接送被欺凌者,避免其在上下学路程中遭遇到欺凌。

④个别跟进以及介入。在被欺凌者方面,社工在跟进的过程中,需要了解事情的发生情况,引导其思考事情发生的原因。社工也需要与被欺凌者进行情景模拟,引导其学习如何应对欺凌事件的发生。同时,社工需要给予情绪上的支持,缓解其紧张担心的情绪。在欺凌者方面,社工在跟进的过程中,要注意保持中立的态度,不是追究事件,而是促使事件得到解决。社工可以倾听了解欺凌者对于该事件的看法,了解其欺凌他人的原因。引导其了解和重视欺凌他人的后果,了解欺凌者对于解决事情的看法,从而促进事件的解决。

⑤后续跟进。在被欺凌者方面,引导其通过事件反思自己,特别是自己与朋辈相处的行为习惯,从而总结经验,改进自我;在欺凌者方面,需要引导其树立每个人都需要为自己的行为负责任的意识,认识到自己的行为可能导致的不良影响。

(二) 家庭暴力受虐个案[①]

本个案社工主要从个人层面和家庭层面介入,个人层面主要是协助案主改变不合理的行为以及认识到自己的处境,家庭层面主要是缓和亲子关系。

1. 背景介绍

小安(化名),来自一个重组家庭,爸爸妈妈多年前离异,现与妈妈、继父(称其伯伯)、同母异父的弟弟妹妹同住。决定对小安进行个案跟进,缘于某天在学校碰面时,发现其脸上有明显的伤痕,细问之下,发现其手臂、大腿都遍布被打的痕迹,新伤旧伤均令人触目惊心。而与其班主任接触做了进一步了解后,发现,一方面,老师会因其被母亲如此打骂而表示心疼;另一方

[①] 资料来源:广州市启创社会工作服务中心。

面,学校老师和同学对小安的言行表示诸多不满,说谎、偷窃等行为常有发生,另外学习态度懒散,对什么都表现得无所谓,让人很是无奈。

社工与其接触时,也感觉到其对于自己目前的处境并不在意,一方面,觉得身边的人经常针对他,所以自己要用各种行为"对抗他人";另一方面,对于母亲的教育方式,其表示已经习惯,无所谓,持有"破罐子破摔"的消极应对态度。而其对于现状改变的动力也是比较弱的,开始接触的时候,还是会向社工说谎话,每次谈到其问题时,都会借故逃避,或者扯开话题,始终不肯正视。

2. 预估分析

(1)自我保护的需求:每次面对家长的打骂,甚至较为暴力的对待,案主只能默默接受,而他自己也未曾想过被打骂时可以怎么做,或者如何避免以及减少自己被打骂的可能性。

(2)被关爱的需求:案主的种种言行更多的目的是想吸引他人的注意,得到他人的关注。在学校,他的成绩不大理想,老师未能给予足够的关注,于是他更多的是采取"搞破坏"的形式,以得到他人的注意;在家里,妈妈更多的关注度是在弟弟妹妹身上,而他也多次表示家里人不爱他,因此他会故意欺负弟弟妹妹,跟妈妈说话也会比较冲,态度相当不好,引致家长的诸多不满,甚至越来越严重的打骂。

(3)家长管教模式改善的需求:家长一方面表示自己对孩子是关爱的,打他是为了他好;另一方面也会表示不知道怎么管教孩子,孩子与她存在着较多隔阂。但是家长的态度还是比较强势的,觉得传统打骂式的教育方式更为直接,因此也导致双方的关系不断地循环恶化。

3. 理论支持

(1)优势视角:跟进该个案时,社工通过优势视角寻找案主身上的亮点,而非一味关注案主被关注的问题,并及时对案主的改变进行肯定和鼓励,以促进案主改变的动机,增强他的自我认同感和自信心。

（2）正向心理：一方面，社工通过协助案主建立正向心理，促使案主直面问题，敢于尝试找寻解决方法，以代替逃避的态度；另一方面，协助案主母亲正面对待案主，寻找传统打骂式教育方式之外的其他有效管教方式，摆脱问题视角，更正面看待案主成长过程中出现的不同挑战。

4. 目标制定

（1）个人层面：

- 提升案主自我保护的意识和能力。
- 案主能够规范自身言行，减少不合理行为。

（2）家庭层面：

妈妈能够建立正面管教模式，亲子关系得以改善。

5. 服务实施

（1）需求评估及目标确立。

工作员在前期需求评估过程中，第一是与案主进行面谈，了解案主对自我的评价，以及对自己所面临状况的个人看法及改变动力；第二向案主的老师及同学了解案主在学校环境中的表现，以判断案主的需求是否合理及真实；第三与案主的家长联系，了解案主在家庭中的言行表现，对案主所反馈的对于家长、老师及同学的看法进行判断；第四对案主的需求进行进一步评估及确定，以及制定基本的跟进目标。

（2）协助案主正视问题，制定成长计划。

案主小安虽然很喜欢被邀请到社工站与社工见面面谈，但其实他真正开心的是不用上课，可以到社工站"逃避"他所不喜欢的学习。一开始他会和社工谈很多班里发生的事，看起来很愿意倾诉，可是一旦社工与其谈及其"说谎、偷窥、被妈妈打、被老师批评"等问题时，就会闪烁其词，甚至迅速扯开话题，不愿意分享更多。

社工最后直接采取了对质的方式，从案主常常被打的事实出发，问其"是否真的不在乎经常这样被打？""是否觉得无所谓，不害怕，即使有一天真的被打出毛病，打坏了，也觉得可以接受？"自从这次当面对质后，案主才真正放开戒备心，以最真实的状态面对社工。当案主哭着告诉社工"谁说不在乎，谁说无所谓，谁说我不害怕的"时候，社工才真正确定，与案主的关系算是正式建立。

之后在与案主的面谈中，案主不再逃避自己的问题，而是正视它，表明愿意做出改变，与社工一同努力，制定成长计划。由此社工可以针对案主的需求给予更直接的辅导与跟进。

（3）增强案主自我认同感，并且激发其改变的动机。

与案主的关系正式确立后，社工开始以成长计划对案主进行跟踪辅导，每次面谈都会邀请案主分享他这段时间以来的进步，以及需要继续努力的地方，社工给予肯定，并与案主一起就其中一些可行的方法进行经验总结，鼓励案主继续努力，以此增强案主对自我的认同感，让案主体会成长带来的快乐。

另外，协助案主对其处境进行澄清，让案主明白自己所处的境况存在着安全隐患，并且开始有改变的动机。社工协助其寻找减少被打骂的方法或在面临打骂时的应对方式。而案主一方面通过改善自我言行，减少被惩罚的概率，从而减少了被打骂的情况；同时，案主也学着去观察母亲的情绪，在母亲较烦闷的时候，先不去打扰她，让母亲有自己冷静的空间；另一方面，面临母亲打骂时，案主会主动要求母亲可否采取非打骂的方式，或者在面临打骂时，寻求身边的亲人帮助，或者逃到自己的房间里，逃离危险的环境。而这些，案主与母亲都尝试了并且努力进行实践，双方都有一定的改变。而妈妈方面也表示，自己也在学着用代币制①来鼓励孩子成长，传统打骂式的教育能够避免也会尽量

---

① 即用象征钱币、奖状、奖品等的标记物为奖励手段来强化良好行为的一种行为治疗方法。

避免使用。社工在这个过程中主要与案主进行定期的面谈，与案主就其努力进行总结并给予鼓励和及时性的引导，对于其中可行的方法进行肯定，提出可改善的方法等，给予案主支持。

（4）联合老师和家长，共同给案主以支持。

案主自从升了四年级之后，整体情况转变更加大。一方面，新换的班主任相比起来更具耐心，在班级里为案主安排了小组，不再让他独自一人待在角落，让他有了归属感；另一方面，也会让案主协助他做力所能及的事情，以提升案主的价值感。社工与老师接触的时候，对老师的努力给予了认同，并且表示期待在双方的共同努力下，可以协助案主更好地成长，而老师的整体配合度也相当高，在约定的时间内，让案主继续前往社工站接受辅导，通过社校的合作促进案主的成长。

而案主在与社工分享亲子相处的情况时，表示现在的自己和母亲相处比较好，妈妈对他慢慢地基本不采取打骂的方式了，除非有时候自己特别调皮，妈妈还是会打骂一下；另外，对于妈妈，他有了更多的理解。由于继父突然去世，案主仿佛一下子长大了不少，会照顾妈妈的感受，关心和安慰妈妈，弟弟妹妹被送回老家照顾一段时间，他与妈妈更是相互做伴，彼此之间的感情增进了很多，亲子关系得到了很大的改善。社工对案主的家庭变化给予了同情和关心，也对在这个过程中案主可以做的事情进行引导，主要是给予妈妈支持、关心，简单地承担一些家务，在这个时候让妈妈看到不一样的自己。案主表示自己会坚持走过这段日子的，而妈妈虽然很难过，但是也在努力适应中。

6. 成效评估

（1）个人层面：

关于自我保护的意识提升。一开始与案主接触的时候，他对于自己的境况概念不清，"破罐子破摔"的心态比较严重，致使自己常被打骂，甚至愈演愈烈。而社工的介入，协助案主对其处境进行澄清，案主明白自己所处的境况存在着安全隐患，并且开始有改变的动机。而后,社工协助其寻找减少被打骂的方法或在面临打骂时的应对方式。在后期,案主被打的现象得到控制,身上也少见被打的伤痕,案主表示妈妈已经不再像之前那样打他了。可见,案主的自我保护意识有了一定的提升,而且也取得了一定的成效。

关于不合理言行的改善。通过与案主制定成长计划,案主在某些方面有显著的成长,主要表现为:①杜绝偷窥的行为,在学校里不经他人允许,不轻易拿取他人的东西;在家里,也不再偷妈妈的钱;②增强自制力,减少迟到的行为;③上课不捣乱,不影响他人;④控制情绪,减少与同学的冲突。针对案主的言行,实际上制定了约10条的成长计划,但是针对案主最终的反馈,以上四点表现较为明显。而以上四点改善,实际上促进了案主较大的改变,包括他的自我认同感、亲子关系、朋辈关系等均有所改善。

(2)家庭层面:

关于亲子关系的改善。自案主主动做出改变以来,亲子关系有较显著的改善,主要表现为案主被打骂的频率有所下降,而且母亲不再使用如之前那么暴力的方式对待案主。案主在家里能够感受到被关注和爱,从而提升了案主的积极态度,促进了正向发展。

7. 专业反思

(1)关于计划的实施层面。第一,在与案主关系建立上,一开始进度是比较慢的,尤其是当案主并没有特别大的改变动机,以及顾左右而言他时,社工其实可更早一步与案主进行问题澄清及对质,以促进个案的跟进;第二,在跟进案主过程中,主要以面谈的方式与案主进行成长计划行动,但社工对其成长过程的参与实际上是不多的,而事后的成长总结虽然起到了一定的鼓励作用,但参与感不是十分强,对于案主的成长变化把握存在欠缺;第三,虽然与案主的班主任及母亲有所接触,但是三方的网络建立或共同对案主进行成长帮助的支持还是不足，需要更多地促进家校社三方的联动，推动此类案主的成长。

（2）服务方法运用层面。首先，对于此类开始较为被动，且逃避问题的个案而言，对质起到了较重要的作用。过程中社工也会将自己了解到的实际情况与案主反馈的情况进行面质，以改善案主"说谎"、"逃避"等不理性言行。其次，优势视角及正向引导在个案跟进过程中有较明显的作用，尤其是老师层面的主动关注，给予了案主较大的肯定与信心提升，促进其有更强的动力做出改变；而社工通过发现优势及正向引导，不断与案主进行成功经验总结整理，以促进其对自我的认同感，以及坚持改变的信心。

（3）服务策略层面。家校社三方联动十分必要，案主主要的成长环境为家与学校，这两方面给予案主的支持若有明显增强，案主的改变动力也会显著增强，同时，也更有效全面地推动案主正向成长。

（4）服务效果层面。该个案跟进了一年多，虽然案主还有需要继续改善的地方，但整体情况已有较好的转变。尤其表现为其自我改变成长的动力显著提升，偷窥、说谎等行为减少甚至不再出现，亲子关系得到改善，被打骂现象有所减少且程度减弱、朋辈支持明显增强，案主不再被孤立。

（三）性侵少女个案[①]

本个案社工从个人层面、家庭层面和社会层面均有介入，在个人层面主要是协助案主渡过危机事件；在家庭层面上主要是争取家人的支持，一起面对；在社会层面上，更是争取了"12355"平台的支持。

---

① 资料来源：广州市启创社会工作服务中心。

1. 背景介绍

嘉嘉（化名），女，12岁，非婚生。父母既没有为其办理出生证明，亦没有为其办理户籍登记，所以嘉嘉自出生之日起便是"黑户"。嘉嘉的父母分手后，她由母亲照顾，父亲早年会定期提供抚养费并探望母女二人。嘉嘉此前就读于民办学校，但由于其没有身份证和学籍，无法参与中考，亦无法继续升学，六年级下学期便开始辍学。后来，其母亲一直无法联系上父亲，抚养费中断，嘉嘉母女的生活相当困难。

某天，嘉嘉在参与性教育小组后偕同14岁的好闺蜜小依（非婚生，父母分手后，小依由父亲照顾），前来社工站告知社工，其前一晚在小依家里留宿，半夜的时候被小依爸爸抚摸并亲吻。对方更对嘉嘉说："叔叔爱你。"嘉嘉对此感到惊恐、愤怒与无助。

2. 预估分析

社工通过生态系统理论以及危机介入模式的观点对嘉嘉面临的问题进行分析，具体如下。

（1）认知层面：嘉嘉经历了被小依的父亲性侵犯之后，清楚知道对方的行为是性侵犯，认为自己被性侵是对方的错，对方的行为是触犯法律的，侵犯了她的权益，她知道自己可以勇敢维权。但同时，嘉嘉也对对方的性侵行为产生困惑，想不明白为何平时如此关心她们生活与安全的叔叔会犯下此罪行。

（2）身心状态：嘉嘉经历此事件前后，脑海感到一片麻木，身体都是僵硬的，精神无法集中，心跳加速，胃口不佳，脑海中更会反复重现性侵事件，对此感到痛苦。而情绪方面，嘉嘉则感到很震惊、害怕、失落、不开心以及愤怒，同时也为自己的闺蜜小依感到担心，担心日后小依爸爸也会对小依实施性侵罪行。

（3）行为表现：嘉嘉很希望通过向社工求助，能报警让叔叔得到应得的惩罚。同时嘉嘉也担心若警方把叔叔抓走，小依是否会得不到照顾，小依是否会责怪自己。这让嘉嘉感到很挣扎。此外，嘉嘉对于如何把被性侵一事告知母亲也感到难以开口，担心母亲斥责自己，也对此经历感到羞愧。

（4）家庭环境：嘉嘉的母亲一直无法联系上其父亲，抚养费用一度中断。而嘉嘉的母亲，生下嘉嘉后则与父母以及兄弟姐妹都断绝了联系，也由于有人群恐惧症无法到工厂做全职的工作，仅能靠在家里做手工活养活家庭，每月收入约1600元。母女2人租住10平方米、每月300元的单间。家里贫困时，更欠下房东3个月的房屋租金，她与妈妈每月只能吃两顿肉，每顿只能吃一份面，嘉嘉一度连发高烧也无法到诊所治疗，家庭生活非常困难。

（5）社会环境：人们谈"性"色变，主流社会更会谴责性侵受害者。当女孩子受到性侵犯的经历被大众知道后，会被看作"不检点"、"由于自身原因而引起性侵"、"吃亏"、"不纯洁"等。而人们更会认为"到派出所"、"警察上门"等意味着做了不好的事情。这样的社会文化给嘉嘉及其家庭的维权带来极大的考验。

3. 理论支持

（1）危机介入模式：认为危机出现之后，服务对象的身心会出现一系列的变化以应对现实生活中的危机情景，而危机的发展更包含了发生、应对、解决和恢复阶段。服务对象面对创伤事件会产生正常压力反应如心跳加快、流汗、呼吸急促等，也会感到紧张、害怕、愤怒或其他情绪上的反应，亦可能会突然停止一切反应、僵硬起来等。而在事故发生后的短期内，他们可能会处于高度觉醒状态，难以入睡或维持睡眠状态，亦可能变得急躁或易于动怒、不集中精神、记忆力差、极易被惊吓。

（2）生态理论：认为人们和他们所生活的环境是一个相互依赖和补充的整体，在这个整体中人们和环境相互改变、塑造对方。本理论用以考察人类行为与社会环境的交互关系，把人类生存于其中的社会环境（如家庭、机构、团体、社区等）看作社会性的生态系统，强调生态环境（人的生态系统）对于分析和理解人类行为的重要性，注重人与环境各系统的相互作用及其对人类行为的重要影响。

4. 目标制定

（1）个人层面：嘉嘉能够认识性别暴力背后权力控制的本质，并学习创伤后压力症状与掌握应对方法。

（2）家庭层面：嘉嘉能够与父母取得联系，并一起探讨接下来的处理方案。

（3）社会层面：嘉嘉能够争取到儿童保护系统的支援。

5. 服务实施

（1）稳定情绪，调整认知，梳理资源清单，形成统一阵线。

社工接受嘉嘉与小依的求助后，迅速对她们表示理解和赞赏，理解她们的不易，也赞赏她们的勇敢。随后即逐一了解她们目前的身心状态，向她们普及创伤后压力症的症状，与她们共同探讨应对相关症状的方法。接着，社工继续逐一了解她们对于"性侵事件"的看法与感受以及期望采取的行动。让她们明白，对于彼此的内疚，对于性侵者的愤怒与惊恐是正常的，而"受到性侵"更不是她们的错，性侵者的行为是违法的，性侵的本质是权力控制，她们勇敢地发声并维权亦是正确的，社工会与她们同行，而证据的保留也是相当重要的。社工最后更与她们一起探讨报案与否的好处和坏处，列出她们目前所拥有的优势清单以及需要获得的资源清单。而在报案之前，她们也掌握了必要的自我保护的方法。

"要让性侵者获得应有的惩罚"——嘉嘉和小依在看待性侵事件以及期望采取行动方面形成了统一阵线。

（2）协助案主父母知悉事件，正向应对事件，预防违法犯罪。

考虑到嘉嘉不敢主动把事件告知母亲，社工给予其相应协助，更让嘉嘉母亲认识到"被性侵"并非嘉嘉的错，"被性侵"更不意味着女儿"没有价值或价值被贬"，她是宝贵的，需要家长的理解和支持。社工更让嘉嘉家长理解小依目前的愧疚与自责,让他们懂得对待嘉嘉和小依时的注意事项。最后,社工协助嘉嘉的家长了解嘉嘉和小依的态度,她们均很希望能把性侵者惩治于法。嘉嘉妈妈得悉事件后也顺利与嘉嘉爸爸取得联络,她更立刻前来社工站陪伴嘉嘉,爸爸也在电话里给予嘉嘉关心和支持,这让嘉嘉非常感动。

在随后的 3 天里,嘉嘉的父母一直很挣扎,他们担心若报警,会让女儿被性侵一事曝光,对未来产生影响。但他们也对性侵者充满愤怒和憎恨,嘉嘉爸爸甚至想过通过武力进行报复。社工对于他们的担忧表示理解,同时通过认知行为治疗法协助他们分析采取报警处理以及通过武力报复的短期、长期好处和坏处,让他们更理性地看待不同的应对方法;同时明白社工与公安部门均会履行保密原则,而针对未成年人的案件不会公开审理,嘉嘉亦无须出庭作证。最后,嘉嘉的父母同意陪同嘉嘉报警并完成笔录和取证工作。

(3)争取儿童保护系统的支援,协力应对公检法司系统。

事发后,机构内迅速成立危机介入小组,而社工也第一时间向"12355"平台汇报事件,启动儿童保护机制,同时启动报警程序。针对小依的安全照顾,得到了市救助站的资源。同时,事件也获得团市委权益部、团区委、街道综治办、派出所等部门的高度重视,迅速协调合适的警力跟进事件。在此期间,小依因害怕父亲而不愿回家,而她也排斥到其他亲戚家里以及救助站居住。社工采取"案主自决"的原则,通过及时与派出所探讨安保策略,让小依暂住嘉嘉家里,训练嘉嘉和她的妈妈,一旦发现危机情况立刻向派出所求助,这让小依获得安全的生活空间与照料。

嘉嘉和小依一直坚持要依法惩治性侵者的立场。在嘉嘉的父母同意陪同嘉嘉作笔录后,正式启动了报案程序。社工提前让嘉嘉和小依了解警方办案的流程,作笔录的提问方式,调查取证的程序与目的等,让她们能有所准备。而社工更是全程陪同她们应对相关流程,让她们更有力量与信心。

(4)新生活,新征程。

小依的爸爸被依法拘留后,小依和嘉嘉的脸上也露出了久违的轻松的笑容,她们均认为自己的选择是正确的,感谢相关系统的关注和协助。小依的姑姑从老家返回广州,成了小依最新的监护人。而小依与姑姑一起生活后也感到安全和快乐。而嘉嘉的父母则把嘉嘉带到其他区生活。而借着本次事件,嘉嘉的父母经商量后对日后的家庭照料做了分工,嘉嘉的父亲将带她们返回老家,为嘉嘉办理身份证和学籍,让嘉嘉可以重新上学。

经过5个月的立案、公诉、判决等流程,小依的爸爸最终因"猥亵儿童罪"而被判处有期徒刑2年。

6. 成效评估

(1)个人层面

嘉嘉成功渡过了危机事件,并且小依的爸爸最终因"猥亵儿童罪"而被判处有期徒刑2年。

(2)家庭层面

争取到了嘉嘉父母的支持,在父母的支持和陪伴下,案件有了较好的解决。

7. 专业反思

(1)针对本危机事件,社工能坚持"性别视角"以及"危机介入"的基本原则,迅速了解服务对象的主要问题,及时了解其目前的身心与生活状态,让服务对象认识创伤后压力症状及应对方法,稳定情绪并对自身情况拥有可控能力。

(2)此外,社工通过认知行为治疗法,采用开放式的提问方式帮助服务对象整理自己的想法和感受,协助其分析"性侵"产生的原因以及本质,对于不同选择的短长处影响,让其以及家庭、公安系统等正向看待"性别暴力",理解受害者并为受害者提供正向支持,以正向的方法应对事件。

（3）社工在协力同行中更能时刻倾听服务对象的声音，重视服务对象的自主参与，激发他们的潜能。就他们期望采取的行动，社工能协助他们整理优势清单以及所需要的资源，掌握联系资源的方法，让服务对象能参与到改变的行动中，在与他人及相关系统的互动中，感受到自己是有掌控能力的。

第六节 有特殊需求的青少年服务

一 概述

在与青少年服务相关的研究中，对于特殊青少年及有特殊需求青少年的定义并没有统一标准。在美国学者丽塔·威克斯—纳尔逊以及艾伦·C.伊斯雷尔的研究中，主要将有精神和心理障碍、身体障碍、发育障碍的儿童及青少年作为研究对象。[①] 本书也借鉴其对特殊青少年的分类，将有特殊需求的青少年服务主要分为两大类。

（一）有身体障碍的特殊青少年服务

一般认为，有身体障碍的青少年主要有四种情况：一是上肢或下肢因外伤、病变而截除或先天性残缺。二是上肢或下肢因外伤或发育异常导致畸形或功能障碍。三是脊椎因外伤、病变或发育异常导致畸形或功能障碍。四是中枢、周围神经因外伤、病变或发育异常造成躯干畸形或功能障碍。[②] 对于这部分特殊青少年而言，融入群体与就业是他们迫切需要解决的问题。

---

① 〔美〕丽塔·威克斯—纳尔逊、〔美〕艾伦·C.伊斯雷尔：《大众心理学金典译丛：特殊儿童及青少年心理学》，赵凯、潘璐译，江苏教育出版社，2012。
② 李开勇：《论特殊青少年身体障碍及其教育对策》，《安徽文学》2010年第11期，第202页。

(二) 有广泛性发育障碍的特殊青少年服务

广泛性发育障碍 (PDDs) 是儿童早期的精神发育障碍性疾病，其核心症状包括社会交往障碍、语言和非语言交流障碍、兴趣范围狭窄以及重复的刻板行为。根据精神障碍诊断与统计手册第四版疾病的分类标准，广泛性发育障碍包括儿童孤独症、Rett 障碍 (雷特综合征)、童年瓦解性障碍 (又称衰退性精神障碍, Disintegration Disorder)、Asperger 障碍 (亚斯伯格综合症) 和未特定的广泛性发育障碍 (No Specific Pervasive Developmental Disorder, PDD-NOS)。其中儿童孤独症 (又称自闭症) 最具代表性。[1]

此部分服务可供参考的法律法规以及政策有《中华人民共和国未成年人保护法》、《中华人民共和国义务教育法》、《中华人民共和国职业教育法》、《中华人民共和国残疾人保障法》、《残疾人就业条例》、《广东省未成年人保护条例》、《广东省保护妇女儿童合法权益的若干规定》、《广东省社会救助条例》以及《国务院关于加强困境儿童保障工作的意见》、《广东省残疾人职业技能提升计划实施方案》等。

二 分析需求

(一) 康复训练的需要

有身体障碍的特殊青少年普遍有康复的愿望，但因为康复周期长，难度大，需要一定的家庭经济条件作为支撑。另外，由于社区康复资源有限、出行做康复不便、康复工作者医疗水平良莠不齐等因素，残障人士的康复之路较为艰难。因此，应努力改善

---

[1] 都萌萌：《MECP2 基因 4 个单核苷酸多态性与广泛性发育障碍及其异常行为的关联研究》，硕士学位论文，昆明医科大学，2015，第 7 页。

康复条件,提供康复资源,让他们可以保持或改善身体状况。

(二) 心理疏导和情感发展的需要

残障青少年因为在生理方面或者心理方面存在着一定的障碍或缺陷,加上社会的偏见和歧视,所以产生了特殊的心理问题,如孤独、自卑、不肯和他人进行沟通等。另外,他们的家长因为长期照顾残障子女感觉身心疲惫,与他们的沟通也较少,导致他们对安全的依恋感无法得到满足。而大龄残障青少年面对婚恋的需求,但由于遭到亲属的反对或者自己对自身情况不接纳,感到巨大的心理压力。

(三) 接受教育的需要

由于智力、肢体或家庭经济的原因,残障青少年入学受教育的困难比较突出,尤其是智力残障的青少年,难以进入普通学校就读,多数被迫入读启智学校。而一些残障等级较为严重的进入到普通学校的残障青少年,由于校园歧视或校园缺乏无障碍配套设施和服务,不得不退出普通学校而留在家中。面临就业需要的残障青少年,可以选择的技能培训内容非常有限。

(四) 社会融合的需要

由于生理性障碍、心理顾虑、社会的偏见和无障碍设施不足的限制,有特殊需求的青少年较少有机会进行社会交往、就业、表达意见或参与社会政治文化活动。他们的社会交往和社区参与状况关系到其能否有效地融入社会、服务社会,是塑造他们健全型人格和提高生存质量的关键。

三 选择理论

有特殊需求的青少年服务常用理论见表6-8。

表6-8 有特殊需求的青少年服务常用理论

名称	主要内容	对服务的指导
生态系统理论	认为人们和他们所生活的环境是一个相互依赖和补充的整体,在这个整体中人们和其环境相互改变、塑造对方。强调生态环境(人的生态系统)对于分析和理解人类行为的重要性,注重人与环境各系统的相互作用及其对人类行为的重要影响	从不同层面理解青少年的处境与问题产生的原因,从各个层面介入特殊青少年的成长发展
优势视角	详见第一章第三节理论四	寻找案主身上的亮点,而非一味关注案主被关注的问题,并及时对案主的改变进行肯定和鼓励,以促进案主改变的动机,增强他的自我认同感和自信心
理性情绪治疗	人们的情绪障碍是由人们的不合理信念造成的,因此简要地说,这种疗法就是要以理性治疗非理性,帮助求治者以合理的思维方式代替不合理的思维方式,以合理的信念代替不合理的信念,从而最大限度地减少不合理的信念给情绪带来的不良影响,通过以改变认知为主的治疗方式,来帮助求治者减少或消除他们已有的情绪障碍	调整案主的不合理认知,从而解决其情绪问题

四 设定服务目的

(1)青少年能够建立对自己的正确认知,形成正向的价值观。

(2)家长和教师能够正确看待青少年的情况,并学习相应的教育技巧。

(3)青少年能够调整自己的情绪与不合理行为。

(4)青少年能够融入学校、社区。

(5)指导青少年制定职业规划。

五 设计行动策略

有特殊需求的青少年服务行动策略见图 6-13。

个人层面
- 个案辅导：行为情绪辅导
- 小组辅导：人际交往小组、情绪管理小组
- 过来人分享：由曾经历过某一处境而最后解决了或改变了的青少年（如曾吸毒但现已戒掉并重新做人的"过来人"），跟服务对象进行分享

家庭层面
- 个案辅导：让家长对服务对象有正确的认知；引导家长合理看待孩子的问题；提高家长的亲子沟通技巧

学校层面
- 团体辅导：对班级开展团体辅导，协助服务对象融入班集体
- 教师工作坊：增强教师对有特殊需求青少年的认知及特殊情况的应对技巧

图 6-13 有特殊需求青少年服务行动策略

六 参考工作模式

由于此部分青少年涵盖类型较多，并且服务对象个体特征较强，无统一的参考工作模式，因而可参照设计行动策略与案例分析部分的具体内容。

七 案例分析

（一）残疾青少年个案服务[①]

1. 背景介绍

案主 L 的母亲主动求助社工，称 L 高职毕业后，常待在家里很少外出，在找工作上遇挫，毕业后并没有找到工作。L 平时会在微信上写自己的心情，但都屏蔽了父母不让他们看到，母亲表

---

① 此案例来源于广州粤穗社会工作事务所。

示自己是从其他同学母亲、亲人口中了解到 L 的情绪或心情,因而很担心 L,希望社工可以介入,让 L 走出家庭,融入社会,最理想的是找到工作。

案主 L 是一位肢体残疾二级的青少年。L 经过与社工的面谈后,希望社工可以协助其找到一份工作,好让自己独立。

2. 预估分析

(1) 家庭关系分析:母亲是案主的主要照顾者,平时与案主的关系较好,父亲与案主的关系一般。案主父母对案主都较为关心。案主与奶奶同住,两人的关系较差。案主曾向社工表示奶奶因为他残疾的缘故而看不起他,认为他比不上弟弟。两人不时会因为一些问题争吵。案主有一个弟弟,是正常儿童,目前在读小学六年级,成绩中等。案主与弟弟的关系不错,两人有不少互动。案主与姨妈的关系较好。姨妈对案主的状况很了解,也很关心他。案主姨妈常会邀请案主一起外出到梅州玩。

(2) 朋辈关系分析:案主在校期间与同学的关系良好。毕业后与同学亦时有联系,但因同学们与案主居住距离太远,很少能聚在一起。身体状况比案主好的同学已经找到工作,案主因此有失落感。

(3) 案主个人优劣势分析:在心理层面上,案主性格乐观,愿意与他人接触。做事较为认真。案主面对毕业后的前程感到迷茫,选择待在家里,不愿走出家庭,接触社会。另外,案主周遭没有熟悉的同龄人,得不到来自朋友间的情感支持。在生理层面上,案主虽然是肢体残疾,但能够独立外出,自理能力强。但因为手部肌肉紧张,走路不便,说话不清楚,案主自觉求职较难。在经济层面上,案主主要依靠父母供养,因为自身残疾的关系,暂无法找到适合的工作,案主自觉需要解决工作的问题。

3. 理论支持

任务中心模式:相信案主有解决问题的能力,在帮助过程中要发挥案主本身的能动性;认为其所确立的目标是有限的、外在的,这使得目标具有达成的可能性;认为人的生活与成长是一个不断解决问题的过程,社工所要做的就是帮助案主界定问题和解决问题。

4. 目标制定

(1) 个人层面:

案主能够重新形成规律的生活;案主能够制定合理的求职计划,并找到就业机会。

(2) 社区层面:

增加案主与社区互动的机会,推动案主融入社区。

5. 服务实施

(1) 融入新的社交圈子,适应新环境,形成规律的生活作息。

社工安排案主进行手工康复,并安排案主参与小组及活动。此阶段社工与案主共面谈了4次,主要了解案主对于新工作、新社交圈子的融入情况和感受。案主对于新的社交圈子的融入花了较长一段时间,主要是因为案主在整个工作环境中年龄最小,而且案主对自己说话不清楚较为不自信,很少参与其他学员的话题。前两次与案主会谈后,社工与鲲鹏展翅工程项目的其他学员进行了沟通,请学员及其他家属协助,多带动案主,多与案主沟通。在与案主面谈的第三、第四次,案主对新社交圈子的融入反馈明显好于前两次会谈时反馈的情况。案主自觉自己已经融入这个团队中,与其他学员及家属的互动逐渐增多。

(2) 完成自己的就职意向和规划。

通过面谈,社工了解到案主是想从事与微商类的行业。案主认为自身的外在条件和说话能力,影响他寻找工作,而微商等只需要网络,可以让他只需要待在家里即可完成工作。社工与案主分析当前自己掌握的资源,协助案主厘清微商的投入和风险。

(3) 社交圈子被拓宽,能够从其他学员处获得帮助和心理支持。

经过与案主讨论就业想法及求职意向，案主认为求职方面依然会受自己身体状况的影响，但案主愿意在说话方面进行练习，尝试提升自己说话的清晰度。

（4）个案服务的延伸阶段：讨论创业。

在个案服务结束后，适逢残疾人就业一条街（以下简称立品坊）重新招租，根据案主在个案服务期间透露的意向，社工与案主、案主母亲进行了面谈，并告知了立品坊的情况。案主对创业怀抱希望，但社工亦与案主讨论了承租的风险及承租后需要考虑如何经营。案主经过与家人沟通商量，认为自己有能力承担，因此在立品坊租下一间铺，平时主要售卖日用品。

承租初期，案主向社工反馈启动资金有困难，向家综机构申请部分资助。家综机构综合考虑案主的家庭情况后，联系资源为案主提供部分启动资金，并与案主约定在盈利后回收成本。案主在向社工反馈经营情况的时候，坦言经营的盈利不多。社工与案主面谈，建议案主学习经营策略的知识或参加类似的讲座。案主曾尝试延长营业时间。社工跟进安排了三次活动来促进立品坊各店铺的盈利，案主表示在三次活动中的盈利较平时多。现阶段虽然盈利不多，但案主能够每日准时开铺经营，并表示自己也做了心理准备，需要守业经营。

6. 成效评估

（1）个人层面：案主在接受个案服务期间，被安排在鲲鹏展翅工程项目，重新建立起规律的生活作息。案主对创业抱有一定的想法，社工协助其分析当前自己掌握的资源及可能存在的风险，案主对自己创业所需的资源有了较为清晰的了解。并且案主在家人、家综机构和街道的支持下，开始在立品坊经营，案主的就业需求得到了满足。

（2）社区层面：案主在工作的过程中，尝试与其他学员互动及相处较好，案主的社交圈子有所扩大，不再只是从同学处获得支持和帮助。

7. 专业反思

在本案例中，求助者为案主母亲，其母亲的需求是孩子应该走出家庭，多与外界联系和互动；而孩子真正的需求是找到一份适合自己的工作。案主与案主母亲的需求存在不一致的地方，但并不是互相冲突的。经社工与案主、案主母亲面谈后确定，安排案主首先在康乐服务家园工作，促进案主与他人互动往来，接触社会，协助案主分析自己的能力及确定求职方向。

（二）自闭症青少年个案[①]

1. 背景介绍

小A（化名），男，某小学三年级学生，疑似高能自闭症患者。小A在校内曾出现情绪失控、殴打同学和教师的情况，更有甚者咬伤教师的手部，严重影响班级教学秩序，教师多次教育无果。校方要求家长陪读以改善上述情形，无奈陪读2个月过去了，仍然无法控制该学生的行为及情绪。最近一次，也是最严重的一次，该学生与同学出现意见分歧，学生情绪突然失控企图"跳楼"解决，庆幸的是几个教师立即到场拦下，避免了一场悲剧的发生，这样的"熊孩子"令其家长与校方都束手无策。

在此情况下，同班同学家长联名抗议禁止小A上学，其班上39位家长发起联名信，并派代表与校方交涉，信中要求：为了保障其他学生的人身安全，禁止小A上学。学校求助，社工紧急介入：2016年2月，校方向广州市穗星社会工作服务中心"学校社工项目"求助，期望社会工作者能立即进驻学校，运用社会工作专业的知识、手法，对该学生进行个案介入，促进其正向转变，减少对课堂及同班同学的影响，以缓解紧张的家校关系，共同解决学校危机事件。

---

① 此案例来源于广州市穗星社会工作服务中心。

2. 预估分析

社会工作者从多方收集资料后,根据服务对象的表征问题,进行了以下需求分析。

(1)个人需求:服务对象的兴趣单一,具有社交及语言障碍,疑似患亚斯伯格综合症(自闭症的一种),属于有特殊教育需要(Special Educational Needs,SEN)的学生,需要进行进一步医学评估;服务对象情绪容易冲动,甚至失控,易与同伴产生冲突及肢体接触,有改变个人认知、提高人际交往能力、自我表达能力及情绪控制能力的需求;服务对象在班上几乎没有朋友,有扩展朋辈支持网络的需求。

(2)家庭需求:服务对象主要由祖辈照顾,缺乏亲子沟通,需要增加亲子互动和交流;家长对服务对象现状认知不足,家庭成员对服务对象的要求过高,部分家庭成员教育方式较为严厉,是服务对象情绪波动的重要成因,因此其家庭成员需要提高对服务对象情况的认知,调整预期及改善教育方式。

(3)社会需求:由于同学们不明白不理解服务对象行为背后的原因,容易出现指责和取笑的言行,有营造接纳互助的班级与校园氛围的需求;教师们并没有特殊教育的知识及经验,有增强教师对这类学生情况的认知及提高应对有特殊教育需要的学生教学技巧的需求。

3. 理论支持

(1)从生态系统理论观点来看,每个人都生活在不同的情境当中(人在情境中),服务对象的问题不单纯是个人问题,其问题也与所在的系统和环境有关。也就是说,服务对象的问题可能是由于缺乏来自周边环境的支持而产生的。

(2)ABC理性情绪疗法:是帮助求助者解决因不合理信念产生的情绪困扰的一种心理治疗方法。是20世纪50年代由阿尔伯特·艾利斯(A. Ellis)在美国创立的。ABC理性情绪疗法是认知心理治疗中的一种疗法,因它也采用行为疗法的一些方法,故被称为一种认知-行为疗法,其原理如图6-14所示。

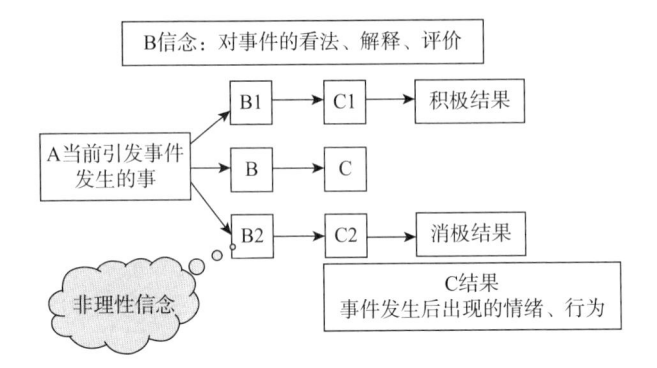

```
                B信念:对事件的看法、解释、评价
                        │
        ┌──── B1 ──── C1 ────→ 积极结果
A当前引发事件 ──── B  ──── C
 发生的事  └──── B2 ──── C2 ────→ 消极结果
         ╲
        非理性信念              C结果
                         事件发生后出现的情绪、行为
```

图6-14 ABC理性情绪疗法原理

4. 服务目标

(1) 个人层面:

• 服务对象情绪失控的情况变少,攻击性行为消除。

• 服务对象能够建立朋辈支持网络,从而更好地适应校园生活。

(2) 家庭层面:

• 服务对象的家庭沟通状态得以改善,亲子互动和交流增加。

• 家庭教育方式改善,家长学习针对此类群体的教育技巧。

• 家长增强对服务对象现状的认知,调整对其的预期,减少来自家庭的压力。

(3) 学校层面:

• 营造接纳互助的班级与校园氛围。

• 教师对这类学生情绪的认知增强。

• 教师应对这类学生的教学技巧提高。

5. 服务实施

(1) 提升服务对象认知与情绪控制能力;让家长正确认知服务对象的现状,引导家长反思家庭教育方式对服务对象的影响;初步建立服务对象的朋辈支持系统;增强教师对特殊学生的认知及处理技巧。

在个案辅导上：社工对服务对象进行个人辅导 33 次，协助服务对象掌握 1~2 种人际沟通技巧，以及辨识人的基本情绪和向其他人表达自己情绪的方法，使服务对象每周能与同伴形成 1~2 次良好互动；社工对家长进行辅导 1 次，让家长能了解服务的进度，更好地配合社会工作者的工作开展。社工通过引导家长掌握适当的教育技巧，引导家长反思自身不恰当的教育方式。家长在社工的辅导下，开始意识到其教育方式对服务对象的影响非常巨大。社工对教师进行辅导 4 次，协助教师舒缓心理压力，并协助教师调整教学方法，帮助教师减少负面情绪。

在团体辅导上：社工通过互动体验、视频辅导等方式，先后为该班开展 5 次团体辅导，让同学们初步认识到与服务对象沟通的方法与技巧，了解服务对象的特点，并体会到在班群生活中同学们之间互相帮助、互相信任的重要性，使同学们不再害怕与服务对象相处，不再排斥或取笑服务对象；而服务对象通过团体辅导，能与同班同学多次充分交流与接触，并使用个案辅导中的人际交往技巧与同学相处，获得了成功，朋辈支持网络初步形成。

在教师工作坊上：社工为全校教师开展"有特殊教育需要的学生"教师工作坊，让教师了解这类学生的特点，从而更好地理解与接纳他们的行为与情绪，增强教师对这类学生的日常教学技巧及对突发情况的处理技巧。专家还进行了现场答疑，解决教师心中的困惑，共同探讨不同情境的应对技巧，有效缓解了教师的不良情绪。

（2）巩固服务对象认知与情绪控制能力，稳固其朋辈支持系统；协助家长调整对服务对象的预期。

在个案辅导上：进行 21 次个人辅导，服务对象能开始用言语表达代替肢体行为表达，并开始运用 1~2 种情绪控制技巧来应对不良情绪，与同班同学的肢体冲突开始慢慢减少。进行 3 次家长辅导，家长对服务对象现状的认知和理解有所增强，家长开始慢慢接受，并调整对服务对象的预期，在一定程度上减少了服务对象因家庭压力所导致的情绪波动。进行 1 次教师辅导，教师对服务对象有了更多理解与包容，不再以一视同仁的角度要求服务对象，这对服务对象及教师而言，都有效缓解了压力。教师在与社工充分合作沟通后，认为要充分发挥班干部力量帮助服务对象，减少教师日常班级管理的压力，服务对象也因此减少了来自教师方面的压力，情绪日趋稳定。

在小组辅导上：社工运用游戏治疗的方法，让组员通过互动、互相观察、反思等方式初步认识到情绪控制的方法，使组员在轻松的氛围中，学会管理情绪、接纳情绪，提升自身情绪控制能力，服务对象在小组活动过程中学会与同伴形成良好互动，其他组员也学会与服务对象相处，并能在小组活动过程中共同帮助服务对象，服务对象的朋辈支持网络得到巩固。

(3) 家庭教育的改变，减少因家庭教育不当引起服务对象的情绪波动；服务对象得到来自朋辈支持系统的帮助。

此阶段主要服务形式为个案辅导，由于服务对象情况慢慢稳定，社工继续肯定与巩固其良好的行为与表现，服务对象在沟通与情绪控制技巧方面加强了日常应用，辅导初见成效，社工逐渐减少辅导频率，由原来每天 1~2 次辅导减少到隔天辅导，本阶段社工对服务对象进行个人辅导 17 次。

朋辈支持系统方面：服务对象开始能听取同伴的意见及表达自己的想法，与同伴能形成良好的互动，能与同伴合作完成任务；此外，同伴也能在其情绪出现紧张时，如在黑板写字的时候，立即寻求社工的协助，以此方式帮助服务对象解决困境等，服务对象的朋辈支持系统开始发挥作用，帮助其在情绪爆发前及时汇报社工及教师，有效地避免了突发事件的发生。

家庭辅导方面：家长看到孩子的转变后，更愿意听取社会工作者的家庭教育建议。在本阶段社工对家长辅导两次，除鼓励家长继续加强亲子沟通及强调预期调整的重要性外，家庭教育技巧的应用让服务对象的情绪进一步稳定下来。

教师辅导方面：由于服务对象本月出现了 1 次攻击行为，教师对服务对象的信心有所下降，心理压力也有所增加。经过 3 次的教育技巧辅导，社工及时引导教师正确看待服务对象的行为，让教师明白：个案的改变是一个反复调整的过程，需要我们更多的耐性与包容。

（4）肯定各系统的改变与作用，鼓励结案后继续发挥各系统的作用；处理服务对象面临结案的情绪，探讨结案后的跟进服务。

此阶段主要服务形式为个案辅导，经过 17 次的个人辅导，服务对象的情绪有了大幅改善，尽管面临期末考试，学习压力有所增加，服务对象有情绪波动，但自己会主动来找社工申请辅导，并没有因此引起攻击行为的出现，值得肯定。

朋辈支持系统方面。社工与之前曾经帮助过服务对象或愿意帮助其的同学开展一次见面会，肯定大家之前的努力，使服务对象在几个月内有了很大的进步，并对个别表现突出的同学进行友爱之星的表彰，期望大家日后继续发挥互助友爱的精神。

家庭系统方面。经过 4 次家长辅导，家长能进一步理解和体谅孩子的情况，能发现并欣赏孩子的优点。家长表示孩子比以前懂事多了，与同伴相处的问题减少了，出现情绪失控的情况也减少了，服务对象开始喜欢上学，还会回家分享上学的趣事，使家长更放心。社工鼓励家长继续保持亲子沟通，在服务对象不同的成长过程中，调整好心理预期，运用之前有效的家庭教育技巧，让服务对象保持身心健康地上学，减少来自家庭的压力或家庭教育方式不当引起的情绪波动。

学校系统方面。经过 1 次教师辅导，社工与各任课老师交流总结分享对服务对象可行的经验，进一步缓解教师教学压力，教师的负面情绪大幅减少。

（5）服务追踪。

经过社工的持续追踪，发现服务对象连续 3 个月没有出现任何攻击行为,并且能够控制好自己的负面情绪。

6. 成效评估

个案服务目标"让服务对象适应校园生活"已经达成,服务对象在班上有了好朋友一起活动,情绪失控现象明显减少,攻击行为已经消失,个人情况得到班级及学校的理解与协助,家庭也给予服务对象更多的支持与鼓励,服务对象由不喜欢上学改变为与家长自述"妈妈,原来上学可以这样开心快乐的",详细说明如下。

(1)个人层面。

根据服务对象在接受服务之前和接受服务之后的对比,社工记录其行为变化的频率,并制作出图示,见图6-15。

从图6-15可见,服务对象的情绪波动情况和攻击性行为均有明显下降,攻击性行为更是下降至0次。

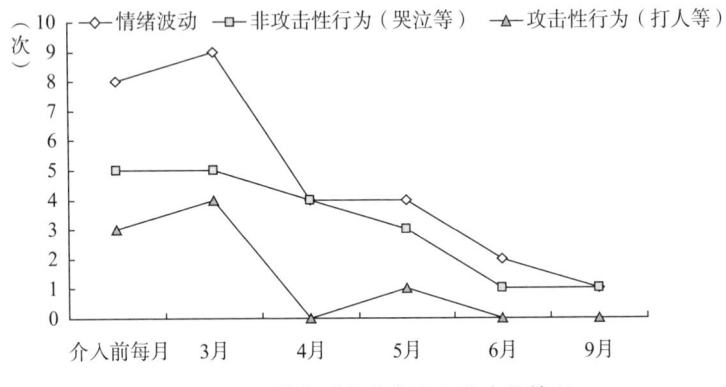

图6-15 服务对象情绪和行为变化情况

(2)家庭、朋辈和学校层面。

在家庭系统方面,社工通过对家长辅导,协助家长建立对服务对象现状的新认识,从而更合理地调整对服务对象的预期,并学习更加合适的管教方法和教育技巧。

在朋辈系统方面,社工通过小组辅导、团体辅导等工作方法,让同学们重新认识服务对象,同学们学会尊重、接纳、包容,懂得如何与有特殊教育需要的学生沟通交流,尤其是学会如何帮助服务对象，促进其融入校园生活，同时也让服务对象感到来自朋辈的支持。

在学校系统方面，各科任课教师对有特殊教育需要的学生有了正确的认识，学习与这类学生相处。通过社工对他们的定期交流辅导，教师对这类学生的教育技巧得到明显提高，避免由教育方式不当而导致的服务对象情绪失控问题，有效地促进服务对象改变。

7. 专业反思

（1）调动各系统，共同促进服务对象社会功能的改变。

社会工作者除了针对个人系统外，还采取多管齐下的方法，从不同的系统（朋辈系统、家庭系统、学校系统等）入手，多方面、多层次介入开展服务，让服务对象个人系统改变的同时，环境系统也做出调整和回应，令服务对象的改变得到更大的认同与支持。

（2）能否找到合适的沟通交流方式，决定个案的成功与否。

由于服务对象是有特殊教育需要的学生，尤其是亚斯伯格综合症（自闭症中的一种），其表现为语言障碍、人际交往障碍、情绪障碍。这类服务对象对于社会工作者来说，曾经有类似的个案，但毕竟不是太多，而每个个案都有其特殊性，因此需要对个案进行深入了解分析，寻找最适合的沟通交流方式，争取达到最佳效果。社会工作者借助了绘画治疗的方法协助了解服务对象的真实想法，避免由于服务对象语言障碍给个案辅导所带来的不利影响。通过对服务对象采用 ABC 理性情绪疗法，社会工作者逐渐引导服务对象看清楚事件本身，调整自身的非理性信念，减少由于非理性信念产生的情绪波动，从而消除攻击性行为，最终达致服务对象的正向改变。

第七章　重点青少年服务

重点青少年服务对应三级预防机制中的矫正预防机制，主要是对已经产生不良结果的青少年进行干预，避免产生恶性后果。结合实际服务，本章内容分为以下几节："两需"青少年服务、社矫青少年服务、涉案青少年服务与涉毒青少年服务（见图7-1）。每一节都将按照概述、分析需求、选择理论、设定服务目的、设计行动策略、参考工作模式与案例分析的逻辑编排，其中案例来源于广州市启创社会工作服务中心与广州市尚善社会服务中心，供读者参考。

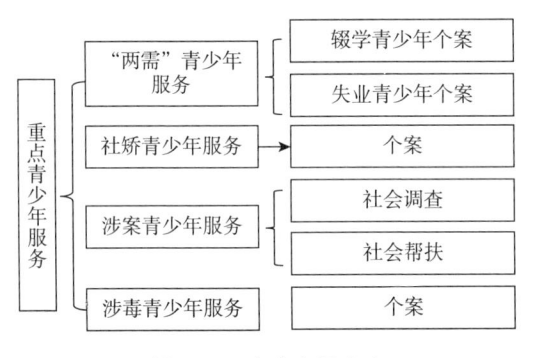

图7-1　本章主要内容

第一节　"两需"青少年服务

一　概述

"两需"青少年指年龄在6~25岁，无合理原因不上学、无职业,需要就业帮扶、入学帮助的青少年。①"两需"青少年出现的原因如下。

(一) 个人原因

(1) 缺乏正确的人生观和人生奋斗目标。

(2) 成长过程一帆风顺,抗逆力低,遇到困难容易放弃。

(3) 缺乏吃苦耐劳的精神。

(4) 身体健康原因导致无法就学就业。

(5) 学历和能力无法满足就业条件而找不到工作。

(二) 环境因素

(1) 家境困难,看不到人生的希望。

(2) 因土地征用或物业出租而"被动致富"的青少年,认为读书和就业失去了意义。

(3) 家长教养方式不恰当,疏忽或无力管束,或家长认为读书无用。

(4) 学校放弃管教或管教方式不恰当,使他们"破罐子破摔"。

(5) 社会对他们排斥。

(6) 社会不良氛围的影响。

这些青少年经常在社会上游荡,若不及时介入,其个人未来无法适应社会,也容易结交不良人士,形成不良行为习惯和不正确的观念,增加沉溺网络、吸毒、赌博等违法犯罪行为的发生,影响社会治安。

此部分服务可供参考的法律法规有《中华人民共和国未成年人保护法》、《中华人民共和国义务教育法》、《中华人民共和国职

---

① 资料来源:《青年地带全新启航——广州市预防青少年违法犯罪服务站宣传册》,2015。

业教育法》、《中华人民共和国预防未成年人犯罪法》、《广东省未成年人保护条例》、《广东省保护妇女儿童合法权益的若干规定》、《广东省社会救助条例》等。

二　分析需求

（一）就学教育的需要

大部分无就业无就学的青少年文化程度不高，使得他们人力资本匮乏、社会适应性差、易受社会歧视等。青少年经过在社会上闯荡受挫，体会到没有知识没有学历的后果，希望可以提升自己。

（二）就业的需要

青少年希望了解自己，找到一份自己热爱的、较为轻松、收入相对可观且福利好以满足生活需要的工作。但因为他们学历低、期望值过高、缺乏技能、工作经验少、就业资讯获取难、受社会歧视等，往往无法找到满意的工作。他们希望掌握更多的就业资讯和相关政策，可以得到生涯规划指导、相关职业技能培训支持和更多平等的就业机会。

（三）被尊重和人际交往的需要

无就学无就业的青少年也希望有正常的社交生活，但由于社会主流文化的影响，人们总是认为没有正常升学或者没有工作的人都是社会的不良分子，因此在人际交往中，很多人对他们抱有成见。这些青少年希望可以获得他人的接纳和尊重，他人的尊重将使他们对自己更有信心，对社会更有热情，体验到自己活着的用处和价值。

三　选择理论

"两需"青少年服务常用理论见表7-1。

表 7-1 "两需"青少年服务常用理论

理论名称	主要内容	对服务的指导
焦点解决治疗模式	详见第一章第三节理论七	青少年的成长受到周围环境的影响,但随着环境的变化,青少年亦将获得很多转机,协助青少年面对并解决现存的问题,而总有一个契机让青少年转变,比如"生命中的重要人物"、重要事件等,社会工作者需要做的则是陪伴青少年、协助青少年主动寻求这种契机
认知行为治疗法	详见第一章第三节理论六	辍学与失业青少年时常会对自己、学习或者工作产生不合理的认知,社工需要发现这些不合理认知,并且帮助其改变,从而改变其行为
生涯规划与辅导	详见第一章第三节理论八	16~25岁青少年正处于人生的发展与探索过渡期,此时的他们需要扩大视野,了解更多不同的事物、环境,尝试和探索各类兴趣活动,体验自己的能力,发展兴趣特长。在此理念的指导下,有必要开展青年就业培养计划,针对16~25岁青少年提供站点兼职、技能培训、外出体验活动及个案辅导等服务,协助他们做好生涯规划,增强职场软实力,在服务中逐步提升能力。
叙事治疗	在叙事治疗中,咨询师和来访者共同建构、重述一个新的故事,在这个故事中,来访者面临的问题就是阻碍其前进的困难,双方聚焦在来访者对困难所做的努力上,使来访者对过去、现在、将来的理解产生新的意义。当然这个新故事必须建立在对过去事件客观理解、对未来事件现实评价的基础之上,新故事不是凭空的、脱离现实的[1]	不同文化、社区、家庭、性别、阶层、群体和处于不同情境中的青少年遭遇"问题"时,可能会注意到自身与他人的不同,以及他人对这些差异的反应,进而建构自我、内化问题。因此,叙事对于解构自我、外化问题具有积极意义。[2]此外,社会学家鲁诺·贝特尔海认为,叙事对于青少年自我的形成具有重要意义,并能促进其发展,同时有助于消除青少年可能承受的潜意识和无意识的压力[3]

续表

理论名称	主要内容	对服务的指导
家庭治疗	家庭治疗不单单强调对个人的诊治，着重促进家庭系统成员间相互关系的融洽，使患者了解家中存在不健康的结构关系，并对家中存在的心理问题等进行理顺、改正，最终做到家庭整体功能的完善、改进，实现对病人的治疗④	家作为一个最小的社会单位，其中每个人的行为与其他家庭成员都相互影响、相互联系。青少年出现问题，或者有不良行为，与整个家庭成员和家庭结构都有一定的关系
动机晤谈法	动机晤谈法是一种以服务对象为中心的行为改变技术，主要借鉴了 Di Clemente & Prochaska 提出的行为分阶段转变理论（The Transtheoritical Model and Stages of Change），强调行为改变是一个连续和渐进的过程，这一过程可以分为前意向阶段、意向阶段、准备阶段、行动阶段和维持阶段五个阶段，不同阶段个体对自身行为改变的心理活动亦不相同，为此，咨询中应当根据不同阶段的特点采取不同的咨询策略⑤	动机晤谈法的显著特点就是关注服务对象咨询时的感受。只有当社会工作者站在服务对象的立场上时，会谈的进行才会变得更加容易，更少被冲突困扰。社会工作者有必要优化自己的谈话方式，采用富有战略性的谈话技巧减少阻抗，从而提升谈话的效果，帮助服务对象增强改变的动机

注：①魏源：《解构并重述生命的故事——叙事疗法述评》，《台州学院学报》2004 年第 4 期，第 72~75 页。

②卫小将、何芸：《"叙事治疗"在青少年社会工作中的应用》，《华东理工大学学报》（社会科学版）2008 年第 2 期，第 30 页。

③〔美〕阿瑟·阿萨·伯格：《通俗文化、媒介和日常生活中的叙事》，姚媛译，南京大学出版社，2006，第 9~10 页。

④王倩：《家庭治疗及其在青少年吸毒和网络成瘾中的应用》，《绥化学院学报》2017 年第 37（4）期，第 5 页。

⑤骆宏、许百华：《动机性访谈：一种以咨客为中心的行为改变咨询技术》，《应用心理学》2005 年第 11（1）期，第 85~89 页。

四 设定服务目的

（1）青少年能够正确认识自己，增强自信心。

（2）青少年能够发挥自身优势，规划未来职业方向。

（3）辍学青少年能对学习有正确的认知，缓解其与教师的关系。

（4）"两需"青少年的社会支持网络得以增强。

（5）青少年能够找到奋斗的目标，协助家庭成为青少年的重要支持系统。

五 设计行动策略

"两需"青少年服务行动策略见图7-2。

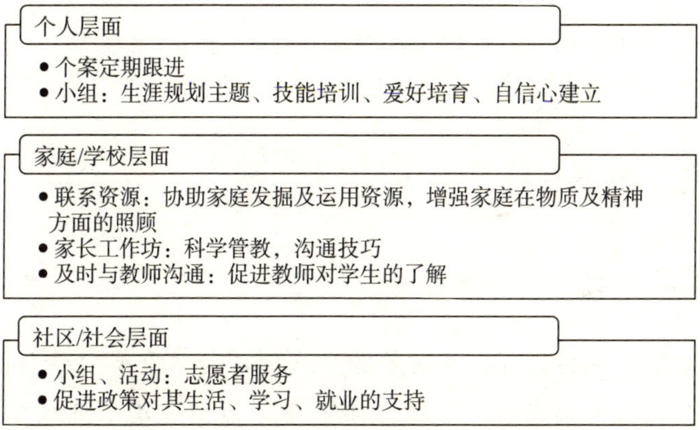

```
个人层面
  • 个案定期跟进
  • 小组：生涯规划主题、技能培训、爱好培育、自信心建立

家庭/学校层面
  • 联系资源：协助家庭发掘及运用资源，增强家庭在物质及精神
    方面的照顾
  • 家长工作坊：科学管教、沟通技巧
  • 及时与教师沟通：促进教师对学生的了解

社区/社会层面
  • 小组、活动：志愿者服务
  • 促进政策对其生活、学习、就业的支持
```

图7-2 "两需"青少年服务行动策略

六 参考工作模式

"两需"青少年的个案服务参考工作模式见图7-3。

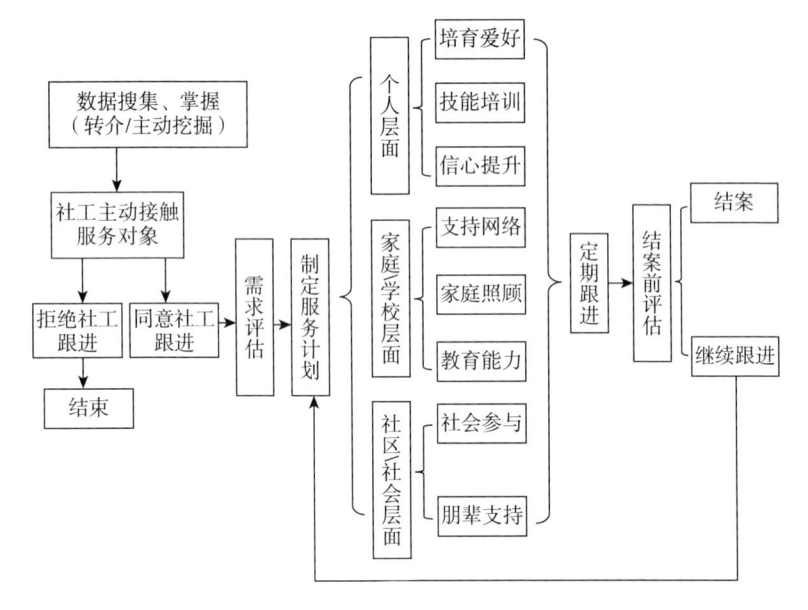

图 7-3　"两需"青少年的个案服务参考工作模式

资料来源：广州市启创社会工作服务中心的"两需"青少年服务总结。

七　案例分析

（一）辍学青少年个案[①]

此案例主要针对服务对象的个人层面与家庭/学校层面进行干预，在个人层面上，主要是协助服务对象解决当前的危机事件，并帮助其进行生涯规划；在家庭/学校层面上，主要是通过家校的联合帮助服务对象重新适应学校的环境。

1. 背景介绍

小迪（化名），男，15岁，就读于初二年级，广州本地户籍。小迪升上初中后，曾回校两个月，其后一直处于辍学状态。直至初二下学期，小迪才开始间断回校，有时候每天回校一个下

---

① 资料来源：广州市启创社会工作服务中心。

午,有时候一周回校一次,有时候连续几周不回校。小迪染着一头显眼的金黄色头发,喜爱夜蒲(指夜间疯狂地玩)和泡吧,手臂上有多处文身,浑身烟味,言语中都是粗言秽语,因而不被接纳,无法回到课室上课,因此小迪认为学校针对自己,经常在校园里四处游荡。

　　小迪素日里就与同学阿力有较多的摩擦,曾多次发生争执,甚至打过架。阿力在社交网络上散布了关于小迪的不良信息——污蔑小迪是帮派分子,小迪对此感到气愤,多次威胁和警告阿力撤销网络上的信息,阿力不愿撤销,反而散布得更加广。小迪相当气愤,在多次劝阻阿力撤销污蔑信息无果的情况下,伙同朋友打了阿力以示警告。由于阿力在过程中仍用言语侮辱小迪,因此被打得更严重,导致耳膜破裂而住院。阿力家长将事件告知学校,让学校协助处理,要求小迪必须做出赔偿。然而小迪在事发之后离家出走,没有与家长和老师有任何联系。学校将小迪的情况转介给社会工作者,由社会工作者进行跟进。

　　2. 预估分析

　　(1) 危机事件的解决:小迪因用"以暴制暴"的形式解决问题,导致阿力住院,并在事发之后离家出走,其中的原因可能是事件中导致他人受伤而使其不敢面对,担心无法处理与解决事件。最为迫切需要介入的包括:一是小迪在外的衣食住行和安全是否有所保障;二是事件的处理与解决;三是事件经验的总结以及遇到不愉快事情的处理方法。

　　(2) 生涯规划:小迪整日和同辈玩乐,出入娱乐性营业场所,对于未来没有一个比较清晰的规划。

　　(3) 与校方冲突的解决:小迪染着金黄色头发,手臂有多处文身,言语中都是粗言秽语,因而在校不被接纳,他时常在学校游荡、吸烟或玩手机,因此多次与学校发生冲突。学校有着日常的行为规范与规章制度,而小迪的行为则有违学校相关的要求。小迪需要了解学校的立场,理解背后的原因。同时小迪需要认识到不同场合的行为表现,思考既保留自己的个性又可以符合学校要求的方法。

3. 理论支持

(1) 焦点解决治疗模式:小迪的情况非常复杂,面临着多种的问题,包括夜蒲泡吧的安全隐患、与学校的冲突以及与朋辈阿力的冲突不断等。在这种情况下,社会工作者与小迪梳理最迫切解决的问题,并重点解决。在事件中,小迪最迫切需要解决的是校园欺凌事件。综合小迪的需求与社会工作者的评估,在个案的跟进中,首先聚焦于小迪参与的校园欺凌事件,其次调节小迪与学校的冲突,最后再引导小迪确定生涯发展方向。同时,寻找另外的例子,让小迪发现自己并非例外,意识到学校并非针对自己,从而进一步引导其改变自身的行为。

(2) 认知行为治疗法:社会工作者结合认知行为治疗法,引导小迪了解学校的规章制度,让小迪正向面对与阿力之间发生的事件,与小迪一起思考和解决事件。

4. 目标制定

(1) 个人层面:小迪可以正向地面对校园欺凌事件;小迪可以思考和确定自己的生涯发展方向,找到清晰的生涯发展目标。

(2) 学校层面:小迪能够减少与学校的冲突次数,重新适应学校的环境。

5. 服务实施

(1) 家校联合促进校园欺凌事件的解决。

第一,社会工作者主动联合学校(德育主任、书记等)开展危机事件处理会议,商议事件的跟进方法以及落实分工。学校与社会工作者都有一个共识,期待协助欺凌者(小迪)与被欺凌者双方顺利地解决此次事件。因而社会工作者可以顺利地促使危机事件处理会议的召开,并且在会议中协商事件的后续跟进以及分工。学校主要跟进被欺凌者,了解被欺凌者受伤的情况以及身体恢复情况，同时了解家长的诉求，促使事件的相关人物召开调解会议，共同促进事件的解决；社会工作者主要跟进欺凌者（小迪），与小迪及其家长取得联系，促使小迪正向地面对校园欺凌事件，并且与其一起思考和解决事件。

第二，在事件发生后就尝试用各种方式联系服务对象，表达了自己的关心与担忧，欺凌者（小迪）逐步愿意与社会工作者一起谈论和面对该事件。在社会工作者的鼓励下，愿意与家长取得联系，回到家中；社会工作者通过面谈的形式，与欺凌者（小迪）回顾事件的发生以及自己的感受，欺凌者（小迪）坦诚没有想到事件会演变成这样，自己的行为有些冲动和过激，但对方也有错，毕竟整件事情是对方引起的。社会工作者对其行为没有任何的批判，更多的是引导其明白自己应该承担的责任，并且与其一起思考如何应对。欺凌者（小迪）愿意承担自己应该负有的责任，同时也坚持对方需要负有责任。社会工作者在与欺凌者（小迪）及其家长联系后，联合学校，促使事件的双方及其家长参与调解会议，并邀请了派出所人员。会前，社会工作者与欺凌者（小迪）一起模拟调解会议的场景，一起梳理事件的发生过程，自己对于事件的态度与责任，培养小迪的责任感，引导其更好地面对被欺凌者，促进事件的解决。

第三，开展调解会议。事件发生一周后，在学校的主持下，涉事双方召开了调解会议，并且最终达成共识，促使事件得到解决。事件双方都坦诚自己应该负有一定的责任，并且彼此道歉，同时进行赔偿。

第四，后续跟进。事件解决后，社会工作者与欺凌者（小迪）一起反思自我，总结经验，树立做事情需要责任感的意识；同时，引导欺凌者（小迪）学习和掌握发生人际冲突的应对方法，掌握人际交往的技巧等。而被欺凌者方面，社会工作者也评估其情况，做相应的跟进。

（2）调整期待、正向认知，促进服务对象回归校园。

针对小迪与学校之间的冲突，社会工作者从以下几个方面进行了介入。

第一，社会工作者疏导小迪的情绪，理解其情绪，并给予支援。采取情景模拟的方式引导小迪换位思考学校的做法，并且引导其认识和了解学校的日常行为规范与规章制度。同时调解小迪与学校之间的矛盾，引导小迪适应学校的相关制度与要求；社会工作者也联系学校，了解学校对于小迪回校的态度，调整学校对他的期待，给予小迪一定的空间重新适应学校环境。

第二，社会工作者在面谈的过程中结合"理性情绪疗法"，疏导小迪的非理性情绪，鼓励小迪正向地看待事件的发展。并在面谈的过程中，多次肯定和表扬小迪的行为，从而正向强化其行为。

第三，在前期的基础上，社会工作者与小迪一起思考如何适应学校的环境，哪些是学校适宜的行为。在社会工作者的引导下，小迪自己列出适宜场合的行为，并做好约定。社会工作者结合认知行为治疗法，用量表的方式检测其行为改善，促使其适应学校。服务对象行为得到改善，社会工作者会及时肯定与表扬，正向强化其行为，并且与其总结经验。

（3）协助案主制定生涯规划。

第一，结合校园欺凌事件，社会工作者促使小迪对自己的生活状态有所反思，引导其思考自己的生涯发展方向。

事件解决后，小迪又断断续续回校，但仍然没有回到课室里。小迪反思自己的行为，表示自己想要做出一些改变，改变泡吧、夜蒲的习惯，拒绝作为"坏学生"的日子，安分地回校上课，安分地过自己的生活。因而，社会工作者协助小迪制定了自己的计划与目标，鼓励小迪付诸行动。在社会工作者的支持下，小迪开始逐步改变自己的行为习惯，尽自己最大的可能拒绝烟酒与泡吧。3个月后，取得了一定的成效，小迪每天吸烟不超过3支，并且长达一个月没有去过夜店。并且，在社会工作者的引导下，小迪开始思考自己的生涯规划：希望自己可以顺利毕业，并且可以升入职中。

第二，正向强化小迪的行为，促使小迪改变；并且引导小迪懂得分辨周边环境的影响，避免重复以往的行为。

社会工作者在跟进的过程中，通过肯定、赞赏或奖励等行为不断地正向强化小迪的行为，促使其持续保持正向行为，促使其改变。同时，社会工作者结合其以往的经历，引导小迪懂得辨别周边环境对自身的影响，从而做出正向的选择。

6. 成效评估

（1）个人层面：及时介入校园欺凌事件，促使事件顺利解决。同时培养小迪的责任感，引导其掌握处理人际冲突的方法和技巧。

社会工作者在事件发生后及时介入，与学校达成共识，协商事件的后续跟进以及落实分工；同时，促使调解会议顺利召开，使得涉事双方达成解决事情的协议，顺利解决事件；社会工作者针对小迪做个别跟进，使得小迪能够正向地面对事件的发生，并且在工作员的陪伴与引导下，顺利地解决事件。同时经由此事件，小迪意识到自身的责任感，需要为自己的行为负责，并且学习和掌握处理人际冲突的方法与技巧，能够自己应对和解决。

（2）个人层面：小迪反思自身的生活状态，并结合自身情况与兴趣爱好，确定了生涯发展方向。

社会工作者通过面谈的形式，首先结合校园欺凌事件，促使小迪反思自己的生活方式与习惯，小迪表示自己想做出一些改变，并且能够付诸行动。经过三个月，小迪取得了一定的成果，每天吸烟不超过三支，并且长达一个月没有去过夜店；随后，社会工作者引导小迪思考自己对于人生的规划。小迪下定决心在剩余的时间里，努力遵守学校的规章制度，安分地回校，顺利拿到毕业证，进入职中。整个个案的跟进维持到其初三，小迪顺利地拿到毕业证，并且进入职中，开启新的人生旅程。

（3）学校层面：小迪能够重新适应学校的环境，改善自身的行为，减少与学校冲突的次数。

社会工作者通过面谈的形式，引导小迪认识到学校的日常行为规范与规章制度；结合认知行为治疗法，使得小迪能够理解学校的立场与要求，并且意识到不同场合适宜行为的重要性。同时，社会工作者联系学校，调整学校对小迪的期待，给予一定的空间让小迪重新适应。最终，小迪改善了自身的行为，包括染黑头发，遮掩文身，在校尽量少吸烟等，从而减少与学校发生冲突的次数。

7. 专业反思

（1）专业关系建立的重要性。

由于在校园暴力事件之前，社会工作者就和案主进行过几次会谈，与之建立了一定的信任关系，所以在后面暴力事件发生时，社会工作者才可以通过各种途径联系到小迪，小迪才愿意慢慢信任社会工作者。面对转介个案或非自愿个案，与其建立关系是需要一定的时间的。在这个过程中社会工作者需要关注个案本身，而非他们的行为，只要社会工作者真心关心个案，案主就可以感受到社会工作者的真诚，逐渐打开自己的心扉。在个案跟进的过程中，社会工作者切忌浮躁与急迫，个案的改变并非一蹴而就，需要一定的时间和时机，社会工作者需要及时抓住改变的时机，促进个案的转变。

（2）校园欺凌的介入，预防是关键。

在本个案中，校园欺凌事件发生后，学校、家长与社会工作者的介入促进了事件较为和平地解决。但是其实，校园欺凌的介入是可以做到预防与介入相结合的。具体服务可以分为三个层次：①超前预防、全面性介入：针对没有严重偏差行为的学生，对其进行对校园欺凌的认识、自我保护、情绪辅导、预防校园欺凌/暴力的方案等辅导教育服务，并加强行为管理，提高控制技巧；②临界预防、选择性介入：针对有危险问题行为的学生，提升其与他人相处的能力，附以经常观察、个别辅导及其他配套的服务；③矫正治疗、焦点介入：针对有长期严重问题行为的学生,促进其偏差想法的改变,根据学生问题严重程度深入辅导。只有在前期做好了预防工作,才可以尽量减少校园欺凌事件的发生。

(3)多方协作,联合促进案主的成长。

案主作为一个个体,身处于家庭、学校及社区等系统中,家庭、学校作为学生社会化的重要场所,对于学生的成长发挥着重要的影响。因而,当学生面临一些困境时,社会工作者需要联合案主的家庭或学校系统,共同促进案主的成长。当然,促进家长、学校、社会工作者的联合需要一定的契机,社会工作者可以尝试,勇于迈出第一步,主动联系家庭或学校,表达自己的服务理念,促进合作的形成。

(二)失业青少年个案[①]

此案例中对服务对象的介入主要是个人层面、社会层面的介入,集中在帮助他们调整认知与行为,推动他们的生涯规划,以及增强其社会支持网络。

1. 背景介绍

案主,21岁,男,父母早亡,跟着奶奶生活,居住在一幢陈旧的砖木楼房中。他与奶奶关系冷淡,只是出门"打招呼"和偶尔一起吃饭。他还有两个姑妈,但是两个姑妈都不经常探望他们,只是在节庆时候给一些生活费。

在初中时,他喜欢单车,在一切与单车相关的活动中必定能看见他的身影。刚开始,社会工作者关注他也是因为单车。案主酷爱单车,可是没有钱购买高级装备,但也非常渴望高级装备带来的"虚荣心",因此他与同伴选择了偷单车。在告别职中后,与其说变得"无所事事",倒不如说他对现代社会的发展感到无所适从。凡事都"无所谓",连兼职时间长短也要看心情。到现

---

① 资料来源:广州市启创社会工作服务中心。

在，他一直处在无业和兼职的变换状态之中。

2. 预估分析

（1）案主的社会支持网络。

在案主的个人资源里，家庭无论在经济还是情感上的支持力度都相对较小。另外案主很缺乏朋辈资源，他很渴望结识更多与自己志趣相投的朋友，但也缺乏主动去认识的勇气。在他身边的"朋友"，他觉得也不是真正意义上的朋友。在案主的社会资源方面，由于他是孤儿，政府有固定的补贴，但他求助和联系资源的能力比较弱。

因此，协助案主与社会有正向的联系，并且拥有更强大的社会支持网络，使其可以更好地应对各种生涯上的挑战。

（2）案主的生涯阶段需要

案主所处年龄是人生的探索阶段（15~24岁），主要任务是通过学校学习进行自我考察、角色鉴定和职业探索，完成择业及初步就业。但案主在职中阶段并没较好地进行"自我觉察"和"职业探索"，导致在职中毕业后开始退缩，游离在无业与兼职的边缘。

因此，协助案主更好地发掘自己生涯阶段的需求，有利于案主完成这个生涯阶段的任务，同时也意味着他可以更好地度过这个时期。

3. 理论支持

社会支持理论：强调通过干预个人的社会网络来改变其在个人生活中的作用。特别对那些社会网络资源不足或者利用社会网络能力不足的个体，社会工作者致力于给他们必要的帮助，帮助他们扩大社会网络资源，提高其利用社会网络的能力。

4. 目标制定

（1）个人层面：案主能够建立起对自己的合理认知，并能够正向发展。案主可以更好地自我觉察，并开始愿意尝试探索适合自己的职业。

（2）社会层面：扩大案主的社会支持网络。

5. 服务实施

（1）保持定期的关心，建立良好关系。

社工与案主刚开始的接触并不是十分顺利，案主不愿意与社工聊及关于他的事情。社工只能保持着定期的关心和家访，从近况和兴趣入手。社工观察到，每次出现他总是骑着他最爱的单车。在一次"单车游滨江"的活动中，他十分主动地报名，并叫上自己的朋友一起参加。这是第一次案主与社工站发生真正意义上的联系，他开始讲他的单车，但他又不愿意谈起偷车事件。在单车活动结束后，他又消失在社工的视线中。

因为案主确实比较需要节庆探访的资源，所以每逢节庆社工必定上门探访或者邀请他到站领取，社工也抓紧机会了解他更多兴趣爱好。平时，社工也主动关心问候他的近况，社工用了1年的时间拉近了彼此的关系，他才接受社工站，偶尔到社工站玩桌游。

（2）愿意尝试参加青年就业力支持服务

中专毕业2年，案主一直没有找到合适的工作。虽然曾经尝试找工作面试，但是失败的经验太多，他越来越没有动力去寻找工作。

对于社工介绍的青年就业力支持服务，案主一开始不愿意搭理社工，只乐意"宅"在家里打游戏机。因此，社工的策略是尝试邀请并陪伴案主先熟悉站点，了解更多青年就业力支持服务的内容，逐步让他接受就业力支持计划。最终，他愿意迈出第一步。

从站点最基础的服务开始，案主尝试了前台值日和课业辅导课堂管理，由于前期已熟悉，案主很自信地应对站点的日常管理。案主不仅参加了实用的培训工作坊，还参与了企业实地探访，也渐渐作为助手参加了更多的活动，如前期的协助和过程的拍摄。2016年暑假，案主与另外3个站点助理协助组织了公益快闪活动，虽然一开始案主不知道如何贡献自己的力量，但是在伙伴的推动下，他愿意为团队整理策划书，做好电脑记录。即使快闪训练当天不值班，他也愿意到训练场室拍摄录影。通过团队的推动，他愿意为这份兼职开设一个工作微信账号，并且定时推送站点的招募信息；他也愿意通过朋友圈记录他在社工站发生的点点滴滴。在整个站点助理兼职过程中，通过陪伴和同行，社工协助案主慢慢澄清他的身份角色和任务，找到了自己的定位与接纳他的团队，他也开始对这份兼职产生归属感。

由于这份归属感，在站点助理毕业之后，案主愿意参与更多的志愿者活动。在一次与外地学生的交流会中，他分享了自己在这个计划中的收获，也明确自己希望在一个更平等友爱的单位中工作。

（3）进一步加深自我认识，愿意短期尝试一个职业

通过青年就业力支持计划，案主真正开始愿意与社工进行一对一的面谈。在面谈中，案主愿意谈及自己过往的"偷车"经历。虽然说高级装备依旧很诱人，但是案主更明确现在不是一个看装备的年代，自己也不需要他人的羡慕，同时也表示不愿意再和偷车的"朋友"一起玩。

此外，在站点助理毕业之后，案主还是不敢轻易迈出工作的第一步。在面谈中，社工得知案主的就业动机不强，而且对未来的职业方向仍然不清晰。于是，社工利用"一天时间规划图"，一方面与案主梳理了案主一天的生活安排，另一方面挑战他生活安排的单一性；同时与案主梳理了之前兼职的理由。

终于，社工与案主共同找到了本次兼职的目标，他希望买4000元的手提电脑。围绕着这个目标，社工通过"每月财政支出表"让案主清楚每月的大概支出。虽然在"每月财政支出表"中案主在生活的基本需求上要求比较少，但案主也明晰了自己要保证生活和实现目标应赚取的工资。

迈出第一步总是困难的，案主虽然有了动机，但是他仍然不够自信，不敢下定决心。社工再次谈及了他前一次成功兼职的经历，同理了案主希望在一个更为平等友爱的单位中工作，同时案

主也告诉社工他希望在一个熟悉的环境里工作。于是，社工鼓励案主可以考虑去类似前一份兼职的单位中面试。在社工的推动下，案主终于开始了再次的兼职经历。这次的兼职经历虽然也不长，但这"第一步"显得尤其珍贵。

6. 成效评估

（1）个人层面

在认知与行为方面，社工关心案主的个人成长，促进其正向发展。案主在社工介入后，生活更加积极向上，在团队的推动下，也开始尝试新的兼职工作，迈出了重要的一步。

在生涯规划方面，社工协助案主更好地自我觉察，并开始愿意尝试探索适合自己的职业。社工协助案主找到兼职的目标，并且为自己的生活制定计划，在社工的鼓励下，案主愿意去尝试另一个兼职并前去面试。

（2）社会层面

为案主联系适合的资源，扩大其社会支持网络。社工邀请案主参加社工站的团体活动与就业支持计划，在站点助理的培训与工作中，案主交到了朋友，并对站点产生了归属感，在团队的鼓励下，他也愿意参加社区的志愿者活动了。

7. 专业反思

（1）在个案的推进中，以社会支持网络作为切入点，通过节庆探访等社会支持来保持与案主的联系，再通过符合案主兴趣的活动，社工开始和案主建立一定的关系。这些关系有利于推动案主的正向改变，同时也在一定程度上满足案主对不同系统的需求。

（2）在当前阶段社工主要关注案主的生涯发展需求，在社工的推动下，案主愿意正视当前生涯阶段，尝试更进一步了解自己，并希望得到一份适合自己的兼职。因为符合阶段需要，案主的动力在逐步增加。但是，在这个过程中，案主的动机并不稳定，时强时弱，呈现波浪形的态势。同时，案主的自信不足，容易逃避和退缩。因此如何协助案主确认动机是该个案服务中的重点。首先,让案主明确现实的情况,现况的窘迫和未来的希望可以推动案主确认需要改变的动力。其次,社工要协助案主有方法有能力解决面前的危机,在过程中为案主增加能量,并给予足够的陪伴和鼓励。

(3)一些服务技巧的运用可以帮助社工更加顺利地开展服务,如在面谈中,案主经常用"无所谓"和"不知道"来回应社工。社工一方面尊重他的第一反应;另一方面会根据情况采取静默态度,让案主有思考的时间。此外,社工也会换另一种提问方式,让案主更愿意和更好地回答。目的是协助案主逐步澄清和对焦话题,让他做更进一步的思考。在与案主的接触中,案主较缺乏信心,很关注他人对自己的接受程度。因此,社工主要使用的是同理和称赞,关怀案主本人,同时称赞他做得较好的地方。当案主参加活动后,社工往往邀请他人赞赏案主的变化,受到同伴的称赞,案主也会收获更多自信。

第二节 社矫青少年服务

一 概述

据统计,近几年我国青少年违法犯罪率有上升的趋势,并且违法犯罪的绝对人数在不断增加,严重程度也在不断升级,暴力型犯罪和模仿成年人犯罪的比例越来越高。本节的社矫青少年是指未成年社区服刑人员,包括以下几类。

(1)在社区矫正期间不满18周岁的社区服刑人员。

(2)犯罪时不满18周岁被判5年有期徒刑以下刑罚的社区服刑人员。

(3)犯罪时18周岁以上25周岁以下的在校学生。[1]

---

[1] 资料来源:《青年地带全新启航——广州市预防青少年违法犯罪服务站宣传册》,2015。

犯罪原因包含社会、心理、生理、自然环境以及文化等多种因素。青少年违法犯罪行为既有主观心理因素，又有外在环境因素。

（1）主观因素主要是冒险敢为、自我控制能力弱、缺乏判断能力和社会责任感、法制意识弱、缺乏生涯规划等。

（2）外在环境因素涉及家庭因素、学校因素和社会因素，例如家庭经济条件差，家庭结构复杂和家庭关系差，家长管教不当，处于无稳定就学就业的状态，邻里和社会歧视，正向朋友支持系统弱，学校重智育轻德育及对后进生的教育方式不恰当，大众传媒的不良文化影响等。

但同时我们也看到，预防和减少青少年犯罪也存在一些因子，如他们希望提升对自己的信心、扩展人际关系、得到他人关怀和去关怀他人、愿意沟通、能给社会做贡献等。

社区矫正是一种非监禁刑的执行方式，符合青少年的身心特点，避免青少年与家庭和社会之间的断裂，有利于提高社矫青少年的改造质量，减少再次违法犯罪的概率。

此部分服务可供参考的法律法规有《中华人民共和国未成年人保护法》、《中华人民共和国预防未成年人犯罪法》、《广东省未成年人保护条例》、《广东省保护妇女儿童合法权益的若干规定》、《社区矫正办法》、《检察机关加强未成年人司法保护八项措施》等。

二 分析需求

（一）自我认同的需要

社矫青少年的自我认识往往是较为消极的，且因为被周围人和社会歧视，他们容易否定自己，看不到自己的潜力。他们内心希望建立正面的自我形象，成为一个有自信、有人生目标、有价值、有能力、有良好品格的人。

(二)渴望情感温暖

绝大部分青少年渴望家人的关注关心和温馨的家庭环境,有时候他们认为自己没有能力去改变情况时,会转而利用不良行为引起重视。另外,他们也很渴望拥有可以交心的同辈朋友。

(三)社区融合和回归社会

青少年希望他人改变刻板印象,接纳和关心自己,看到自己的优点,而不是把犯罪当成对他整个人的评价。另外,他们渴望有展现自我的平台,周围人的支持有助于他们建立回归社会的信心。

三 选择理论

社矫青少年服务的常用理论见表7-2。

表7-2 社矫青少年服务的常用理论

理论名称	主要内容	对服务的指导
认知行为治疗法	详见第一章第三节理论六	以社区矫正青少年的行为作为分析起点,探讨该群体犯罪行为产生的外部条件、机制以及具体发展过程,以便指导服务对象调整或矫正其不良的行为方式,更好地适应外部环境
人本主义	详见第一章第三节理论二	社工需从服务对象的主观角度着手分析,才能体会各种事件对于服务对象的意义,理解他们内心感受的变化。关系导向的方式让社工与社区矫正青少年能建立起良好的关系,当社矫青少年开始愿意倾诉自己内心的想法时,辅导便渐渐地往前进行了
优势视角	详见第一章第三节理论四	对于社区矫正青少年,他们在被拘留后往往对这个经历印象深刻,很害怕,也正因为他们处于智力发展中,他们亦会从中得到教训和反思,明白行为背后的代价,也懂得开始为未来进行思考。因此,对于此类社区矫正青少年,强制惩治是有效的,同时他们的想法和生活逐渐趋向懂事、稳定,而此时,该类社区矫正青少年更需要的是提升自信心、增加其对生活的满意度和希望,以促进其积极成长

续表

理论名称	主要内容	对服务的指导
叙事治疗	在叙事治疗中，咨询师和来访者共同建构、重述一个新的故事，在这个故事中，来访者面临的问题就是阻碍其前进的困难，双方聚焦在来访者对困难所做的努力上，使来访者对过去、现在、将来的理解产生新的意义。当然这个新故事必须建立在对过去事件客观理解、对未来事件现实评价的基础之上，新故事不是凭空的、脱离现实的[①]	不同文化、社区、家庭、性别、阶层、群体和处于不同情境中的青少年遭遇"问题"时，可能会注意到自身与他人的不同，以及他人对这些差异的反应，进而建构自我、内化问题。因此，叙事对于解构自我、外化问题具有积极意义。[②]此外，社会学家鲁诺·贝特尔海认为，叙事对于青少年自我的形成具有重要意义，并能促进其发展，同时有助于消除青少年可能承受的潜意识和无意识的压力[③]
家庭治疗	家庭治疗不单单强调对个人的诊治，着重促进家庭系统成员间相互关系的融洽，使患者了解家中存在不健康的结构关系，并对家中存在的心理问题等进行理顺、改正，最终做到家庭整体功能的完善、改进，实现对病人的治疗[④]	家作为一个最小的社会单位，其中每个人的行为与其他家庭成员都相互影响、相互联系。青少年出现问题，或者有不良行为，与整个家庭成员和家庭结构都有一定的关系
动机晤谈法	动机晤谈法是一种以服务对象为中心的行为改变技术，主要借鉴了 Di Clemente & Prochaska 提出的行为分阶段转变理论（The Transtheoritical Model and Stages of Change），强调行为改变是一个连续和渐进的过程，这一过程可以分为前意向阶段、意向阶段、准备阶段、行动阶段和维持阶段五个阶段，不同阶段个体对自身行为改变的心理活动亦不相同，为此，咨询中应当根据不同阶段的特点采取不同的咨询策略[⑤]	动机晤谈法的显著特点就是关注服务对象咨询时的感受。只有当社会工作者站在服务对象的立场上时，会谈的进行才会变得更加容易，更少被冲突困扰。社会工作者有必要优化自己的谈话方式，采用富有战略性的谈话技巧减少阻抗，从而提升谈话的效果，帮助服务对象增强改变的动机

注：①魏源：《解构并重述生命的故事——叙事疗法述评》，《台州学院学报》2004 年第 4 期，第 72~75 页。

②卫小将、何芸：《"叙事治疗"在青少年社会工作中的应用》，《华东理工大学学报》（社会科学版）2008 年第 2 期，第 30 页。

③〔美〕阿瑟·阿萨·伯格：《通俗文化、媒介和日常生活中的叙事》，姚媛译，南京大学出版社，2006，第 9~10 页。

④王倩：《家庭治疗及其在青少年吸毒和网络成瘾中的应用》，《绥化学院学报》2017 年第 37（4）期，第 5 页。

⑤骆宏、许百华：《动机性访谈：一种以咨客为中心的行为改变咨询技术》，《应用心理学》2005 年第 11（1）期，第 85~89 页。

四 设定服务目的

（1）社区矫正青少年群体的守法意识得以提升。

（2）社区矫正青少年群体能够建立平衡的生活模式，社交圈得以扩展。

（3）社区矫正青少年群体能够找到个人发展方向。

（4）社区矫正青少年的家庭功能能够正向发挥。

（5）社区矫正青少年能够使用社会资源，与普通青少年融洽相处，与社会系统重新结合。

（6）提升社区居民对违法犯罪行为及相关法律的认识。

五 设计行动策略

社矫青少年服务行动策略见图 7-4。

```
个人层面
 • 个案跟进：定时社矫情况的跟进、具体问题的解决
 • 生涯规划：认识自我主题、生涯规划主题
 • 朋辈关系：人际交往小组、朋友辨别小组
 • 社区参与：志愿者活动荧光夜跑等
 • 兴趣培养：荧光夜跑、手工小组

家庭/学校层面
 • 改善社区矫正青少年与家庭成员间的沟通模式

社区/社会层面
 • 社区教育：正确认识社矫青少年
 • 联合公、检、法、司等部门跨界合作，开展矫正服务
```

图 7-4 社矫青少年服务行动策略

六 参考工作模式

社矫青少年服务的个案服务参考工作模式见图 7-5。

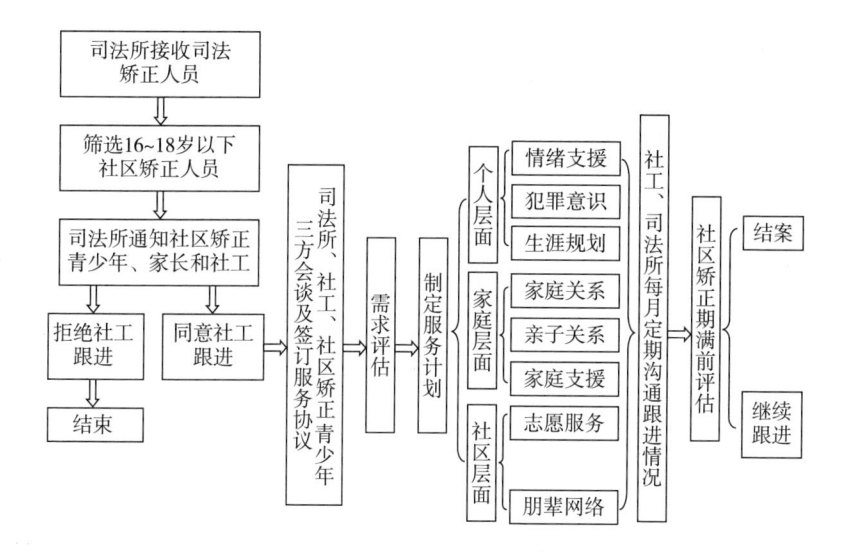

图 7-5　社矫青少年服务的个案服务参考工作模式

资料来源：广州市启创社会工作服务中心社工对社矫青少年服务的总结。

七　案例分析①

本案例中社工从个人、家庭、社区三个层面均对服务对象进行了介入。在个人层面，主要协助服务对象制定生涯规划，引导其形成正向的思维方式，培养兴趣爱好；在家庭层面，主要协助案主与家人之间进行良好的沟通；在社区层面，主要通过参加志愿活动增加案主与社区其他群体的联系。

1. 背景介绍

案主，1998 年出生，男，天生耳部残疾。家庭经济比较差，低保户，父母离异，父母于其 5 岁时离婚，母亲随后改嫁，在其 12 岁时父亲因病去世，姑姐成为其监护人。在和姑姐同住的日子里，姑姐照顾得并不上心，案主基本上处于无人管教的状态。

2015 年 5 月案主因聚众斗殴被抓，在拘留所拘留了 11 个月，

---

① 资料来源：广州市启创社会工作服务中心。

后被判处缓刑两年半。案主是司法所的未成年人社区矫正对象，刚回到社区时，由于不遵守司法所的相关规定，被转介到海珠区青年地带社工站。

上小学的时候，由于耳部残疾，案主经常被学校里的同学歧视、取笑、排斥，每次案主总是会用打架的方式对抗取笑他的同学，打架成为常有的事情。刚上初中时，案主依然没有摆脱被同学歧视、欺负的现象，为了不再被人欺负、看不起，案主加入了学校里边的"小团伙"，成为学校里大家都害怕的一群人之一。

2. 预估分析

（1）认知、情绪：案主由于在成长的过程中有很多不愉快的经历，对人、对事存在比较多的非理性看法，并且思考问题比较负面。案主对于自己耳部残疾很介意，随着经常因为耳部残疾受歧视，尤其是在找工作面试方面受挫，案主越来越没有自信，担忧自己的未来，因此，案主每天都会为此感到很焦虑。

（2）行为表现：案主对于社区矫正的相关规定心存不满，不配合司法所的管理，抗拒到司法所报道及参加社区服务。另外案主曾多次尝试外出找兼职及工作，但是都因耳部残疾、形象的问题被用人单位拒绝，这让其备受打击，因此经常闷在家里，不与人主动交往。

（3）家庭环境：案主与母亲的沟通交流较少，另外姑姐与母亲的关系很差。姑姐平日对案主不好，没有起到照顾的义务，并且有嫌弃案主、疏忽照顾的现象。

（4）经济情况：家庭经济状况差，其低保金及残疾人补助金掌握在监护人姑姐手上，姑姐的不闻不问使得案主的日常生活得不到保障。

3. 理论支持

社工采用认知行为治疗法、人本主义和优势视角三大理论为指导，跟进该个案，以人本主义与案主建立起稳固信任的工作关系，以认知行为治疗法调整其对于犯罪的非理性信念，改变不合理认知引起的偏差行为以降低其再犯罪风险，再以优势视角帮助服务对象找到自己的强项，并培育起正向的特质，以引导其积极地成长。

4. 目标制定

（1）个人层面：

- 预防违法犯罪：提升案主判断是非的能力，避免再次参与违纪违法的事情。
- 学习/工作：案主能够寻找到适合自己的人生方向。
- 个人素质：案主能够拥有正向的思维模式。
- 休闲娱乐：案主的生活得以充实，降低无聊感。
- 满足生活需要：尝试联系相关学校方面的资源，协助案主寻找到入学读职中的机会。

（2）家庭层面：

案主与家人的关系得以改善，能够与家人很好地沟通。

（3）社区层面：

案主与社区的联系得以增强，自我效能感得到提升。

5. 服务实施

（1）收集资料，与案主建立信任关系，完成个案评估及计划。

社工与案主进行多次面谈，了解案主的需求。征得案主的同意，社工通过电话联系到案主的母亲，了解到案主其实并不是其姑姐所宣称的孤儿。从案主母亲处了解到案主的家庭情况以及案主被监护人姑姐疏忽照顾的情况。面对复杂的家庭状况以及自己无书可读、找不到工作的情况，案主很悲观，很绝望，对于日后自己该何去何从都不敢去想。社工理解案主的遭遇，社工和案主就其目前遇到的问题及困难一起商量，寻求解决的办法。强化案主自己才是问题解决的关键所在。

（2）处理负面情绪，联系资源，协助案主寻找继续读书的机会、协助案主寻找人生的方向。

出所之后，案主整日无所事事，找工作被拒绝，读书杳无音信，这让案主陷入无尽的痛苦当中。社工耐心聆听案主的诉说，设身处地地站在案主的角度理解其内心的痛苦，时刻跟随他的思路，支持案主自己向前走。和其一起去分析每一个困难，一起商量如何应对不同的问题，让案主改变的过程变得没有案主自己想象的那么困难，与此同时，不断给予案主赞赏与鼓励。

针对案主迷茫的状况，社工就案主的人生规划对其进行辅导，协助案主寻找一条适合自己的路。通过联系团委的资源，帮助案主联系到了一所职中，学校提供免费入学的机会，并且让案主选择了自己喜欢的汽车维修专业。能够重新踏入校门，点亮了案主的人生希望，案主无比珍惜。与此同时，事情的转机也让案主认为自己什么都改变不了的非理性视角得到了修正，也使得案主更加愿意参与到个案的计划实施当中。

（3）充实日常生活：结合小组、兴趣活动、志愿服务等，针对案主的生活方式、个人素质、能力以及与社区的联系情况等开展工作。

案主由于耳部残疾的原因一度抗拒参加集体活动，社工耐心地引导他，积极地鼓励案主参加青年地带志愿者活动，陪同社工一起入校开展禁毒宣传活动，并在案主每次参加活动之后及时请案主反馈，及时了解及掌握案主参加活动的感受，并在活动的过程中看到案主认真负责、任劳任怨的优良品质，社工从中不断发掘案主身上的闪光点，及时给予赞赏与鼓励。

案主有了参加志愿服务的成功体验后，社工继续邀请案主参加项目开展的一个"公益由我创之社矫青少年志愿者培育计划"，在该计划中案主参加了两期"印度汉娜学习小组"，通过小组案主学会了一门画印度汉娜的手艺，并多次协助社工到市集摆摊画汉娜开展公益筹款活动。随着案主的不断进步，社工不断发掘案主的潜能，聘请案主成为第二期"印度汉娜学习小组"的助教。过程中，案主变得越来越自信，不再因为自己耳部残疾、形象的原因而不与人交往，而更加乐于与其他人接触与交流，自我认同感得到明显提升。

为了更加丰富案主的日常生活及人生经历，同时培养案主在职场、人际沟通等方面的能力，社工邀请案主参加了项目开展的"职业缤缤 fun"青少年职业体验计划，并通过面试，录取案主成为青年地带社工站的兼职站点助理。过程中，案主除了有机会与不同行业的职场人士交流外，也去不同的单位进行参观交流，该过程丰富了案主的视野。在从事青年地带兼职站点助理的岗位时，项目亦因应岗位的设置，为案主提供了相关主题的培训，提升了案主在社工站工作的能力。

（4）改善案主的家庭支持环境，促进案主与家人之间进行良好的沟通，增加家庭对于案主的关爱。

①调解家庭矛盾：寻求家庭的支援。

在跟进案主的过程中，社工了解到案主的监护人姑姐从案主父亲去世开始就一直掌管着案主的低保金、残疾人补贴以及房租，但姑姐基本上不怎么给案主生活费，案主的日常生活费基本上是母亲寄回来的。案主对于姑姐的无情感到无能为力，任由姑姐侵占自己的权益。社工与案主进行多次面谈，协助案主分析面临的困难，并协助案主如实地向司法所反馈监护人的情况，寻求问题解决的办法。经过多方努力，以及司法所出面，2016年9月底，社工联合律师、司法所、姑姐以及案主到司法所进行调解，为案主从监护人处每周争取到300元生活费。在个案辅导过程中，社工介入的重点是提升案主的意识，鼓励案主学会用法律的途径维护自己的权益，教会案主如何更好地求助他人，增强案主解决问题的能力与信心。

②危机介入：重建家庭支持网络。

家庭调解之后，姑姐并没有很好地履行调解的协议，没有定期给案主提供在校的生活费，导致其生活得不到保障。2016年11月底，案主因为耳部流脓，需要住院进行手术治疗。但母亲工资比较低，家庭经济情况很差，无法支付案主的全部医疗费用，案主寻求姑姐的帮助，但姑姐不想理会案主，没有给案主提供任何帮助。鉴于病情紧急，社工一方面安抚案主以及案主母亲紧张焦虑的心情，稳定情绪；另一方面与案主及母亲进行面谈，协助案主家庭分析目前有什么人或资源可能为案主提供帮助。

经过多次努力及沟通，事情出现转机，居委会出面帮忙，帮助案主重新领取到了自己的低保金以及残疾人补助金，同时帮助案主从姑姐处重新拿到自己住房的管理权。司法所则出面联系案主的姑姐，向其解释监护人要承担的责任及义务，并为案主申请了临时救助。社工站亦为案主募集到了600元医疗费。在多方的共同努力下，案主及其家庭顺利地解决了本次的危机事件。在危机的介入过程中，案主家庭的支持网络增强了，案主及其家庭应对困难的能力与信心也增强了，与此同时，促进了案主与母亲关系的融洽，为案主重新回到母亲身边打下了基础。

③重回母亲身边：增强家庭的支持环境，促进家庭关系的融洽。

由于案主一直与姑姐同住，与母亲的接触较少，案主一度对母亲比较陌生，与母亲相处不适应，使得案主即使在遭受姑姐照顾疏忽的情况下亦没有选择回到母亲的身边。通过危机事件的介入，社工有意识地增加案主与母亲的直接沟通，促进彼此的相互了解。危机事件结束后，案主也终于回到母亲身边，和母亲一起居住。回归家庭，使得案主的家庭支持环境得到了增强。后期社工介入的工作重点放在案主回归家庭的适应方面，促进案主家庭关系的融洽，促进家庭成员的互相了解及关爱。

6. 成效评估

（1）个人层面：

● 进行犯罪回顾，与案主一起探讨犯罪成本代价，提升了案主明辨是非的能力。

● 社工通过认知行为治疗法的辅导，与案主一起去探讨事情有多种可能性，协助案主学会多角度思考问题，促进案主拥有正向的思维模式，与此同时，提升了案主解决问题的能力。

• 社工通过联系资源，协助案主寻找到一所愿意接收他就读的职中，学校为案主免去了学费，并让案主选择了自己喜欢的汽车维修专业。

（2）家庭层面：

• 调解案主与姑姐的矛盾，改善了案主的生活条件，为其争取回了低保金、残疾人补助金以及住房的管理权，维护了案主的权益。

• 帮助案主重新回到母亲的身边，得到更多家庭的关爱。

（3）社区层面：

鼓励案主参与志愿服务，经常参加社工站的活动，如禁毒宣传活动、印度汉娜小组、站点助理、吉他兴趣小组等，成为"青年地带"项目的一名资深志愿者。提升了案主的个人能力，增强了案主与社区其他群体的联系，增加了案主的自我认同感。

7. 专业反思

社工运用人本主义方法展开工作，服务对象能够感受到社工是在真挚、诚恳地与自己谈话，而不是在掩饰自己和扮演治疗专家的角色，他们会认为社工能够设身处地地理解自己内心隐秘的世界，即使自己说出一些"不可被他人接受"的观念或行为，也能得到社工的积极关注。一旦案主认为社工是在真诚地帮助自己、关心自己和理解自己，其自身就会发生明显和持久性的改变。

认知行为治疗法引人注意的特征之一是其在治疗关系中的协作性、直接性和以行为为导向的方式。从认知－行为的角度来看，准确的共情要求社工具有将自己置于服务对象角度的能力，这样社工才能体会到案主的感受和想法，对可能发生的误解、不合逻辑的推理或者适应不良的行为保持客观性，以便解决问题。

如果社工给人的感觉是距离很远的、冷漠的、漠不关心的，那么想要得到好的效果就会变得渺茫。社工和案主之间有效的工作联盟是认知行为治疗中的必备条件。认知行为治疗中准确的共情的完整表述还应该包括积极寻找解决的途径。仅仅显示出关注和关心是不够的。社工需要将这种关心转化为行动,这样才能帮助服务对象减少痛苦、解决生活问题。因此,社工将苏格拉底问答法和其他认知行为治疗法结合在一起,这种准确的共情能够激励理性的思维和健康的应对行为。

第三节 涉案青少年服务

一 概述

涉案青少年是指处于刑事诉讼程序中的未成年犯罪嫌疑人、被告人。刑事诉讼是指审判机关(人民法院)、检察机关(人民检察院)和侦查机关(公安机关含国家安全机关等)在当事人以及诉讼参与人的参加下,依照法定程序解决被诉讼者刑事责任问题的诉讼活动。犯罪嫌疑人是指因涉嫌犯罪而被公安机关或人民检察院决定立案侦查,尚未被提起公诉的人。在检察机关正式向法院起诉以后,犯罪嫌疑人即被称为被告人。[1]

调查研究发现,青少年犯罪的原因主要是自身认知和行为控制能力低下、家庭结构不完整、同辈群体的不良影响以及学校教育失衡和社区管理不到位等。青少年犯罪已成为全社会乃至世界关注的焦点。尤其在高科技时代,我国青少年犯罪不但总量增加,而且罪名多样,手段奇特,二次犯罪不断增加,反映出我国现存的未成年人刑事检察及刑罚制度存在漏洞和偏差,这种现状引起了国家的高度重视,同时也成为社会广泛讨论的话题。虽然我国在未成年人犯罪预防及教育方面做出了很大的努力,也取得了一些成果,但是,在以往的做法中,对违法犯罪未成年人的刑

---

[1] 刘本旺主编《参政议政用语集修订本》,2015,第283页。

事检察工作主要依靠检察官等人员,加之未成年人身心、角色、地位等特殊性,检察官囿于自己的业务职能和社会角色,常常难以对进入刑事检察阶段的涉罪未成年人开展系统、全面、有效的帮教矫正。①

此部分服务可供参考的法律法规有《中华人民共和国未成年人保护法》《中华人民共和国预防未成年人犯罪法》《中华人民共和国监狱法》《未成年人刑事案件诉讼程序》《社区矫正法》《关于办理未成年人刑事案件适用法律的若干问题的解释》《最高人民法院关于审理未成年人刑事案件的若干规定》《人民检察院办理未成年人刑事案件的规定》《公安机关办理未成年人违法犯罪案件的规定》《广东省未成年人保护条例》《广东省预防未成年人犯罪条例》《广东省法律援助条例》《检察机关加强未成年人司法保护八项措施》。

二 分析需求

(一)陪伴面对刑事诉讼的需要

有些青少年及其家庭面对公检法等机关会有恐惧的心理,不敢表达或者表达不清,或者"主动边缘化"。在面对刑事诉讼中,某些情节被反复提起及追问,会造成二次伤害,而媒体的报道和社会公众的热议对涉案青少年及其家人也是一种巨大的心理负担,导致涉案青少年可能会在某些情况下出现过激的情绪和行为。

(二)心理支持的需要

涉案青少年因为失足的经历,内心容易变得敏感、自卑,大多数涉案青少年采取一些方式逃避现实,如经常到网吧、游戏

---

① 李海燕:《司法社会工作介入未成年人刑事检察工作研究——以 Y 中心司法社工示范项目为例》,硕士学位论文,西华大学,2017,第 1 页。

厅、KTV等场所去寻求慰藉。这样的方式很有可能使他们陷入一种颓废的生活状态,无法实现自我认同。

(三) 法律援助及社会调查协助的需要

在社会中,未成年人涉及刑事诉讼的事件有很多,未成年人作为弱势群体,不同于成年人,在诉讼司法权力保护中可能处于不利地位,所以需要相关的未成年人刑事法律援助制度的帮助。在我国相关制度中,对于因经济困难或者其他原因没有委托辩护人的被告人,或者被告人是盲、聋、哑人或未成年人,或者被告人有可能被判处无期徒刑、死刑而没有委托辩护人的,人民法院、人民检察院和公安机关应当通知法律援助机构指派律师为其提供辩护。但在实际落实中,总是存在一些不完善之处。另外,一些案件需要相关人员协助证明,但往往会比较困难。

(四) 就业的需要

涉案青少年由于有涉及犯罪的经历,而且往往文化水平、职业素质、综合能力普遍较低,在就业时容易受到歧视,处于就业市场的边缘地位。因此,部分涉案青少年出现倒退行为靠啃老维持生活,或者做一些脏、累、险而薪酬又少的工作甚至只能打零工。涉案青少年的现实生活困境显而易见。

三 选择理论

涉案青少年服务的常用理论见表7-3。

表7-3 涉案青少年服务的常用理论

理论名称	主要内容	对服务的指导
认知行为治疗法	详见第一章第三节理论六	以案主的行为作为分析起点,探讨案主犯罪行为产生的外部条件、机制以及具体发展过程,以便指导服务对象调整或矫正其不良的行为方式,更好地适应外部环境

续表

理论名称	主要内容	对服务的指导
人本主义	详见第一章第三节理论二	社工需从服务对象的主观角度着手分析，才能体会各种事件对于服务对象的意义，理解他们内心感受的各种变化。关系导向的方式能够让社工与涉案青少年建立起良好的关系，当涉案青少年开始愿意倾诉自己内心的想法时，服务才好向前推进
叙事治疗	在叙事治疗中，咨询师和来访者共同建构、重述一个新的故事，在这个故事中，来访者面临的问题就是阻碍其前进的困难，双方聚焦在来访者对困难所做的努力上，使来访者对过去、现在、将来的理解产生新的意义。当然这个新故事必须建立在对过去事件客观理解、对未来事件现实评价的基础之上，新故事不是凭空的、脱离现实的[1]	不同文化、社区、家庭、性别、阶层、群体和处于不同情境中的青少年遭遇"问题"时，可能会注意到自身与他人的不同，以及他人对这些差异的反应，进而建构自我、内化问题。因此，叙事对于解构自我、外化问题具有积极意义。[2]此外，社会学家鲁诺·贝特尔海认为，叙事对于青少年自我的形成具有重要意义，并能促进其发展，同时有助于消除青少年可能承受的潜意识和无意识的压力[3]
家庭治疗	家庭治疗不单单强调对个人的诊治，着重促进家庭系统成员间相互关系的融洽，使患者了解家中存在不健康的结构关系，并对家中存在的心理问题等进行理顺、改正，最终做到家庭整体功能的完善、改进，实现对病人的治疗[4]	家作为一个最小的社会单位，其中每个人的行为与其他家庭成员都相互影响、相互联系。青少年出现问题，或者有不良行为，与整个家庭成员和家庭结构都有一定的关系
动机晤谈法	动机晤谈法是一种以服务对象为中心的行为改变技术，主要借鉴了 Di Clemente & Prochaska 提出的行为分阶段转变理论（The Transtheoretical Model and Stages of Change），强调行为改变是一个连续和渐进的过程，这一过程可以分为前意向阶段、意向阶段、准备阶段、行动阶段和维持阶段五个阶段，不同阶段个体对自身	动机晤谈法的显著特点就是关注服务对象咨询时的感受。只有当社会工作者站在服务对象的立场上时，会谈的进行才会变得更加容易，更少被冲突困扰。社会工作者有必要优化自己的谈话方式，采用富有战略性的谈话技巧减少阻抗，从而提升谈话

续表

理论名称	主要内容	对服务的指导
动机晤谈法	行为改变的心理活动亦不相同，为此，咨询中应当根据不同阶段的特点采取不同的咨询策略⑤	的效果，帮助服务对象增强改变的动机

注：①魏源：《解构并重述生命的故事——叙事疗法述评》，《台州学院学报》2004年第4期，第72~75页。

②卫小将、何芸：《"叙事治疗"在青少年社会工作中的应用》，《华东理工大学学报》（社会科学版）2008年第2期，第30页。

③〔美〕阿瑟·阿萨·伯格：《通俗文化、媒介和日常生活中的叙事》，姚媛译，南京大学出版社，2006，第9~10页。

④王倩：《家庭治疗及其在青少年吸毒和网络成瘾中的应用》，《绥化学院学报》2017年第37（4）期，第5页。

⑤骆宏、许百华：《动机性访谈：一种以咨客为中心的行为改变咨询技术》，《应用心理学》2005年第11（1）期，第85~89页。

四 设定服务目的

（1）涉案青少年能够更好地认识自己，调整自己的不合理认知。

（2）提升涉案青少年的法律意识与自我保护意识。

（3）涉案青少年的家庭支持网络与社会支持网络得以增强。

（4）涉案青少年在刑满释放之后能够融入社区。

五 设计行动策略

社会工作者对涉案青少年的介入，不仅要关注其个人层面的权益保护等问题，也要在家庭及社会层面促进对涉案青少年的帮扶。涉案青少年服务行动策略见图7-6。

六 参考工作模式

涉案青少年服务的参考工作模式见图7-7。

七 案例分析

本书选取了尚善社会服务中心所提供的庭前社会调查服务和社会帮扶服务案例。因涉案青少年卷宗隐私保护，本案例以

个人层面
- 协助提升自身认知和行为控制能力
- 提供心理疏导,协助其更好地面对刑事诉讼
- 链接法律援助资源,提升法律意识和增进法律知识
- 协助其回归社会,并链接就业资源

家庭层面
- 协助家庭进行关系修复,防止亲子关系破裂
- 强化家庭支持网络

社会层面
- 协助社会调查,完成社会调查报告,促进司法公正
- 进行社区教育,提升社区青少年的法律意识,同时让社区居民看到青少年犯罪的环境因素,推动社会大众接纳涉案青少年

图 7-6 涉案青少年服务行动策略

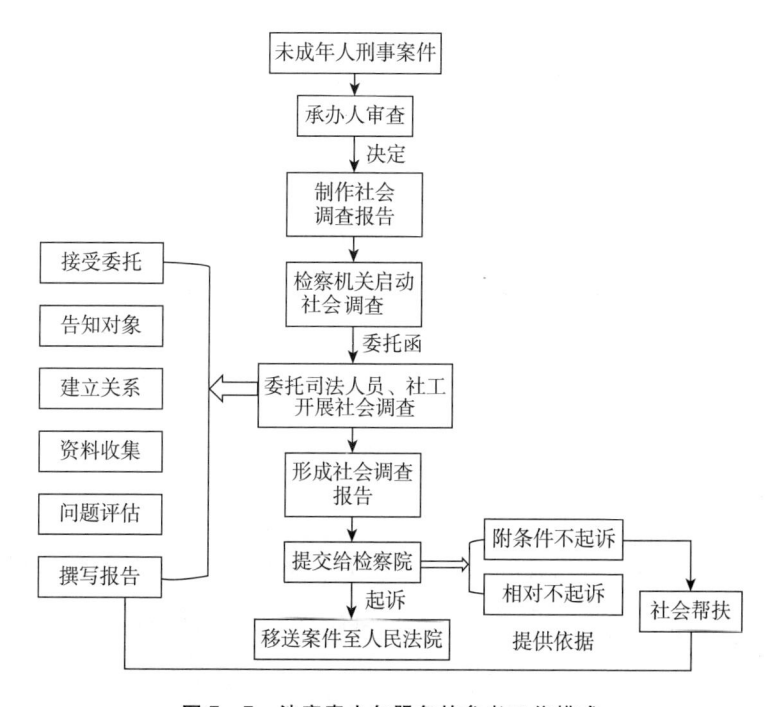

图 7-7 涉案青少年服务的参考工作模式

资料来源:根据广州市尚善社会服务中心的涉案青少年服务总结。

工作内容介绍的形式予以展示。这两类服务都是严格按照司法系统的工作流程提供支持和配合性的工作。能够发挥社会工作

专业性的地方在于进行更贴近服务对象真实需求的调查和有成效的帮扶。

(一) 社会调查

社会调查是指由一些具有心理学、社会学、人类学等专门知识，熟悉未成年人身心特点，具有丰富未成年人工作经验的调查者，对与未成年人犯罪行为相关的情况进行全面调查（包括本案相关情况、未成年人本人的基本情况、家庭情况、受教育情况等），然后基于其专业知识和经验，运用科学的方法，对该未成年人进行客观、全面、综合、公正的评价，并对造成犯罪的原因、未成年人的人身危险性和社会危险性进行科学的、深层次的、专业的分析判断，然后提出处理意见，做出专业的书面意见报告，是法官对未成年被告人处遇、量刑、预防再犯和矫正的依据。

尚善社会服务中心提供的社会调查服务，包括以下几部分。

(1) 计划书：主要依托检察院的委托函设计服务目标。

(2) 信息表：包括了解涉案青少年的多个方面——犯罪原因及历史、家庭教养环境、教育/工作情况、朋辈交往情况、药物滥用情况、休闲/娱乐情况、悔罪态度/取向、法律/法规意识、补充信息以及相关人员意见。

(3) 评估表：即对信息表中各方面的信息进行评估，包括定性与定量的评估。

(4) 总结表：对信息表中多个方面的有效信息进行总结，并总结出有利于社会回归的因素与不利于社会回归的因素；重犯风险评估。

(二) 社会帮扶

社会帮扶指针对涉案青少年开展的帮教服务，服务方向更倾向于帮助附条件不起诉①青少年恢复社会功能，顺利回归和融入社会。以下几点是尚善社会服务中心在开展社会帮扶服务中体现的特点。

（1）帮扶计划和介入策略的依据：社会调查报告中对涉案青少年基本情况的评估和分析。

（2）涉案类型：招摇撞骗罪、抢劫罪、诈骗罪、寻衅滋事罪等。

（3）涉及的服务内容：重构犯罪认知、修正不良行为模式、促进家庭关系调适、制定职业生涯规划、协助继续就业、提升情绪管理能力及问题解决技巧等。

（4）开展形式：以个案的形式开展，面谈次数依据与检察院签订的协议而定。

第四节 涉毒青少年服务

一 概述

涉毒青少年指18岁以下因吸食、注射毒品而受到公安机关处理的未成年人，②分为集中在社区戒毒青少年和强制隔离戒毒青少年。

《2017年中国毒品形势报告》指出，吸毒人员低龄化特征突出。在全国现有255.3万名吸毒人员中，不满18岁的有1.5万名，占0.6%；18~35岁的有141.9万名，占55.6%；36~59岁

---

① 附条件不起诉，又称为暂缓起诉、缓予起诉、暂缓不起诉等，是指检察机关在审查案件时，根据犯罪嫌疑人的年龄、性格、情况、犯罪性质和情节、犯罪原因以及犯罪后的悔过表现等，对罪行较轻的犯罪嫌疑人设定一定的条件，如果在法定的期限内犯罪嫌疑人履行了相关的义务，检察机关就做出不起诉的决定。

② 资料来源：《青年地带全新启航——广州市预防青少年违法犯罪服务站宣传册》，2015。

的有 109.9 万名，占 43.0%；60 岁以上的有 2 万名，[①] 占 0.8%。中国禁毒部门号召要加强青少年毒品预防教育。自上海市于 2003 年率先在禁毒领域引入社会工作后，禁毒社会工作至今已经有 15 年的历史。其他地区也效仿上海市在禁毒领域引入社会工作，广州市也有不少社会工作机构涉及禁毒领域。

影响青少年吸毒行为的主要因素有：个人因素——好奇心、辨别能力弱、缺乏良性兴趣爱好、没有成就满足感、抗逆力不足、学习困难或对学习没有兴趣；家庭因素——父母滥用药物、父母关系不好、家长期望过高或过低、家庭暴力、家庭问题等造成的无希望感、家庭溺爱；学校因素——校风校纪差，缺乏防护机制；社区文化因素——某些网络传媒等鼓励滥用药物的氛围、不良朋辈的影响、毒品容易得到。

但同时，我们也看到，青少年涉毒问题存在着积极防护因素：好的父母、稳定的成长环境、爱与关怀、成就与满足感、归属感、希望、无毒社区、好邻里、友善治疗安排等。

此部分服务可供参考的法律法规有《中华人民共和国未成年人保护法》、《中华人民共和国预防未成年人犯罪法》、《中华人民共和国禁毒法》、《广东省未成年人保护条例》、《广东省预防未成年人犯罪条例》、《广东省禁毒条例》、《广东省法律援助条例》、《广东省强制隔离戒毒诊断评估实施细则》。

二 分析需求

（一）回归社会、适应社会和防止复吸的需求

强制戒毒的青少年结束戒毒恢复自由后，从封闭的戒毒所回到原来生活的环境，这需要他们拥有适应社会的能力，同时能在

[①] 王梦遥：《至 2017 年底全国有吸毒人员 255 万》，新京报网，http://www.bjnews.com.cn/news/2018/06/26/492588.html。

走出戒毒所之后学会解除心瘾，远离毒友，防止复吸，只有这样才算真正意义上的戒毒，过回正常的生活。

（二）家庭关系修复及家庭接纳关怀

部分涉毒青少年吸毒是因为家庭关系疏离，缺乏家人关心；部分涉毒青少年则在涉毒后家庭关系破裂，亲情疏远，家庭对于自己的支持作用不断减弱。另外，由于家人对于毒品缺乏认识，存在恐惧感，不知道如何面对涉毒青少年，协助处理与涉毒青少年的关系是涉毒青少年家庭所需要的。

（三）社交的需要

青少年把他人尤其是朋辈对自己的认同、接受看得非常重，但他们由于吸食毒品，与家人、朋友的关系受到一定的影响，哪怕是戒毒成功，也被非毒友朋辈的父母当成隔绝来往的对象，而毒友又难以起到支持的作用。另外，对别人对其涉毒看法的担忧也让他们在社交方面有很多顾虑。涉毒青少年渴望有可以真正交心和帮忙的朋友。

三 选择理论

涉毒青少年服务常用理论见表7-4。

表7-4 涉毒青少年服务常用理论

理论名称	主要内容	对服务的指导
认知行为治疗法	详见第一章第三节理论六	以案主的行为作为分析起点，探讨案主吸毒行为产生的外部条件、机制以及具体发展过程，以便指导服务对象调整或矫正不良的行为方式，更好地适应外部环境

续表

理论名称	主要内容	对服务的指导
人本主义	详见第一章第三节理论二	社工需从服务对象的主观角度着手分析，才能体会各种事件对于服务对象的意义，理解他们内心感受的各种变化。关系导向的方式能够让社工与涉毒青少年建立起良好的关系，当他们开始愿意倾诉自己内心的想法时，辅导便渐渐地往前进行
优势视角	详见第一章第三节理论四	社工相信案主有自我疗愈的能力，当他们的能力被发掘出来后，我们可以看到他们也在不知不觉中发生着积极的改变，并且对自己有前行的信心，助人自助
叙事治疗	在叙事治疗中，咨询师和来访者共同建构、重述一个新的故事，在这个故事中，来访者面临的问题就是阻碍其前进的困难，双方聚焦在来访者对困难所做的努力上，使来访者对过去、现在、将来的理解产生新的意义。当然这个新故事必须建立在对过去事件客观理解、对未来事件现实评价的基础之上，新故事不是凭空的、脱离现实的[①]	不同文化、社区、家庭、性别、阶层、群体和处于不同情境中的青少年遭遇"问题"时，可能会注意到自身与他人的不同，以及他人对这些差异的反应，进而建构自我、内化问题。因此，叙事对于解构自我、外化问题具有积极意义。[②]此外，社会学家鲁诺·贝特尔海认为，叙事对于青少年自我的形成具有重要意义，并能促进其发展，同时有助于消除青少年可能承受的潜意识和无意识的压力[③]
家庭治疗	家庭治疗不单单强调对个人的诊治，着重促进家庭系统成员间相互关系的融洽，使患者了解家中存在不健康的结构关系，并对家中存在的心理问题等进行理顺、改正，最终做到家庭整体功能的完善、改进，实现对病人的治疗[④]	家作为一个最小的社会单位，其中每个人的行为与其他家庭成员都相互影响、相互联系。青少年出现问题，或者有不良行为，与整个家庭成员和家庭结构都有一定的关系

续表

理论名称	主要内容	对服务的指导
动机晤谈法	动机晤谈法是一种以服务对象为中心的行为改变技术，主要借鉴了 Di Clemente & Prochaska 提出的行为分阶段转变理论（The Transtheoritical Model and Stages of Change），强调行为改变是一个连续和渐进的过程，这一过程可以分为前意向阶段、意向阶段、准备阶段、行动阶段和维持阶段五个阶段，不同阶段个体对自身行为改变的心理活动亦不相同，为此，咨询中应当根据不同阶段的特点采取不同的咨询策略[5]	动机晤谈法的显著特点就是关注服务对象咨询时的感受。只有当社会工作者站在服务对象的立场上时，会谈的进行才会变得更加容易，更少被冲突困扰。社会工作者有必要优化自己的谈话方式，采用富有战略性的谈话技巧减少阻抗，从而提升谈话的效果，帮助服务对象增强改变的动机

注：①魏源：《解构并重述生命的故事——叙事疗法述评》，《台州学院学报》2004年第4期，第72~75页。

②卫小将、何芸：《"叙事治疗"在青少年社会工作中的应用》，《华东理工大学学报》（社会科学版）2008年第2期，第30页。

③〔美〕阿瑟·阿萨·伯格：《通俗文化、媒介和日常生活中的叙事》，姚媛译，南京大学出版社，2006，第9~10页。

④王倩：《家庭治疗及其在青少年吸毒和网络成瘾中的应用》，《绥化学院学报》2017年第37（4）期，第5页。

⑤骆宏、许百华：《动机性访谈：一种以咨客为中心的行为改变咨询技术》，《应用心理学》2005年第11（1）期，第85~89页。

四 设定服务目的

（1）涉毒青少年对毒品的不合理认知得以调整，协助预防涉毒青少年复吸。

（2）涉毒青少年能够树立角色目标、构建新角色，并不断内化角色责任感，巩固戒毒效果，以实现角色回归。

（3）涉毒青少年能够重新建立正向的朋友圈子，从而增加其积极防护因素。

（4）涉毒青少年与家庭之间的矛盾得以调节，家长能够成为涉毒青少年正向的支持系统。

（5）社区居民能够学习如何识别吸毒人士的特点，以及拒绝毒品的方法。

五 设计行动策略

涉毒青少年服务行动策略见图 7-8。

涉毒青少年	涉毒青少年家庭	一般青少年
• 个案跟进 • 小组活动：发展多元兴趣爱好（绘画、折纸、运动等） • 工作坊：识别高危情境	• 个案跟进 • 工作坊：预防复吸	• 校园禁毒宣传 • 社区禁毒宣传

图 7-8 涉毒青少年服务行动策略

六 参考工作模式

涉毒青少年服务参考工作模式见图 7-9。

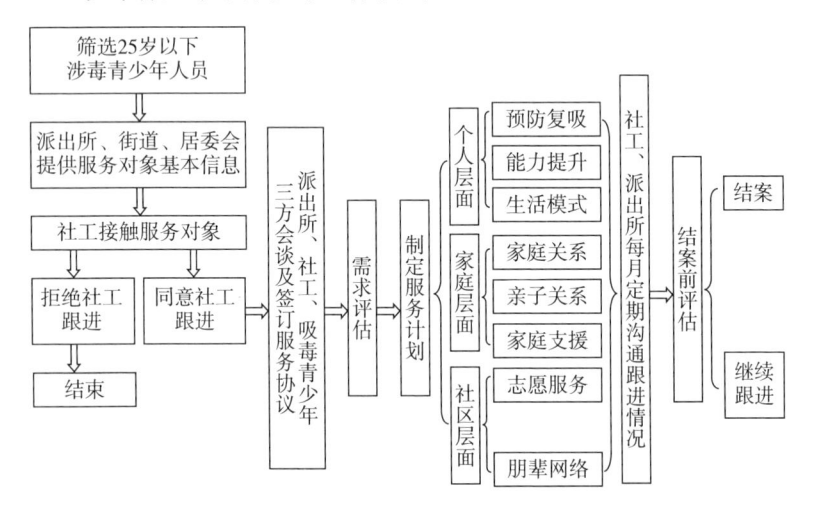

图 7-9 涉毒青少年服务参考工作模式

资料来源：广州市启创社会工作服务中心的社工对涉毒青少年服务的总结。

七 案例分析[①]

本案例中社工从个人、家庭、社区三个层面均进行了介入。

---

① 资料来源：广州市启创社会工作服务中心。

在个人层面，社工主要针对预防服务对象重犯与重吸两方面，调整服务对象的不合理认知，提升其内在改变的动机；在家庭层面，社工主要引导服务对象与家人发展积极的相处模式；在社区层面，社工主要帮助案主重新建立正向的朋友圈子以及加强案主与社会之间的联结。

1. 背景介绍

阿天（化名），男，16岁，广州本地人。社矫几个月后，案主在偶然的机会下认识了有涉毒行为的人，没有思考后果的他受到这些朋友的邀请而吸食了K粉，两个月后被捕并被拘留了一天。在司法所与社工知道了该情况后，案主仍然有吸毒的行为，当其心情不好和无聊时都会受到心瘾的驱使。社工做出了危机介入，并与司法所配合协商对案主做出合适的跟进。

2. 预估分析

案主在个人管理能力及家庭保护功能上都显得非常薄弱，需要较长时间的调整和改善，因此当案主受到毒品诱惑时其实并未能很好地通过自身去进行抵制。围绕着案主的涉毒情况，社工做出了如下问题分析。

（1）认知问题：案主从接触毒品，直至被捕拘留以及被司法所知道做出警告后仍然有吸毒的行为，可见案主对毒品有着一定的渴求，也未体会到有严重的后果，对毒品的负面思考薄弱，如提及吸毒后的一些影响后果、避免复吸方法等时，会出现"不知道""不明白"的话语。

（2）行为问题：案主改变的动机较弱，需要有外力加以严格监管来逐渐帮助案主规范行为，再加以辅导以逐步打消案主吸毒的念头。

（3）朋辈问题：案主周围存在一些有吸毒等偏差行为的朋友，且案主极易受到朋友影响，其犯罪事件和吸毒皆是由于朋友的教唆和诱惑。

（4）自我效能感：案主受到父亲的影响较大，从父亲那里习得了对事情不上心、不理会的特点；而且不喜欢记起不愉快的事情，因此案主养成了习惯性地逃避性格，或者只采取直接快捷的方式解决问题。

3. 理论支持

社工采用认知行为治疗法、人本主义和优势视角三大理论为指导，跟进该个案，以人本主义与案主建立起稳固信任的工作关系，以认知行为治疗法调整其对于犯罪的非理性观念，改变不合理认知引起的偏差行为以降低其再犯罪风险，再以优势视角帮助案主找到自己的强项，培育起正向的特点，以引导其积极地成长。

4. 目标制定

（1）个人层面：

● 针对预防重犯：提升其避免重犯的认知与能力，矫正案主不良的行为；帮助案主建立起行为规范，以外来压力加强案主对自我的监管和控制力。

● 针对预防重吸：调整案主对毒品的不合理认知，与之一起讨论毒品带来的各种负面影响来加强案主的反思，提升其内在改变的动机；引导案主辨识高危场景，并通过预防复吸工具教导案主控制心瘾、保持操守的应对技巧与方法。

（2）家庭层面：

帮助家庭成员发现问题所在，为案主与家人创造有效的沟通平台，促进彼此间的互动与交流，同时引导他们发展积极的相处模式，以对案主产生良性的推动力，互相成长。

（3）社区层面：

● 针对朋辈网络：鼓励案主多接触身边有积极作用的朋友，帮助案主重新建立正向的朋友圈子，增加其积极防护因素。

● 针对社会网络：案主增加正向的体验，更积极地生活，增强与社会之间的联结。

5. 服务实施

（1）与案主建立关系，进行深入评估，预防重犯并建立支持网络。

案主作为社区矫正青少年接受社工的跟进，从接触开始，社工着重强化案主避免重新犯罪的方面，先与案主对犯罪案件进行了回顾。"犯罪回顾"帮助社工评估案主对犯罪的态度和想法，也帮助案主明白自己犯罪的原因——受到朋友的影响及忽略对后果的思考。并且通过案主拘留的经历与感受、家人的反应，社工让案主多方面反思自己的错误行为所带来的影响，也强化了案主当时焦虑、后怕及失去自由的心情，适当地进行认知调整以降低案主重犯的风险。随后，社工便对案主继续全面且深入了解，采用与案主画"生命线图"的方式了解其问题及形成问题的原因，根据评估确立了对案主后续的介入范围。

案主在社矫的第一个月便收到了两封警告信，因此针对案主对社矫期的适应情况，社工与司法所协力，一方面由司法所规限其随意的行为及加强其对规定的遵守；另一方面由社工引导案主明晰自身情况且对案主有改善的行为表达欣赏和加以鼓励，逐渐地，案主的行为规范起来，且变得守时也懂得交代。针对案主家庭内部无效沟通及监管力度弱的问题，社工不仅让案主家人正视案主的现状，唤起其职责及鼓励共同面对，并且当案主有一点转变后，继续通过家庭面谈让家人看到案主积极的一面，协助他们澄清了一直以来的一些误会，案主与家人多了交流，促进了良性的互动模式。对于案主读书事宜，社工抓住暑期时间案主感到生活无聊的机会，推动其复学，也因此在学校认识了一些新朋友并时而进行爬山、游泳等户外活动。社工用"社交图"与案主一起分析身边较为亲近的朋友，引导其辨识值得结交的朋友及讨论如何维持关系，另外也从"社交图"中看到父母在案主心目中的亲密位置有所上升。

（2）多方协力，调整案主对毒品的认知，处理高危情境并应对偶吸情况，增加家庭支持。

案主在犯罪事情上得到控制，懂得远离争执、打架的事情，而其周遭的支持网络也慢慢在建立，然而案主个人层面上的自我控制、内省、多角度看问题等能力非短时间便能调整和提升，因此，意志仍未坚定的案主便拒绝不了朋友邀请而再次发生了涉毒的情况。社工发现后便马上约见案主做危机介入，针对其涉毒的整个事件、对毒品的正负面理念、控制吸食毒品的态度和动机、高危情况等做出了评估。

根据对现状的分析，社工一方面继续寻求司法所的协助，一起讨论适当的应对方式，而最终落实了司法所对案主进行监督的策略，包括违反规定的收监措施、定期抽查尿检，以及由父母对案主每周作息时间表进行汇报。这样的策略对案主的不良行为进行了有效的控制，案主担心自己会再进监狱的后果是其抑制对毒品冲动的有力负面理念之一，同时让家人完成案主时间表汇报，提升了家人对案主的关注和关心，促进了家庭内部的互动。

另一方面，社工每周与案主进行面谈，通过协助每周验尿来及时了解案主的涉毒情况和程度，有针对性地对案主涉毒事宜进行辅导。在认知上，社工用"毒品好与坏"工具表帮助案主探讨和梳理影响自己的想法，反复讨论毒品的正负面理念及可怕的后果，提升案主改变的动机，同时，引导案主一起分析及丰富其思考角度，帮助案主懂得主动思考各种危害以增加危机意识和提升自控力。在高危情境上，社工先帮助案主察觉到当自己心情不好、无聊及朋友邀请时会发生吸毒行为，让案主做"毒品心思日记"，让案主更加了解自己涉毒的模式，引导其懂得察觉什么情况下容易有涉毒冲动，并从案主能抑制吸毒冲动的成功经验中强化案主采取有效的应对方式。另外，社工也会与案主进行预防复吸训练、情景模拟来帮助案主懂得及时控制冲动的技巧，发现处理问题的其他方法。在家庭方面，社工与家人进行定期沟通，缓和家人焦虑的情绪，鼓励父母给予案主适当的关心并让他们明白哪些话是对案主有积极作用的而哪些只有负面效果。再者，在留意到案主身体因受毒品的影响而出现胃痛和尿频的现象时，社工及时向家人反馈并鼓励进行适当陪伴和及时就医，既帮助案主缓解了身体不适的情况，亦促进了家人间的亲密互动。

其间，案主出现过一次偶吸的情况，社工保持耐心重新与案主检视问题所在，并继续尝试其他有效的提醒方式，如由案主自己总结危机和方法制作成有图像的提醒纸，贴于床头门后以不停地进行自我提醒，也放在手机桌面作警示用；同时，社工经过与案主沟通将偶吸情况让司法所及家人知悉，继续以外力帮助他控制行为。案主为摆脱自己无聊的生活状态，开始进入一些没有吸毒、犯罪行为的朋友圈子，既打发了无聊的时间，也让这些朋友时刻提醒自己。

（3）巩固成效，增加积极防护因素。

案主对毒品的认知逐渐得到调整，尿检的情况一直保持着阴性的状态，对于克制及应对毒品的诱惑表现得信心满满，且能自主地联想起吸毒、犯事等带来的可怕后果和对身边人的影响。社工会时而与案主讨论关于其身边所知的违法犯罪之事，不断锻炼案主的反思能力和通过一起分析来拓宽案主的视角，发展案主的内在改变动机来帮助其巩固不重犯不复吸的状态。社工更借着案主逐渐形成的正向圈子，认识其朋友并邀请他们一起参与活动，一方面促进案主与朋友的积极互动，另一方面由朋友带动案主丰富其休闲娱乐。随着案主进入实习的阶段，社工帮助其适应工作环境及与同事相处，同时结合案主不希望感到无聊的想法，引导案主感受实习的好处，如认识新朋友、充实生活、可顺利毕业、靠自己赚钱获得满足感，不断地鼓励案主坚持工作。社工亦再次进行家庭面谈，引导家人回顾案主的变化和成长，以及家庭成员一起做出的努力，既肯定了家人与案主的积极成果，也让家人说出了对案主的欣赏和赞许，鼓励家庭成员之间互相表达想法，案主与家人的联结也越加亲密和紧密。可见，案主在家庭、学业、社交圈、休闲娱乐,以及个人内在想法的成熟方面都增加了积极防护因素,帮助案主回归正常且主流的生活,这些成效继续得到巩固并促进案主继续正向积极地成长。

6. 成效评估

(1) 个人层面

案主的行为规范、守法意识得到建立。社工通过与司法所的协力,让案主端正其守矫的态度,懂得遵守规矩及规范自己的行为,促使案主避免参与犯罪以远离重犯的危机。社工对案主正向的行为加以肯定和赞许,培育了其守时、有交代、礼貌等特点。案主顺利地解矫,并主动写了感谢信向社工和司法所表达感恩之情。

• 案主的涉毒情况得到控制,并保持着良好的操守。案主数月的尿检结果保持着阴性,对不吸食毒品的自控力、内在动机、不良后果的反思都有了大大的提升。他已懂得辨识会令自己陷入危机的情况,能通过对毒品负面影响的认识时刻警醒自己要克制,且找到其他方法帮助自己缓和心情不好及无聊的状态。而身体方面,因吸食毒品而引起的胃痛、尿频等现象已经得到改善。

• 案主稳定地上学,并已进入实习的阶段。工作后的案主感觉生活变得充实很多,喜欢这样规律不无聊的生活安排,同时也因工作体会到家人赚钱之艰辛。现在的案主已不再是漫无目的的状态,有顺利毕业拿到毕业证、延长实习期、找份稳定工作的目标。案主的想法逐渐变得成熟起来。

(2) 家庭层面

案主与家人的关系已融洽起来。案主一家已不再呈现之前冷漠的气氛,大家有着自然且良性的互动和交流,同时家中小狗也成为他们之间气氛的调和剂,家庭内部和谐起来了。案主会与母亲商谈自己之后的工作计划,父亲也更多地关心案主的生活工作情况,而哥哥更时而会到案主工作的地方探望,案主与家人的关系越来越亲密。

(3) 社区层面

案主的社交圈改变了，身边大部分朋友已经开始工作。对于违法犯罪之事，案主感到没意思和很幼稚，因此已不再认同这类朋友的做法而逐渐远离了。案主形成了固定的正向朋友圈子，会一起进行骑车、游泳、CS 等户外活动，在积极的社交上形成了联系。

7. 专业反思

(1) 保持着对案主的敏感度、警惕心。

在跟进案主的过程中，其变化总能让社工感到开心，也总能鼓励社工继续开展服务，但是在持有这样的喜悦的同时，我们不能将之等同于变化的全部，因此这也考验着社工要时常保持对案主的敏感度、警惕心，这并不是对案主不信任，而是一方面让案主感受到社工细致的关注和关怀；另一方面能帮助案主预先发现问题并控制可能出现的负面事态。

(2) 积极耐心寻找突破点。

做重点青少年服务，我们需要接受一个非常多变的阶段，并且紧紧抓住时机，创造社工与案主在关系上的突破点，这也是案主能变得更好的突破点。因此，当发现案主出现状况时，不要就此推翻社工与案主一起所付出的努力，不要气馁，其实这只是案主告知社工可以继续努力的方向，我们要做的是重新审视案主目前的状况，调整计划进而与案主一起尝试更有效更适合的介入方式。

(3) 勇于挑战工作方法的新尝试。

在跟进个案时，社工也会面临不知所措的时候，也需要在应对技巧、介入工具、辅导方式上做新的尝试，所以，社工就是这样一个需要不断更新自己、尝试运用各种适合案主的跟进方式、慢慢积累经验的工作。同时，可以看到的是，当青少年的想法一旦有了改变，随之的生活、社交、娱乐也会发生不一样的变化，多变的特点亦在于此。因此，运用我们学到的专业知识，让这些微小的正向改变像"滚雪球"般越来越大，帮助案主走出昔日阴暗的生活而最终促成其正向地成长。

图书在版编目(CIP)数据

青少年事务社会工作方法与实务：从广州市海珠区的十年经验出发/卢玮等著. -- 北京：社会科学文献出版社，2018.9

ISBN 978 - 7 - 5201 - 3038 - 7

Ⅰ.①青… Ⅱ.①卢… Ⅲ.①青少年 - 社会工作 - 研究 - 广州　Ⅳ.①D432.6

中国版本图书馆 CIP 数据核字（2018）第 147782 号

青少年事务社会工作方法与实务
——从广州市海珠区的十年经验出发

著　　者 / 卢　玮　及晓涵　马　玉　王　静

出 版 人 / 谢寿光
项目统筹 / 周　丽　陈凤玲
责任编辑 / 关少华

出　　版 / 社会科学文献出版社·经济与管理分社（010）59367226
　　　　　 地址：北京市北三环中路甲29号院华龙大厦　邮编：100029
　　　　　 网址：www.ssap.com.cn
发　　行 / 市场营销中心（010）59367081　59367018
印　　装 / 三河市尚艺印装有限公司

规　　格 / 开　本：787mm×1092mm　1/16
　　　　　 印　张：22.25　字　数：294千字
版　　次 / 2018年9月第1版　2018年9月第1次印刷
书　　号 / ISBN 978 - 7 - 5201 - 3038 - 7
定　　价 / 79.00元

本书如有印装质量问题，请与读者服务中心（010 - 59367028）联系

版权所有 翻印必究